KB106975

생명교육총서 1

동양고전 속의 삶과 죽음

한림대학교 생사학연구소 엮음

박문사

이 저서는 2012년정부(교육부)의 재원으로 한국연구재단의 지원을 받아 수행된 연구임
(NRF-2012S1A6A3A01033504)

| 머리말

죽음은 인류의 역사를 관통하는 거대한 이야기의 가장 중요한 주제입니다. 과거의 인류에게도, 동시대인들에게도, 또한 미래의 인류에게도 죽음은 끊임없이 되풀이되는 주제일 것입니다. 이렇게 반복되는 주제임에도 불구하고 죽음은 매번 새로운 이야기 보따리를 가득 안겨줍니다. 본 생명교육총서 "동양고전 속의 삶과 죽음"에서는 동양고전 속 삶과 죽음의 이야기를 조명함으로써, 우리의 생사관이 어떠한 역사적 연속성 속에 있는가, 어떠한 문화적 맥락 속에 있는가를 살피고자 합니다. 또한 삶과 죽음에 대한 고전적인 해석들의 현대적 의미를 재구성하여, 동양적 생사관을 새로이 이해하고 해석하기 위한 실마리로 삼고자 합니다.

이 총서의 1부에서는 '동양 고전의 생사관 해석'이라는 주제로 다섯 편의 글을 엮었습니다. 엄연석은 『시경』, 『서경』, 『주역』을 통해 유학사상에서 삶과 죽음의 문제가 어떻게 다루어져 왔는가를 살피고, 그 의미를 해석합니다. 이봉규는 사서로 칭해지는 『논어』, 『맹자』, 『대학』과 『중용』에 나타난 죽음의 논의를 고찰하는 한편, 상생을 실현하기 위한 인간의 활동에 주목하여 삶과 죽음의 과정에 있어 공동체가 지니는 의미를 살핍니다. 장동우는 『순자』로부터 『예기』에 걸쳐 확립된 유교의례를 살핌으로써 유교적 관점에서 죽음은 어떻게 해석되고 성찰되는가를 보여줍니다. 한편, 이권은 죽음을 삶과 구분하고 차별할 이유가 없으며, 죽음을 긍정하는 것은 곧 삶을 긍정하는 것이라는 장자철학의 메시지를 전합니다. 양정연은 티벳불교의 고전을 통해 삶과 죽음의 문제를 돌아봅니다. 종교적 완성과 인간 완성을 위한 수행자들의 실천은 현대인의 삶의 방식을 되돌아보게 합니다.

2부는 '삶과 죽음에 대한 동양고전의 가르침'이라는 제목으로 다섯 편의 글을 엮었습니다. 김영봉은 설화 · 소설과 시 등 한문학을 통해 삶과 죽음에 대한 문인들의 태도를 살피고, 이를 통해 잘 살고 잘 죽는다는 것의 의미를 성찰합니다. 이진용은 양한(兩漢)시대와 위진남북조(魏晉南北朝)시대의 철학적 문제 의식을 공유함으로써, 우리의 생명을 구성하는 정신과 육체의 관계설정에 대한 이해와 해석의 새 지평을 제시합니다. 한정길은 자연에서 삶의 지침을 발견하고자 했던 송명 이학가들의 생사관을 중심으로 인간이 따라야 할 도리에 대한 중국고전의 해석을 소개합니다. 강중기는 근대라는 격변기를 살아간 신유학의 창시자 양수명의 생애를 조명하여, 유학의 현대적 가치를 부각시킵니다. 김혜미는 '죽음'을 소재로 하는 설화들을 소개하며, 이를 통해 죽음이 삶에 던지는 다양한 메시지를 들려줍니다.

본 총서는 한림대학교 생사학연구단에서 주최한 "동양고전에 나타난 웰빙·웰다잉의 세계관"의 강의를 토대로 총서의 취지에 맞추어 저자들이 수정 보완한 글들로 엮었습니다. 동양적 생사관의 의미를 조명하고, 현대인이 공유하고 있는 죽음인식의 역사적·문화적 맥락을 살피는 데에 본 총서가 좋은 길잡이가 되면 좋겠습니다. 여러 번 글을 가다듬는 수고를 해주신 집필진에 감사드리며, 편집에 도움을 준 한림대학교 생명교육융합학과 대학원생들에게도 고마움을 전합니다.

2018년 3월

한림대 생사학연구소 편집위원회

목 \ 차

[1부]

동양고전의 생사관 해석

목 \ 차

[2부]

삶과 죽음에 대한 동양고전의 가르침

1부

동양고전의 생사관 해석

엄연석 『시경』·『서경』·『주역』을 통해 본 편안한 삶과 죽음

이봉규 사서의 생사관

장동우 상례(喪禮: 죽음의례)에 대한 『순자(荀子)』와 『예기(禮記)』의 해석

이 권 『장자』를 통해 본 삶과 죽음의 문제

양정연 '깨달음에 이르는 길'을 제시한 세 가지 가르침

01 『시경』·『서경』·『주역』을 통해 본 편안한 삶과 죽음

엄연석

1. 삶과 죽음의 생물학적 토대로서 '생명'

인간은 태생(胎生)하는 동물로 자연으로부터 생명의 기운을 받아 자기 몸을 스스로 가누지 못하는 의존적인 존재로 태어나서 젖을 먹고 배설하는 감각적 차원의 삶을 시작한다. 그러나 점차로 타고난 지성적 능력을 발휘하면서 인간과 세계에 대한 높은 단계의 이해를 통하여 개인, 공동체, 사회, 국가, 인류, 자연계에 이르기까지 조화를 추구한다. 동서고금의 많은 철학자들은 인간의 실존적 본질을 이성적 능력과 생물적 욕구를 함께 가진 존재로 말하였다. 그리고 인간이 욕망을 가지기 때문에 싸움이 발생하고 사회가 어지러워지는 반면, 이성적 능력을 가지고 있기 때문에 질서와 조화를 추구하는 양면적 특성을 가지고 있는 것으로 이해한다. 인류사의 모든 사회에서는 생물적 욕구가 갈등과 충돌을 일으킬 때, 국가는 여러 도덕률과 제도적 장치를 통해 생물적 욕구를 통제하여 사회를 질서 있게 유지하고자 하였다. 그러면 인간의 실존적 상태로서 생물적 욕구와 도덕적 이성의 토대가 되는 '생명(生命)'을 동서고금의 철학에서는 어떻게 말하고 있는가?

고대 그리스 철학의 핵심을 구축한 플라톤은 생명의 최초의 원리를 '프시케(*psyche*)'라고 말하였다. 그리스 철학에 따르면 모든 운동은 두 가지로 구분하는데 그 원인이 자기 자신에게 있는 자율적인 운동인 '스스로 운동하는 것'과 원인이 외부에 있는 '이차적인 운동'이 있다. 운동의 근원을 자기 자신 안에 지니고서 자기 이외에 모든 것에 운동을 전달할 수 있는 최초의 운동인(運動因)을 플라톤은 프시케라고 보았다. 플라톤은 소크라테스로부터 계승하여 스스로 움직이는 것이라는 프시케의 의미에 지성적 · 도덕적 힘으로서 생명이라는 의미를 결합시켰다. 이를 통하여 그는 우주 작용의 최초 원인이 지성적이며 도덕적이라고 보았다. 여기에서 육체의 장애가 없고 개성을 가진 존재로서 자유혼을 프시케라고 한다면, 육체에 생명과 의식을 주는 육체혼은 '투모스(*thumos*)'라고 한다.

이집트인들 또한 생명의 핵심 구성요소인 인간의 영혼을 여러 단계로 구별하였다. 활동할 수 있는 능력으로서 신을 신답게 하고, 인간을 인간답게 하는 생명력을 의미하는 '카(ka)', 죽은 사람의 개성을 표현하는 '바(ba)', 사자(死者)의 상태를 나타내는 '아크(akh)', 윤리와 도덕적 심판의 대상인 '압(ab)' 등이 고대 이집트인들이 생각한 영혼이었다.

고대 중국인 또한 생명을 육체적 생명과 정신적 생명으로 구별하면서 혼백(魂魄) 관념을 제시하였다. 『좌전(左傳)』에서 정자산(鄭子産)은 "사람이 태어날 때 먼저 이루어진 것이 넋(魄)이고, 그 넋(魄)이 생겨난 뒤, 양기가 그 몸에 붙는 것을 혼(魂)이라고 합니다."라고 하였다. 이렇게 고대 중국에서는 혼과 백이라고 하는 두 가지 구별되는 영혼에 관한 관념이 있었는데, 이것이 후대에도 계승되어 『예기』, 「교특생」에서 "혼기(魂氣)는 하늘로 돌아가고 형백(形魄)은 땅으로 돌아간다"고 하였다. 이것은 육체와 정신을 이루는 생명을 독립적인 근원을 가지는 것으로 이해하는 사고로 이원적인 생명관을 보여준다.

그러나 고대 중국에서 생명관과 별개로 인간의 사회문화적 삶을 결정하는 요소는 육체적 생명만이 아니라 주로 도덕적 · 정신적 삶의 문제가 중시되었다. 따라서 이 글에서는 고대 중국에서 이루어진 유학의 핵심 고전으로서 『시경』, 『서경』, 『주역』에 스며들어 있는 도덕적 삶의 여러 측면을 중심으로 인간의 삶과 죽음이 어떻게 표상되고 있는가를 중점적으로 살펴보고자 한다.

2. 유가철학에서 삶과 죽음의 생물학적 의미와 도덕적 의미

이 장에서는 유학사상에서 삶과 죽음의 문제가 생물학적 의미와 함께 도덕적 의미에서 어떻게 상호 연관성을 가지고 질서 지워지는가를 살펴보기로 한다. 유학사상은 삶과 죽음 가운데 먼저 어떻게 민중(民衆)들이 타고난 생명을 잘 영위할 수 있도록 조건을 갖출 것인가에 대하여 폭넓은 논의를 했다. 무엇보다도 유학사상은 민중들의 삶을 세 가지 점에서 보호하고자 하였다. 첫째는 가장 직접적으로 육체적인 삶을 이루어갈 수 있도록 하는 물질적인 조건을 충족시키는 것을 중시하였다. 이것은 '생계를 풍족하게 함[足食]'으로 대표되는 것으로 경제적 삶을 안정되게 영위하는 것을 의미한다. 둘째는 한걸음 나아가 직접적인 육체적 생명 유지를 가능케 하는 경제적 측면과 함께, 좀 더 넓은 범위에서 육체적 안정을 위한 수단으로서 침략으로부터의 위해를 막아 평화롭게 살 수 있도록 하는 것을 중시하였다. 이를 위해서 국가의 안위를 도모하는 군사적 안정으로서 '군사력을 구축함[足兵]' 또한 민중들이 안정된 삶을 영위하는 데 중요한 조건이 된다. 셋째는 민중들이 안정된 삶을 살 수 있도록 하는 궁극적 목적으로서 도덕적 본성에 따른 이상적 사회의 실현이다. 유학사상에서는 '효제(孝弟)'를 통한 '인(仁)'을 근본 덕목으로 삼아 예악충신(禮樂忠信), 의(義)와 같은 당위적인 이치, 절차적 규범 등으로 국가 사회를 질서지우고자 하였다.

이 가운데 생계 수단을 풍족하게 하는 조건과 관련하여 여러 경전에서 그 중요성을 이야기하고 있다. 『논어』, 「학이」에서는 '절용이애인(節用而愛人)'이라고 하여 통치 지위에 있는 사람들은 경제적 재화를 절약하여 그들이 다스리는 민중을 사랑해야 한다고 하였다. 이어서 '사민이시(使民以時)'라고 하여 민중들을 다스릴 때에는 그들이 농사짓는 시기를 피하여 국가에 복무하는 일을 시켜야 한다고 하였다. 이러한 언급들은 생계를 영위하는 민중들의 물질적인 삶을 국가가 보호해야 하는 것을 의미한다.

『맹자』에서도 사회적 도덕을 이야기하기 이전에 일반 민중[民]들의 생물적·경제적 삶을 먼저 충족시켜 주어야 한다는 것을 강조한 구절이 있다. 이것은 사람들의 입에 회자(膾炙)되는 맹자의 핵심적인 경세론으로서 '항산항심론(恒産恒心論)'을 말한다. 그에 따르면, 지식인 선비들은 일정한 경제적 활동을 하여 수입을 얻지 못하더라도 변치 않는 도덕적 마음을 가지지만, 일반 민중들은 경제적 활동을 통한 일정한 수입이 없으면 방종하고 사특하게 된다. 그래서 명철한 임금은 민중들에게 인륜도덕을 가르치기 이전에 먼저 그들이 일정한 생산 활동을 하여 생계를 유지할 수 있도록 생업의 수단을 마련해 주어야 한다고 하였다. 맹자는 민중들의 경제활동과 생계를 유지시켜 주는 것을 지식인 통치자들의 선결 의무라고 생각한 것이다.

이렇게 민중들의 경제적 삶을 통치의 우선순위에 놓는 사고는 『서경』에서도 그대로 찾아볼 수 있다. 「대우모(大禹謨)」편에는 우(禹)가 순임금에게 정사의 핵심을 아뢰는 내용이 나온다. 우는 덕(德)을 펼치는 것은 오직 정사를 선(善)하게 하는 데 달려 있고, 정사를 선하게 하는 것은 백성을 잘 길러 주는 것에 있다고 하였다. 이러한 측면에서 백성을 잘 길러 주는 데 필요한 자연의 조화로운 기운으로 하여 곡식을 잘 기르는 것이 백성을 잘 길러서 선정을 펼쳐 덕을 이루는 길임을 강조하였다. 그래서 우(禹)는 수화금목토(水火金木土)와 곡식[穀]을 잘 다스려야 한다고 하였고, 덕을 바로 잡고[正德], 재용의 쓰임을 이롭게 하여[利用] 삶의 여건을 두텁게 하는 것[厚生]이 조화를 이루어야 한다고 강조하였다. 이처럼 유학사상에서 일반 민중들이 경제적 삶을 안정되게 영위하는 것은 국가사회가 도덕적 이상을 지향하여 이를 실현하는 필수적인 전제조건이 된다.

뿐만 아니라 경제적 삶의 안정과 함께 외침 또는 외부로부터 위험을 제거하여 국가 사회를 평화롭게 하는 것 또한 유가철학에서 중시하는 이상적인 삶의 중요한 요소이다. 이러한 기준에 따라서 『논어』나 『맹자』에서는 전쟁에 대하여 일정한 견해를 피력하면서 혼란이 아닌 질서를 가져오기 위해서 불가피한 전쟁을 강조하고 있다. 「술이(述而)」에서는 "공자가 신중하게 다룬 것은 재계[齊], 전쟁[戰], 질병[疾]과 같은 것들이었다."고 하였다. 주자는 공자께서 전쟁을 신중하게 다룬 까닭에 대하여 전쟁은 민중의 삶과 죽음, 나라의 존망이 달려 있는 문제이기 때문이라고 보았다.

맹자는 전쟁을 도덕적 의리를 지키는 것과 연관하여 통치의 차원에서 바라보았다. 유학사상에서는 전쟁을 이상적인 사회에서는 존재해서는 안 되는 것으로 본래 필요악이라고 본다. 따라서 전쟁의 불가피함에 대하여 맹자는 '의전(義戰)'이라는 용어를 쓴다. 그에 따르면 정의로움을 지키기 위하여 불가피하게 행하는 전쟁을 '의전'이라고 한다. 주나라 문왕과 무왕이 천하를 통일하고 주공이 예악의 전장제도를 갖추어 천자가 도덕적 권위를 가지고 통치하던 시대는 전쟁을 쉽게 생각할 수 없는 사회였다. 그리하여 제후가 혼란을 일으키면 천자는 도덕적 정당성을 가지고 그 제후를 징계하기 위하여 공격하였다. 이렇게 군사적으로 제후를 제압하는 경우에는 '정벌(征伐)'이라는 용어를 쓴다. 그래서 주나라의 질서가 무너지던 춘추시대에 대하여 맹자는 춘추시대에는 의리를 수호하려는 전쟁이 없었으며, 다만 이런 전쟁이 저런 전쟁보다 좀 나았다는 사례는 있었다고 하여 물리적 힘이 지배하기 시작하던 시대로 평가하였다.

이처럼 유학사상에서는 육체적인 생명 유지를 위해 경제적 삶을 충족시키는 것을 도덕적 이상사회를 실현하는데 필수적인 전제 조건으로 삼고 있다. 하지만 유학사상은 물질적 삶의 토대 위에 도덕적 이념에 대한 강한 지향을 가진다. 예를 들면, 『논어』에서 자유(子游)가 공자에게 효(孝)에 대하여 질문했을 때, 공자는 요즈음 효를 행하는 사람들은 효를 물질적으로 길러주는 것이라고 말하지만 이렇게 말하면, 개나 말 또한 모두 길러 줄 수 있으니, 공경하지 않으면 어떻게 구별하겠는가라고 반문하였다. 자식이 부모에 대하여 효를 행한다고 할 때는 단지 물질적으로 봉양하는 것만으로는 충분하지 않고 부모의 뜻을 공경스럽게 받드는 마음을 가져야 한다는 것이다.

기본적으로 인간의 삶은 생물적 삶을 유지해야하는 만큼 물질적 측면이 충족되어야 하지만, 동시에 질서 있는 삶을 향한 윤리적 · 도덕적 지향을 가진다. 하지만 인간은 일반적으로 다양한 기질을 타고남에 따라 물질적 욕망에 치우치는 경향성을 가짐으로써, 윤리적 · 도덕적 인간이 되기는 어렵다. 『맹자』에는 '닭이 우는 새벽에 일어나 열심히 선을 행하는 사람은 순과 같은 무리이고, 일찍 일어나 열심히 이익을 추구하는 사람은 도척(盜跖)의 무리이다.'라고 하는 말이 있다. 인간들 중에는 순임금과 같이 도덕적 지향을 가지는 부류가 있는가 하면, 도척과 같이 이익만을 추구하는 유형이 있다는 것이다.

『논어』에는 욕망에 관하여 집중적으로 논의하는 부분은 별로 없다. 그러나 공자는 특정한 사례를 들어 욕망이 어떤 특성을 가지는가 하는 점을 언급하고 있다. 공자가 어느 날 자신은 '아직 강직한 사람을 본 적이 없다'고 말하자, 한 제자가 신정(申棖)이란 사람이 있지 않느냐고 반문한 적이 있었다. 그러자 공자는 신정이 어찌 강직한 사람이겠는가? 라고 회의적인 태도를 보이며 그는 욕심이 많은 사람인데 어찌 강직하겠는가? 라고 하였다. 여기에서 공자는 욕구(욕망)를 가진 사람을 강직한 사람과 대립하여 욕구(욕망)를 가지는 것을 부정적으로 생각하고 있다. 공자는 이외에도 일반 생산 활동을 하는 소인들의 모습을 이익을 추구하는 것에 밝은 사람으로 규정하기도 한다. 이처럼 유학에서 욕구(욕망)를 가지는 것은 도덕적 수양에 긍정적인 요인이 되지 못하는 것임을 알 수 있다.

맹자 또한 대체(大體)로서 도덕적 이성을 따르는 대인과 소체(小體)로서 감각적 욕구를 따르는 소인을 구별하면서 '욕구'의 특성에 대하여 언급하고 있다. 맹자에 의하면 이목구비의 감각기관은 욕구의 대상을 접촉하여 감각하면 그대로 그 욕구의 대상에 이끌려 가려지는 것이라고 하였다. 그리고 맹자는 식욕과 성욕도 본성이라고 하였다. 이것은 식색과 같은 욕구가 인간에게 고유한 것이라는 뜻이다. 욕구에 대하여 이러한 입장을 가지는 맹자는 도덕적 수양을 위해서는 욕구를 줄여야 한다고 강조하고 있다. 그는 마음을 기르는 데는 욕심을 줄이는 것보다 좋은 것은 없다고 하였다. 그 사람됨이 욕심이 적으면 비록 마음을 보존하지 못하는 경우가 있다고 해도 그런 경우가 적을 것이지만, 그 사람됨이 욕심이 많으면 비록 마음을 보존하는 경우가 있다고 해도 그런 경우가 적을 것이라고 언급하였다. 여기에서 맹자는 욕심이 마음의 수양을 방해하는 측면을 경계하고 있다. 공자와 맹자, 그리고 순자에 있어서 욕구는 결국 도덕적 수양을 행하는 데 있어서 줄이거나 조절해야 하는 부정적인 대상으로 간주된다. 이처럼 인간의 삶의 조건으로서 물질적 욕망과 도덕적 이상은 모두가 필요한 것이지만, 사회적 질서를 위해서 전자는 과도하게 추구되어서는 안 된다.

이처럼 유학사상에서 위의 두 가지 조건은 인간의 삶에서 중요한 조건이면서도 사회적으로 상호간 모순관계가 될 때에는 하나를 선택해야 하는 문제가 발생하게 된다. 구체적으로 말하면 천하의 질서를 어기는 통치자는 정치적 권력을 가지고 물질적 욕구를 충족시키기 위하여 지나친 욕망을 표출함으로써 사회적 혼란을 야기하며 전쟁으로 다른 나라를 침략하여 인간의 생명을 죽이기까지 한다. 여기에서 인간이 공동의 번영으로 평화로운 삶을 이루어 가는 것을 이상적 목표로서 정의(正義)라고 한다면, 반대의 경우는 불의(不義)가 된다. 이리하여 사회적 질서를 어지럽히는 통치자의 권력에 저항하여 생명을 희생하는 태도와 행동을 유학에서는 살신성인(殺身成仁) 또는 사생취의(捨生取義)라고 하여 칭송한다.

이렇게 볼 때, 유학사상에서 삶과 죽음의 문제는 두 가지 차원으로 구분할 수 있다. 곧 육체적 삶과 죽음, 그리고 정신적 또는 도덕적 삶과 죽음과 이 두 가지 사이의 관계로 수렴된다. 유학에서 육체적 생명과 도덕적 삶을 유지시키고 지속하는 의미를 가지는 핵심적 관념은 효(孝)이다. 효는 선조로부터 물려받은 육체적 생명을 이어가면서 도덕적 이념을 실천하는 중요한 덕목이 된다.

유학은 종법제도로서 가족에 근거한 혈연적인 관계를 정치적 상하신분 관계에 적용하여 정치적 이상을 실현하는 것을 근본 목표로 삼는다. 이때 도덕성으로서 인의(仁義)는 가장 궁극적인 이념이며, 예(禮)는 이들 도덕적 이념을 실현하기 위한 차등적 권리와 의무를 규정한 규범이다. 종법의 원리로 볼 때, 가족은 인륜을 실현하는 실체로서의 의미를 가진다. 공자는 인(仁)을 실현하기 위한 근본으로서 실질적인 덕목을 효제(孝弟)라고 하였다. 이 가운데 특히 중국 고대 가족관의 중요한 특성을 드러내는 개념은 효(孝)이다. 중국 고대에 있어서 효는 이미 돌아가신 선조에 대하여 행하는 제사의례에서 핵심적으로 드러나는데, 이것은 '가족'의 의미를 현세를 초월한 영역에까지 확대하는 의미를 가진다.

중국 고대 천자의 예제에서는 선왕을 천 또는 상제에 배향하여 제사를 올리는 예식을 매우 중시하였다. 이런 의례에는 사후의 조상이 생존하는 자손과 연결되어 있어서 그들에게 일정한 영향을 준다는 믿음이 있다. 따라서 종법질서 속의 후손들은 제례에서 자신의 선왕 또는 선조들에게 제사를 올림으로써 효를 행한다. 이들에 있어서 제사는 조상들의 보호 속에 삶을 이어가고 효를 지속하는 방법이다. 효를 지속하는 매개로서 제사는 밖에서 강제되는 것이 아니라, 내부의 마음에서 저절로 나오는 자발적인 것이다. 또한 제사는 자손들에게 효를 따라 행하게 하는 효과를 가져다주기도 한다.

『예기』「제통」에 따르면 현명한 사람이 지내는 제사는 반드시 복을 받게 되는데, 일반적으로 세상에서 받는 복의 의미가 아니라고 한다. 어진 사람이 지내는 제사로부터 말미암는 '복(福)'이라는 것은 '갖춘다[備]'는 뜻이고, 갖춘다는 것은 모든 것을 순리에 따른다는 것이다. '순리에 따른다'는 것은 안으로는 나의 정성스러운 마음을 다하고, 밖으로는 도리에 따르며, 충성스러운 신하는 이것으로 그 임금을 잘 섬기고, 효성스러운 아들은 이것으로 그 어버이를 잘 따르는 것이다. 위로는 귀신(鬼神)에게 순종하고, 밖으로는 군주와 우두머리에게 순응하며, 안으로는 어버이에 효도하는 것을 '갖춘다'고 하는 것이다.

어진 사람만이 이런 것을 갖출 수가 있으며 마음가짐을 이렇게 한 후에 제사를 지내는 것이 의미를 갖는다. 그래서 어진 사람이 제사를 지낼 때는 그 정성과 신실, 성실과 공경을 다하고 제사에 쓰이는 음식과 기물로 받들고 예(禮)로써 인도하며, 음악으로 안정되게 하고, 때에 맞는지를 참고한다. 정갈하게 제물을 바칠 뿐 그 효용성을 구하지 않는 것이 효자(孝子)의 마음이다. 다시 말하면, 「제통」에서 말하는 제사를 통하여 얻는 복이라는 것은 세속에서 말하는 물질적인 복이 아니다. 오히려 복은 어진 사람이 제사를 지내는 것을 계기로 마음으로부터 정성스럽고 신실하며, 공경을 다함으로써 예악(禮樂)으로 안정시키고 이끌어가면서 순리에 따르되, 실용적인 무엇을 바라지 않는 것을 뜻한다. 따라서 「제통」에서 말하는 복(福)은 외부로부터 오는 효용성을 가지는 수단적인 것이 아니라 어진이의 마음에서 나오는 성신(誠信)과 충경(忠敬)같은 덕목과 예악(禮樂)으로 제사를 올리면서 순리에 따르는 것에서 오는 정신적 안정을 뜻하는 것이라고 할 수 있다. 그리고 이러한 제사를 통하여 선조들의 정신적 가치를 계승함으로써 생명을 이어가는 것이 효자의 마음이라고 보았다.

賢者之祭也, 必受其福. 非世所謂福也, 福者, 備也. 備者, 百順之名也. 無所不順者謂之備, 言內盡於己而外順於道也. 忠臣以事其君, 孝子以事其親, 其本一也. 上則順於鬼神, 外則順於君長, 內則以孝於親, 如此之謂備. 唯賢者能備, 能備然後能祭. 是故賢者之祭也, 致其誠信與其忠敬, 奉之以物, 道之以禮, 安之以樂, 參之以時, 明薦之而已矣, 不求其爲. 此孝子之心也. 祭者, 所以追養繼孝也. 孝者, 畜也. 順於道, 不逆於倫, 是之謂畜.

3. 『시경』에서 삶과 죽음의 상징적 의미와 예법

『시경』은 중국 상고대에 형성된 최초의 시가집으로 한 시기 한 지역에서 지어진 한사람의 작품이 아니다. 형식으로 볼 때, 그것은 종교시, 역사시, 서사시, 서정시 등을 포함한다. 시를 이룬 시기로 볼 때, 서주시대 초기로부터 춘추시대 중엽까지, 수백 년을 이어져 왔고, 심지어 어떤 시편은 요순(堯舜)에 의해 지어진 것으로 전해진다. 시의 지리적 분포로 보면 지금의 협서(陜西), 산서(山西), 하남(河南), 산동(山東)과 호북(湖北) 등의 넓은 지역을 포괄한다. 시의 주인공으로 보면, 고대 성왕, 왕의 관료대인이 있고, 또 하층의 사인, 소리(小吏), 농부, 군인, 일반백성, 홀아비와 노처녀 등이 있다. 『시경』에 대하여 유명한 의고파 학자인 고힐강(顧頡剛)은 "중국의 모든 서적 가운데 가장 가치 있는 것으로 간주할 수 있는 것인데, 그 속에 실려 있는 어떤 시는 이미 2천여 년이 지났으며, 어떤 것은 3천여 년이 지났다. 우리가 춘추시대부터 서주시대 사람의 작품을 살펴보면, 단지 그것은 비교적 가장 완전하고 가장 믿을 만한 것이다"라고 말하였다.

『시경』에는 고대 시기의 유가 사상으로부터 형성된 종교와 철학, 풍속과 문화가 녹아있으며, 이러한 요소들은 당시 사람들의 삶과 죽음의 문제를 특징짓고 결정하는 중요한 내용들을 제시한다. 『시경』은 채록(採錄)된 지역과 내용면에서 풍아송(風雅頌)으로 구별하는 데, '풍(風)'은 제후국에서 채록한 민간의 가요가 대부분인 반면, '아(雅)'는 주나라 왕실의 역사와 사건, 정치적 이념 등을 노래한 서사시이며, '송(頌)'은 하늘과 돌아가신 선왕에게 추모하고 찬미하는 송가이다. 이들 시가 드러내는 종교와 철학, 풍속과 문화 속에는 유교적인 도덕이념과 예법과 같은 정치적 규범이 농후하게 녹아 있다.

주나라가 천하를 통일하면서 비교적 질서 있게 통용되던 주공(周公)이 제정한 예법의 질서가 중후기를 지나 점차 쇠퇴하고 무너지면서 여러 제후국에서는 일반 백성들의 삶이 어지러워졌다. 국풍(國風)에서는 이렇게 질서가 지켜지던 국가가 혼란스러워지면서 삶의 규범이 쇠퇴하는 상황을 주로 노래하고 있다. 이에 비하여 아송(雅頌)에서는 주로 왕실에서 국가를 다스리는 통치의 원리를 만들어 내는 선왕과 조상들에 대한 역사적 업적과 도덕적 질서, 그리고 하늘과 돌아가신 선왕에 대한 찬미를 통하여 도덕적 의지를 이어갈 것을 다짐하는 등의 취지를 노래하고 있다. 예법을 중심으로 하는 유가적 질서는 『시경』 곳곳에 스며들어 있으며, 이는 당시 백성들의 삶과 죽음을 전체적으로 규제하는 의미를 가진다. 그러면 실제 시를 통하여 이러한 의미를 살펴보기로 한다. 『시경』, 「소남(召南)」의 「채빈(采蘋)」

시에서는 효를 이어가는 것으로서 대부 집안의 막내며느리가 정성스럽게 제사를 지내는 과정을 다음과 같이 노래하고 있다.

마름풀을 뜯는데	于以采蘋
남쪽 산간계곡 물가에서	南澗之濱
마름풀을 뜯는데	于以采藻
저 흐르는 물가에서	于彼行潦
이것을 담는 용기는	于以盛之
네모진 광주리와 둥근 광주리	維筐及筥
이것을 삶는 도구는	于以湘之
세발 가마솥과 발 없는 솥이네	維錡及釜
제사에 올리는 곳은	于以奠之
종실의 창문 아래에서라네	宗室牖下
누가 이것을 주관했는가	誰其尸之
공경스런 계녀이네	有齊季女

이 시는 대부의 아내가 종실의 제사를 지내는 법도를 따르는 것에 대하여 노래하고 있는데, 제물을 마련하여 선조를 받들어서 제사를 올리는 과정을 이야기 하고 있다. 첫 연에서는 산간계곡과 물가에서 제사에 올릴 채소를 뜯는 것에 대하여 노래하고 있는데, 여자가 제사에 올릴 제물을 손수 뜯는 모습을 볼 수 있다. 둘째 연에서는 뜯어온 마름풀을 다듬어서 광주리에 담고 제기에 올리기 위해 솥에 삶는 과정에 대해서 노래하고

있다. 마지막 연에서는 종실의 창문 아래 제사상을 차려 놓고 제사를 올리는데, 이를 주관하는 사람이 종실의 작은 며느리로 공경을 다하는 모습을 읊조리고 있다. 이 시는 정치 교화가 잘 시행되던 시기에 대부 가(家)에서 선조에 제사를 올리는 예를 공경스럽게 행함으로써 정치적 질서를 실현하고자 하는 의지를 보여주고 있으며, 또한 제례의 실천을 통하여 도덕적 삶의 기초를 확고하게 하는 태도가 드러나 있다.

「패풍(邶風)」, 「천수(泉水)」라는 시에서는 시집을 간 여자가 친정에 돌아갈 수 없어서 돌아가신 부모를 그리워하는 안타까운 심정을 아래와 같이 노래하고 있다.

제 땅에 나가 숙박하고	出宿于泲
녜 땅에서 전별주를 마시니	飮餞于禰
여자가 시집가는 것은	女子有行
부모와 형제를 멀리하는 것이네	遠父母兄弟
나의 여러 고모에게 묻고	問我諸姑
마침내 큰 누이에게 미치네	遂及伯姊

간 땅에 나가 숙박하고	出宿于干
언 땅에서 전별주 마시고서	飮餞于言
수레에 기름 치고 걸쇠를 걸어	載脂載舝
수레들 되돌려 돌아가면	還車言邁
빠르게 위나라에 이를 것이나	遄臻于衛
이렇게 하면 해가 있지 않을까	不瑕有害

이 시는 위나라 여자가 타국의 제후에게 시집을 갔는데, 부모가 돌아가셨다는 소식을 듣고 부모님을 그리워하면서도 친정으로 돌아가서 부모의 장례에 참석할 수 없는 애달픈 심정을 노래하고 있다. 주나라 초기에는 여자가 시집을 가면 친정으로 다시 돌아올 수 없다는 예법이 있었다. 이에 따라 주대(周代)의 여인들은 예법의 규제를 받음으로써 시집을 간 후에는 자신이 태어난 고향으로 돌아가 부모를 만날 수 없는 삶을 살았다. 위 시의 앞 연에서는 위나라로 가는 중간의 제(泲)와 녜(禰) 땅에서 숙박하고 전별주를 마시면서 시집가는 모습을 묘사하여 여자가 시집을 가는 것은 부모형제를 영원히 떠나는 것을 의미한다고 말하고 있다. 하지만 이어서 부모가 돌아가신 상황에서 친정으로 돌아갈 수 있는지를 고모와 누이에게 여쭈어본다고 하여, 불가능한 일임을 알면서도 친정에 돌아가 부모의 장례를 보고 싶은 안타까운 심정을 노래하였다.

뒷 연에서는 반대로 위나라에서 친정으로 돌아가는 길에 간 땅과 언 땅에서 숙박하고 전별주를 마시면서 수레를 메면 위나라에 빨리 돌아갈 수 있지만, 이렇게 하면 예법을 어겨서 화를 당하게 될 것이라고 경계하고 있다. 이처럼 고대에 유가의 예법이 시행되던 시기의 여인들은 '출가외인(出嫁外人)'이라는 말로 대표되는 예법 규정에 따라 친정 부모님이 임종하는 상황에서도 '친정으로 돌아갈 수 없는' 혈육과 격리된 삶을 운명으로 받아들이면서 한계상황 속에서 살아가야 했다.

「정풍」과 「위풍(衛風)」은 무질서한 난세에 지어져서 남녀 사이의 음란함을 묘사한 시가 많은 풍으로 정위지음(鄭衛之音)이라는 말로 상징된다. 하지만 「정풍」에도 남녀음분시(男女淫奔詩)만 있는 것은 아니다. 정나라의 태자(太子) 홀(忽)을 풍자한 국인(國人)들의 시도 있다. 「유녀동거(有女同車)」라는 시가 바로 정나라 태자 홀을 비판한 시이다. 「모시서(毛詩序)」에 따르면, 정나라의 태자 홀이 일찍이 제나라에 공을 세운 적이 있어서 제나라 임금이 딸을 시집보내겠다고 청했고, 제나라 임금의 딸이 어질었음에도 불구하고 태자 홀이 받아들이지 않아 결국에는 대국의 도움을 얻지 못하여 축출당하는 데 이르러 국인들이 비판하였다[1]고 하였다.

이 시에서는 국인들이 제나라 공주가 패옥을 차고 수레를 타고 가는 아름다운 모습을 묘사하면서 태자비로 맞아들이지 못한 것에 대해 우울한 감정으로 표현하고 있다.

여자가 수레를 함께 타고 가는데	有女同車
얼굴이 무궁화꽃 같구나	顔如舜華
한가롭게 움직이니	將翺將翔
아름다운 옥을 찼네	佩玉瓊琚
저 아름다운 맹강은	彼美孟姜
참으로 아름답고도 단아하구나	洵美且都

시에서는 수레를 타고 가는 제나라 공주의 용모가 무궁화 꽃처럼 아름답고 나풀나풀 움직이면서 울리는 아름다운 패옥 소리가 금방이라도 들려올 것 같은 묘사를 통하여 공주를 비로 얻지 못한 유감스러운 감정을 표현하였다. 둘째 연에서는 똑같이 무궁화 같은 아름다운 용모와 패옥차고 가는 예쁜 자태를 형용하고 나서 '덕음(德音)을 잊지 못할 것이네'라고 하여 공주가 유덕하다는 소문을 잊을 수가 없음을 말하면서 못내 아쉬운 감정을 표현하였다.[2] 하지만 주희는 이 시가 여자의 용모와 자태의 아름다움

을 말하는 것으로 보아 「정풍」에 가장 많은 음분시가 아닌가 하고 의심을 하고 있다.[3] 이처럼 백성들은 예법이 무너진 시대에 정숙하고 아름다운 공주가 태자의 비가 되어야 할 것이라는 소망을 시를 통해 표현하면서 우울함의 감정을 드러내었고, 시대가 어지러워짐으로써 삶의 외적 환경이 열악함을 간접적으로 읊조리고 있다.

「소아(小雅)」, 「우무정(雨無正)」에서는 주나라 왕실이 멸망하여 제후들이 예법을 무너뜨리고 물리적인 힘으로 세상을 어지럽히던 시기에 주왕실의 고급관리와 방군과 제후들이 선의지를 가지고 통치하지 않는 시대 상황에 대하여 다음과 같이 노래하였다.

주나라 종실이 멸망하여	周宗旣滅
머물러 정착할 곳이 없으니	靡所止戾
정대부가 사는 곳을 떠나서	正大夫離居
나의 고생을 알지 못하여	莫知我勩
삼공과 대부가	三事大夫
열심히 일하려 하지 않고	莫肯夙夜
방군과 제후들은	邦君諸侯
조석으로 일에 성심을 다하지 않으니	莫肯朝夕
행여 왕이 선을 행하기를 바랐으나	庶曰式臧
도리어 나와서 악을 행하네	覆出爲惡

시인은 주나라 천자의 왕실이 권위를 잃고 망하게 되면서 바르고 선한 대부들이 떠나게 되고, 바르지 못한 삼공과 대부들만 남아서 열심히 일하

지 않고, 제후들은 악행을 자행하면서 나의 고생을 알아주지 않는다고 슬퍼하였다. 고대 중국에서 민중들의 안정된 삶은 기본적으로 통치자들이 도덕적 권위와 선의지를 가지고 예법을 실천하는 데 의존한다. 이 시는 이러한 질서가 무너짐으로써 민중들의 삶의 조건이 훼손된 상황을 묘사하고 있다. 이 시를 통하여 천자의 왕실이 도덕적 권위를 잃고 제후들이 규범적 질서를 무너뜨리면서 악을 행하는 사회적 조건 속에서 민중들의 피폐한 삶과 애환을 느낄 수 있다.

「소변(小弁)」에서는 유왕(幽王)의 시대에 예법이 무너져서 안정된 삶을 영위하기 어려운 상황에서 정치적 지위를 가지고 군자(君子)연 하면서 악행을 저지르는 통치자들의 잔인한 마음을 생생하게 묘사하고 있다. 시에서는 사냥꾼에게 쫓기어 달려드는 토끼를 보면 먼저 살려주고 길가에 죽은 사람이 있어도 차마 볼 수 없어 묻어주는데, 왕이 참소하는 말을 믿고서 아들을 쫓아내니 임금의 잔인한 마음에 근심스러움으로 눈물이 줄줄 흐른다고 하였다. 모시서(毛詩序)에 따르면, 이 시는 주나라 말기 유왕(幽王)이 어진 마음을 가지지 않고 참소하는 사람들의 말만 믿고 자식을 쫓아내면서 천하를 어지럽히는 것을 슬퍼하여, 태자의 스승이 지은 시이다. 여기에서도 통치 질서가 무너지던 주대 말기에 민중들의 삶의 조건이 점점 열악해지는 상황을 생생하게 노래하고 있다.

소아 「육아(蓼莪)」편에서는 크고 긴 예쁜 쑥으로 생각한 자식이 실은 예쁘지 않은 제비쑥이었다는 비유를 들어 자식들이 전쟁터에 내몰려 효도를 하지 못하는 유왕(幽王) 시대의 참담한 상황을 읊고 있다. 부모들이 고생스럽게 자식을 길러주었는데, 자식들은 전쟁터에 나가 부모를 봉양할 수 없는 처지를 다음과 같이 노래하였다.

길고 커다란 쑥이 예쁘다고 여겼는데　蓼蓼者莪
예쁜 쑥이 아니고, 저 제비쑥이네　匪莪伊蔚
슬프고 슬프구나, 부모여　哀哀父母
나를 낳으시느라 고생하셨다　生我勞瘁
작은 병이 비었으니　缾之罄矣
큰 병의 부끄러움이네　維罍之恥
드문 백성들의 삶이여　鮮民之生
죽는 것만도 못한지가 오래되었네　不如死之久矣
아버지 없으면 누구를 믿으며　無父何怙
어머니 없으면 누구를 믿으리　無母何恃
나가면 근심스럽고　出則銜恤
들어오면 이를 곳이 없구나　入則靡至

윗 연에서는 길고 큰 쑥을 보고서 예쁜 쑥으로 생각했는데, 자세히 보니 예쁘지 않은 제비쑥이었다고 하는 것으로 길고 큰 쑥을 아름다운 품성을 가진 자식으로 생각하다가, 전쟁에 내몰려 효도를 행하지 못하는 자식을 예쁘지 않은 제비쑥으로 묘사하였다. 이어서 부모님이 나를 낳느라 고생하셨는데, 봉양을 받지 못하는 상황을 슬퍼하고 있다. 아래 연에서는 부모님이 병들어 돌아가셔서 사고무친(四顧無親)으로 의지할 곳 없는 자식의 처지를 작은 병이 빈 모습으로 비유하였다. 이어서 이것이 큰 병의 부끄러움이라고 하여 민중들이 어려움을 겪는 것은 임금의 부끄러움이 된다는 것을 비유하였다. 이러한 상황에서 민중들은 부모가 없으면 누구를 믿고 살 수 있을까를 반문하면서, 어디를 가도 근심스럽고 돌아갈 바를 몰라 사는 것이 죽기보다도 못하다고 하여 슬픈 감정을 표현하고 있다. 요컨대, 시에서는 임금이 예법을 지키지 않아 질서가 무너지고 자식이 부모가 생존해 계시지 않아 어디로 돌아갈지를 몰라 살기가 죽기보다 못한 상황을 생생하게 묘사하였다. 이처럼 『시경』에서의 삶과 죽음은 국가의 통치 규범인 예법의 시행여부에 따른 질서와 무질서에 커다란 영향을 받는다는 특성을 가지고 있다.

4. 『서경』에 나타난 삶과 죽음의 긴장과 도덕적 지향

『서경』은 중국 고대의 요순으로부터 시행해온 정치적 교화와 왕조의 역사를 기록한 저술이다. 고대에는 왕조의 조정에 사관을 두어 나라 안팎에서 일어나는 모든 정치적 군사적 상황과 외교적 관계, 문물제도 등을 일일이 문자로 기록하였다. 이러한 의미로 옛날에 이 저술은 단지 '서'라고 일컬었고, 때로 왕조의 이름을 덧붙여 「우서(虞書)」, 「하서(夏書)」 등으로 편을 분류하여 말하기도 하였다. 일반적으로 『서경』은 요임금과 순임금, 우임금과 탕임금, 문왕과 무왕의 수신제가 치국평천하의 도를 담고 있는 것으로 이해된다. 이 저술에는 유학에서 가장 이상적인 제왕들이 수신(修身)하고 가정을 화목하게 하며 덕을 펼쳐서 국가를 다스리고 천하를 화평하게 하는 도리가 생생하게 담겨 있다. 따라서 이 저술은 정치 방면에서 가장 중요한 경전으로 이해되었고, 오경(五經)에 속하는 경전으로 중시되어 왔다. 공자가 『서경』을 질서 있게 정리한 이후에 예법에 따른 상하의 정치적 질서가 무너졌던 전국시대를 거치면서 저술의 상당부분이 소실되었다.

『서경』은 이처럼 중국 고대에 천하국가를 다스리는 제왕과 재상, 대신의 도덕적 통치원리와 방법을 제시한 저술인 만큼 이 저술에서 개인의 삶과 죽음에 대한 논의는 어디까지나 천하국가를 움직이는 정치 제도상의 체계를 통하여 백성들의 행복한 삶을 위해 어떤 제도적 장치를 세우느냐의 문제로 귀결된다. 「요전(堯典)」 서두에서는 요임금의 지혜로운 덕을 이야기하면서 구족(九族)을 화목하게 하는 것으로부터 만방의 백성들이 화합에 이르도록 하였다고 하였다. 이처럼 천하 백성들의 삶의 행복을 이루어주는 근본을 혈연적인 가족의 화평으로부터 이야기하는 유가적인 도덕적 확산의 원리는 『서경』 전체에 일관하여 흐르는 기조이다.

혈연적 가족으로부터 말미암는 인륜적 도덕 이념을 삶의 궁극적 목표로 삼으면서도, 『서경』에서는 이상적인 삶을 실현하기 위한 다양한 내용과 방법을 제시하고 있다. 먼저 백성들이 안정된 삶을 영위하기 위해서는 생계를 꾸려갈 수 있는 농작물의 생산이 순조롭게 이루어져야 하고, 이를 위해서는 자연의 기후가 순조로워야 한다. 백성들이 삶의 경제적 안정을 이루고 나면 다음으로 보장되어야 할 것은 외침으로부터의 혼란과 전쟁을 막고 평화를 이루는 것이 다. 『서경』에는 질서 있는 통치에 저항하면서 혼란을 조장하는 태도를 가진 자들에 대한 응징과 정벌을 언급하는 구절들이 나온다. 이것은 임금도 예외가 아니어서 『서경』에서는 최고의 정치적 지위를 가진 제왕도 혼군(昏君)으로 사나운 정치를 행할 때는 멸망시켜야 한다는 것으로 '세상을 다스리라는 하늘의 명령이 영구적이지 않다[天命不于常]'는 원칙을 제시하고 있다.

나아가 『서경』에는 군주가 백성들의 안정된 삶을 충족시키면서 도덕적 교화를 통하여 이상적인 인륜을 실현하고자 하는 데 필요한 여러 가지

방법을 강구하는 내용이 제시된다. 뛰어난 인재를 재상과 대신으로 등용하여 백성들의 눈과 귀가 되도록 하는 것이라든가, 수도를 옮김으로써 지역적인 균형감각을 가지고 통치하고자 하는 것, 신하들의 행동을 제어함으로써 공직을 잘 수행하도록 하는 등의 과제를 이야기한다. 나아가 때로는 백성들의 법규를 어겨서 죄를 범하는 사람에게 형벌을 내리면서도, 선한 동기를 중시하여 가벼운 형벌로 선도하고자 한다. 이러한 여러 가지 조건들은 통치자가 백성들이 죽음을 무겁게 생각하고 안정되고 평화롭게 살아갈 수 있도록 하는 핵심적 요소가 된다.

먼저 백성들이 화평하게 삶을 영위할 수 있는 조건으로서 경제적 삶의 안정을 위해 요임금은 일월성신의 자연운행에 대하여 책력으로 기록하고 관측기구를 만들어 농사철을 잘 파악하도록 하여 농사를 잘 지을 수 있도록 하였다. 이러한 통치상의 제도는 우(禹)가 순임금에게 제시한 수화금목토(水火金木土)의 오행(五行)과 곡식[穀]을 잘 다스리고 나서 덕을 바르게 하며 재용을 이롭게 하여 백성들의 삶을 윤택하게 해야 한다는 정책방안에서 반복하여 이야기되고 있다. 백성들의 삶에 영향을 끼치는 조건으로서 경제적 삶을 안정되게 하는 재용을 얻기 위하여 자연적 조건을 잘 다스려야 한다는 것은 「홍범」 편의 자연의 운행을 순조롭게 해야 한다는 취지에서 '오행(五行)'으로 정리되었다.

인간의 경제적 삶에 자연이 커다란 영향을 미치기 때문에 『서경』에서는 인간을 둘러 싼 지리적 풍토와 자연환경, 특산물과 같은 인문환경에 대하여 기술하고 있다. 구체적으로 「우공(禹貢)」에서는 천하 구주(九州)의 산천과 지형의 형세와 토양의 비옥도, 그리고 그 속에서 살아가는 사람들의 기질과 풍습에 대하여 언급하면서 백성들의 삶의 외적 조건으로서 자연환경과 인간 심성 사이의 밀접한 상관관계에 대하여 말하고 있다.

> 회수(淮水)와 바다(海)에 양주(揚州)가 있다. 팽려(彭蠡)에 물이 모여 흐르니 기러기가 사는 곳이다. 세 강이 바다로 흘러 들어가니 진택(震澤)이 안정되었다. 살대나무와 큰 대나무가 퍼져서 잘 자라니 풀은 여리게 자라고 나무는 높이 자라며 흙은 진흙이다. 전야(田野)는 하등 중에 하등급이고, 세금은 하등 중에 상등급이니 위쪽으로 절충하여 납부한다. 공물은 금속 세 가지와 요(瑤)와 곤(琨) 같은 옥과 대나무, 상아와 가죽, 깃털과 나무 등이다. 바다섬의 오랑캐는 훼복(卉服)을 입으니 광주리에 담아서 바치는 폐백은 직패(織貝)이며, 싸서 오는 귤과 유자는 명령이 내려오면 바친다.
>
> 『서경』「우공」

위의 내용으로부터 양주가 회강과 바다에 접해 있는 곳에 있으며, 대나무가 많이 서식하고 진흙을 토양으로 하는 비가 많은 습지임을 알 수 있다. 농토는 등급이 낮아서 세금도 비슷하게 하등급으로 납부하는데, 특산물로는 옥, 대나무, 상아, 가죽 등을 공물로 바치며, 귤과 유자도 이 지역의 특산물이다. 이처럼 구주(九州) 지역마다 각각 다양한 특성에 따른 생활환경의 차이를 『서경』에서는 생생하게 보여주고 있다.

은나라 이윤이 임금 태갑(太甲)을 재상으로 보필하던 시기에 태갑이 욕심과 방종으로 법도와 예를 무너뜨리자 이윤이 태갑에게 경계하면서 탕임금의 능묘가 있었던 동(桐) 땅으로 보내어 선왕을 가까이 모시고서 스스로를 성찰하도록 하였다. 태갑은 성찰하여 스스로 지은 죄는 피할 수 없음을 자각하였다.

나 어린 사람은 덕에 밝지 못하여 스스로 못나서, 욕심으로 법도를 무너뜨리고 방종으로 예의를 허물어 이 몸에 죄를 불렀도다. 하늘이 지은 재앙은 오히려 피할 수가 있으나, 스스로 지은 재앙은 피하고 살 수 없다. 과거에는 스승의 가르침을 저버려서 처음에는 잘하지 못했으나, 행여 바로잡아 주는 덕에 힘입어 유종의 미덕을 거두고자 한다. 『서경』「태갑」 중

태갑은 지난날 욕심과 방종으로 법도와 예를 무너뜨리고 혼란을 야기한 허물을 성찰하면서 스스로 하늘에 죄를 지으면 빌 곳이 없다는 것을 불변의 진리라고 생각하였다. 그리고 스승이 가르쳐준 덕에 의지하여 임금의 자리를 잘 마칠 것을 다짐하였다. 반면 이윤은 백성은 임금이 아니면 서로 바로 잡아줄 수 없고, 임금은 백성이 아니면 사방에 임금노릇을 할 수 없다고 하여 임금은 백성과 서로 의지하여 그들이 바르게 살아가는 근원이 된다는 생각을 가지고 태갑이 덕에 나아가도록 잘 이끌었다고 할 수 있다.

은나라 마지막 제왕인 수(受)가 사나운 정치를 행함으로써 세상 제후들과 백성들의 신뢰를 잃어버린 주(紂) 임금의 도덕적 정당성을 표방하면서 많은 제후들의 지원에 힘입어 정벌한 무왕의 이야기가 다음과 같이 나온다.

지금 은나라 왕인 수(受)가 부인의 말을 따라서 혼미한 어리석음으로 지내야 할 제사를 방기하고 은혜에 보답하지 않고, 어리석음으로 남겨놓은 왕부모의 아우들을 내버려 도리에 따라 대우하지 않으며, 사방에서 죄를 짓고 도망친 많은 사람들을 받들어 우두머리로 삼아서 이들을 믿고 부려서 대부와 경을 삼아서 백성들을 사납게 대하며 은나라 읍에서 약탈을 일삼았다. 이제 나 발(發: 주나라 무왕)은 공손하게 하늘의 벌을 행하니 오늘의 싸움

> 은 6보와 7보를 넘지 말고 멈추어 가지런하게 할 것이니, 군사들은 힘쓸지어다. 부디 굳세고 굳세어서 범과 같이 하고, 비휴와 같이 하며, 곰과 같이 하고 큰 곰과 같이 하여 상은나라 외곽에서 싸워 도망치는 자들을 맞아 공격하여 서쪽 사람들을 힘들게 하지 말지라. 『서경』「목서」

이 단락은 은나라의 마지막 임금이었던 주(紂)가 어리석은 혼군(昏君)으로서 제사를 받들지 않고 형제를 버리며, 타국의 죄인들을 받아들여 함께 사나운 정치를 행하는 것에 대하여 무왕이 도덕적 정당성을 가지고 하늘의 벌을 대신 시행하며 주(紂)를 멸망시키는 상황을 이야기하고 있다. 무왕 발(發)은 목야의 들에서 군사들에게 신중하게 법도에 맞는 행보를 하면서도 맹수와 같은 용감함으로 은나라의 학정을 일삼는 자들을 무찌를 것을 독려하였다. 이 구절은 백성들의 삶을 질곡시키는 이런 혼란을 야기함으로써 도덕적 정당성을 잃어버림으로써 천명을 상실한 자들에 대해서는 정벌해야 한다는 것을 상징적으로 보여주고 있다.

『서경』에는 임금이 스스로의 부족한 덕을 보필해 주는 재상의 통치상의 역할을 중요하게 생각하여 어질고 현명한 재상을 얻는 것에 관한 사례가 나온다. 「열명」은 고종이 부열(傅說)에게 명하는 내용이 제시된다. 은나라 21대 소을(小乙)이 붕어하고 고종(高宗)인 무정(武丁)이 3년상을 치르고 나자 천자는 만방의 군주이므로 명철함이 법도가 되기 때문에 왕께서 이것을 말씀으로 삼아 명령을 내려야 한다고 신하들이 무정에게 권고한다. 이에 고종은 자신의 덕이 선왕과 비슷하지 못한 것을 자각하고 공손한 마음으로 말없이 어진 재상을 얻기를 간절하게 생각하여, 상제가 꿈에서 보필할 신하를 현몽(現夢)하게 하였다.

나로써 사방을 바로잡게 하시니, 나는 덕이 선왕과 비슷하지 못할까 두려워하며, 이 때문에 말없이 공손하게 침묵하는 것을 도로 삼고자 한다. 꿈에 상제께서 나에게 어진 보필자를 내려 주셨으니, 그가 나를 대신하여 말할 것이라고 하였다. 이에 꿈속에서 본 모습을 화공에게 그리게 하여 그 형상을 가지고 전국에 널리 찾도록 하였다. 이에 부열이 부암(傅巖)의 들에 살고 있었는데, 그 모습이 그림과 똑같았다. 『서경』「열명」 상

고종은 이 때 자신의 부덕함을 보필하는 어질고 현명한 재상을 얻어야 한다는 간절한 마음이 하늘에 닿아 자신을 보필할 재상을 꿈에서 보고는 이를 화공에게 그리도록 하였다고 한다. 그리하여 관리들이 그림과 모습이 같은 사람을 찾아 전국을 돌다가 부암(傅巖)이라는 시골에서 부열을 찾았던 것이다. 『맹자』에서는 무정이 부열을 시골의 토목공사를 하는 곳에서 찾아 등용하였다고 말하고 있다. 이처럼 고대 중국의 유학 사상에서는 백성들의 삶을 이루어주는 이상적인 정치를 지향하여 왕이 자신을 보필할 현명한 재상을 구하는 것을 매우 중요한 정치적 과제로 생각하였다.

「순전(舜典)」에는 죄를 지은 사람에게 형벌을 가하는 방법에 대하여 언급하는 구절이 있다. 여기에서 순임금은 기본적으로 관용의 원칙에 따라 죄를 지었더라도 가능한 한 죄를 용서하여 벌을 가볍게 하는 방향으로 취하였다. 하지만 나쁜 의도를 가지고 죄를 끝까지 반성하지 않고 고집스럽게 행하는 사람에 대해서는 죽음의 벌을 내려야 한다고 하였다.

불변의 형벌을 드러내면서 무거운 五刑을 유배를 보내는 형벌로 가볍게 하고, 채찍은 관부의 형벌로 만들고, 회초리는 학교의 형벌로 만들되

황금으로 죄 값을 대신 치르게 하고 과오와 불행으로 지은 죄는 풀어주며, 자신의 신념을 믿고서 끝까지 죄를 반성하지 않고 반복하는 사람은 죽이는 형벌을 준다.

『서경』「순전」

비교적 무거운 죄인 오형(吾刑)에 해당하는 죄를 지었더라도 죄인의 삶이 애처롭거나 법 적용상에서 의심이 가는 사람 또는 이전에 국가에 공로를 세웠던 사람에게는 관용을 베푼다는 것이다. 또 의도하지 않았으나 불운으로 인하여 우연히 죄를 범한 경우에는 벌을 주지 않고 그대로 풀어준다는 것이다. 이러한 처벌의 원칙은 기본적으로 형법이 백성들의 삶을 바르게 이끌어가도록 살려가고자 하는 취지와 방향성을 가지는 것임을 의미한다. 이러한 취지와 관련하여 순임금은 고요(皐陶)에게 형벌을 쓰되 형벌이 없는 경지에 이를 것을 목표로 삼아 백성들을 중도에 맞게 하는 것이 그대의 역할이라고 이야기하였다.

『서경』은 이렇게 사람들이 잘못된 행동을 하고 나서 법적인 수단으로 그들의 행동을 제약하는 단계를 넘어서, 제후들이나 백성들이 선의지를 가질 수 있도록 최고 통치자가 은혜와 관용의 태도를 가지고 선정을 베푸는 것을 중요하게 생각하였다. 「고요모(皐陶謨)」에서는 제왕이 명철한 지혜와 은혜로움을 극진하게 여기게 되면 환두(驩兜)와 같이 악행에 치우친 사람이나, 유묘(有苗)와 같이 어리석은 자나, 교언영색(巧言令色)하여 간악한 공공(共工)도 근심하거나 귀양을 보낼 필요가 없을 것이라고 하였다. 『서경』에는 제왕의 통치와 교화를 따르지 않는 세력에 대해서 이들을 무력으로 진압하기 이전에 지혜와 관용으로 교화하는 방법을 이용하여 회유하고 복종하도록 하는 방법을 취해야 한다고 하였다. 이것은 『중용』 20장에서 말하는 구경(九經)에서 '원방의 사람을 너그럽게 대함[柔猿人]', '제후들을 감싸 줌[懷諸侯]'과 같은 항목을 교화의 원칙으로 삼는 것을 의미한다.

『서경』, 「다사(多士)」에서는 주공이 도읍을 낙읍으로 옮기고서 은나라를 섬기던 선비들에게 도읍을 낙읍으로 옮긴 이유와 오직 덕에 따라 인재를 등용하여 은나라 신하를 배제하는 것이 아님을 말하는 구절이 나온다.

> 너희들은 은(殷)나라 선인들의 서책과 전적이 있음을 알고 있으니, 옛날 은나라도 하나라의 천명을 혁신하였다. 이제 너희들은 말하기를 '하나라 신하들을 인도하고 선발하여 왕의 조정에 두었으니 일하는 사람들이 백관의 지위에 있었다'고 하였다. 나 한사람은 덕 있는 사람을 등용하여 쓸 따름이다. 이에 감히 너희들을 천읍(天邑)인 상나라에서 찾아서 이 낙읍(洛邑)으로 오도록 한 것은 내가 상나라의 옛 일을 그대로 본받아서 그대들을 불쌍하게 생각한 것이니, 이것은 나의 죄가 아니고, 하늘의 명령이다.

은나라의 유민 가운데 지식인들이 은나라가 하나라를 교체하면서도 조정에 하나라 신하들을 많이 등용했던 사례를 들어 주나라 조정에서 일하는 사람이 드물고 도읍(都邑)을 낙읍(洛邑)으로 옮긴 것에 문제를 제기하였다. 이에 주공이 사방의 제후들을 손님으로 머물게 할 곳을 마련하기 위하여 낙읍으로 도읍을 옮겼음을 이야기하면서, 동시에 덕(德)이 있는 사람이면 은나라 유민(流民)이든 주나라 사람이든 가리지 않고 등용할 것이라고 하였다. 여기에서 왕조를 교체하는 정복이 이루어지더라도, 이전 왕조의 신하와 백성들을 죽이는 것이 아니라, 덕을 기준으로 함께 살아가고 조정에서 통치를 행하도록 하고자 했음을 보여준다.

요컨대, 『서경』에서 개인이 어떻게 잘 살고 죽을 것인가 하는 삶과 죽음의 문제는 무엇보다도 천하를 다스리는 천자와 제후 등 통치자의 선의지와 통치를 가능케 하는 예법과 형정을 중심으로 하는 여러 제도적 방법론을 중심으로 논의된다. 먼저 통치자는 천문역법과 기후환경에 대한 조치 등 경제적 삶을 유지하는 농정(農政)과 연관된 제도를 시행하는 것을 중시한다. 『예기』, 「월령」에는 계절에 따른 농정(農政)을 중심으로 하는 행사일지가 기록되어 있다. 이어서 외침으로부터 국가를 보호하여 평화로운 사회를 만들고자 하는 것으로서 군정(軍政) 또한 제왕이 백성들의 삶을 이루어주는 중요한 조건이 된다. 나아가 죄를 지은 사람을 처결하면서도, 선의의 도덕성을 회복하는 것을 중시하는 형정(刑政)을 시행해야 한다. 이 밖에 『서경』은 백성들의 삶을 이상적으로 이끌어 비정상적인 죽음에 이르지 않도록 하는 여러 방어 기제를 설정함으로써 백성들이 안락하게 살 수 있도록 하는 방법을 제시한다.

5. 『주역』에서 삶과 죽음에 대한 우주론적 이해

『주역』은 음양(陰陽)의 부호를 중복시켜서 팔괘(八卦)를 만들고 이를 다시 중복시켜 육십사괘(六十四卦), 삼백팔십사효(三百八十四爻)를 만들며, 여기에 괘효사(卦爻辭)를 붙여 자연과 인간 사회의 모든 현상과 그 변화의 규칙을 제시하는 상징체계이다. 나아가 『주역』은 천지(天地)를 상징하는 음양강유(陰陽剛柔)의 대립적인 요소가 서로 교감하면서 변화의 법칙과 그 양태를 길흉(吉凶)이라는 가치평가의 관점에서 보여주는 점에 주목하여 이들 상징체계의 철학적 실천적 원리를 설명하고 있다. 여기에서 괘효 및 괘효사의 상(象)과 이들이 내포하고 있는 의미(또는 의리)는 『주역』의 두 가지 주된 구성요소이다.

중국 상고시대에 『역』은 성인이 우환의식을 가지고, 천하국가를 다스리기 위한 정치적 수단인 동시에 예측하기 힘든 미래의 운명적인 상황을 미리 예측하는 수단으로 정인들이 행하던 점(占)의 기능을 가지고 있었다. 미래에 어떤 일이 일어날 것인가를 예측하는 이러한 예언적 기능은 개인 또는 통치자의 행동을 이끌어가는 역할을 하는데, 여기에서 그 행동의 방향을 결정하는 것은 점으로부터 나온 미래 상황에 대한 길흉회인(吉凶悔吝)과 같은 평가이다. 길흉회인(吉凶悔吝)은 자연과 인사의 여러 현상을 좋고 나쁜 정도로 표현하는 것으로 사람들이 행동을 결정하는 준칙이 되는 것이다. 예컨대, 어떤 상황이 '흉(凶)하다'고 하면 계획했던 행동을 하면 안 되는 반면, '크게 길하다[元吉]'고 하면 하고자 했던 행동을 적극적으로 해도 좋은 것이다. 이처럼 『주역』은 길흉회인(吉凶懷吝), 무구(无咎), 려(厲), 원길(元吉) 등과 같은 외적 상황에 대한 평가를 통하여 사람들이 특정한 상황에서 중도(中道)를 지향하여 시의 적절하게 행동하는 실천 기준을 제시하는 의미를 가진다.

이처럼 『주역』은 괘효(卦爻)와 괘효사(卦爻辭)를 결합함으로써 자연과 인간사회 현상의 변화를 길흉과 같은 가치평가적 차원에서 제시함으로써 실천의 기준을 제시한다는 점에서 우주론적 의미를 사회문화적 실천적 의미와 결합하여 연속적으로 파악하는 특징을 가진다. 나아가 『주역』은 중정(中正)과 같은 적절한 행동기준을 길흉회인(吉凶懷吝)의 가치평가를 통하여 제시함으로써 자연의 변화를 교과서로 삼아 시의 적절하게 행동하며 살아갈 수 있는 범례를 보여주고 있다. 요컨대, 흉함[凶]이 죽음에 이르는 길이라면, 길함[吉]은 삶으로 나아가는 길이라는 것이다.

그런데 『주역』에서 말하고자 하는 가장 근본적인 메시지는 천지자연의 변화작용이 모두 만물이 태어나면서 가지고 있는 본래적인 생명을 살려가는 것을 궁극적 목표로 삼는 것으로 이해하고 있다는 점이다. 이러한 능력을 「계사」에서는 하늘과 땅의 위대한 덕을 '생명[生]'이라고 말하기도 하고, 끊임없이 생성하고 생성하는 것을 역이라고 하기도 하였다. 이처럼 『주역』은 기본적으로 순양의 건괘와 순음의 곤괘가 나머지 62괘를 파생하면서 온갖 변화를 통하여 사물을 낳고 낳아 생명을 실현시켜 가는 상징체계로서의 의미를 갖는다.

「건괘」 '단전'에서는 「건괘」가 만물을 낳아 생명을 실현시키는 시원이 되는 덕을 가지고 있음을 다음과 같이 설명하였다.

> 건(乾)이 으뜸되는 것이 위대하구나! 만물이 여기에 바탕하여 시작하고 이에 하늘의 운행을 통괄한다. 구름이 일어나고 비가 뿌려 온갖 사물들이 형체를 이루고, 사물의 처음과 끝을 크게 밝히니 여섯 단계가 시의적절하게 이루어진다. 상황에 따라 변화하는 단계를 수반하면서 하늘을 통어한다. 건괘의 도리가 변화하면서 개별 사물의 본성을 바르게 실현하며, 지극한 조화에 부합하니, 이에 바름을 지켜서 이롭다. 뭇 사물들보다 먼저 출현하여 많은 나라가 모두 태평하다.

하늘의 덕으로서 건괘는 만물을 낳는 으뜸이 되고, 시원이 되는 것으로서 모든 생성의 단계를 관통하면서 하늘의 운행을 통제한다는 것이다. 또한 건괘는 상황의 단계적인 변화에 따라서 사물의 생명을 바르게 실현해 가며, 이들이 모두 지극한 조화를 이루어 수많은 나라 전체가 평화로워진다. 요컨대, 건괘는 지상에 태어난 만물이 자신의 본성을 바르게 실현시키는 생명의 원리를 제공하며, 동시에 이들 사물들이 조화를 이룰 수 있도록 하는 것이다. 이러한 시각은 건괘의 덕이 천하 국가의 모든 사람이 이상적인 삶을 이루어 가는 원리를 제시해 주는 것을 의미한다.

반면 「곤괘」, 「대상전」에서는 '땅의 형세가 곤괘(坤卦)의 상이니, 군자는 이를 본받아서 돈독한 덕으로 만물을 싣는다'고 하였다. 곤괘가 상징하는 땅은 광대하게 펴져 있으면서 만물을 싣고 있다. 이러한 모습을 『주역』, 「곤괘」에서는 포용하는 덕을 상징하는 것으로 해석하여 군자가 돈독한 덕으로 만백성을 포용하여 다스리는 것으로 이해하였다. 이어서 「곤괘」, 「문언(文言)」에서 각각 선과 불선을 쌓아가게 되면 자연적으로 그 결과가 경사와 재앙으로 드러날 것이므로 미리 조심해야 한다는 것을 다음과 같이 가르치고 있다.

> 선을 쌓아가는 집안은 반드시 그로부터 말미암는 경사가 있고, 불선을 쌓아가는 집안은 반드시 그로부터 이루어지는 재앙이 있다. 신하가 그 임금을 죽이고, 아들이 그 아버지를 죽이는 것은 하루아침에 갑자기 이루어지는 일이 아니다. 그 유래하는 것이 있어서 점차로 이루어지니, 분별하는 것을 일찍 분별하지 못하기 때문이다. 『역』에 '서리를 밟았는데, 어느덧 견고한 얼음이 이른다'고 한 것은 대체로 그 자연스러운 추세에 따른 것임을 말한다.

「곤괘」에서는 음기로부터 이루어지는 '서리를 처음 밟았는데 어느덧 견고한 얼음이 언다'고 하는 자연현상을 선하지 않은 일을 쌓게 될 때는 자연스럽게 그로 말미암아 재앙이 이르게 될 것이라는 사실을 상징하는 것으로 해석하여 경계를 하였다. 「곤괘」는 음효만으로 이루어진 괘로서 한편으로 돈독한 덕을 가지고 만물을 포용하는 것을 상징하는 것으로 이해되면서, 다른 한편으로는 선하지 않은 것을 쌓으면 부지불식간에 재앙이 이르게 될 것이라는 것으로 음이 선하지 않은 일을 상징하는 것으로 해석되기도 한다. 다시 말하면 「곤괘」에서 '서리를 밟자 견고한 얼음이 언다'고 한 구절은 이런 모습을 보고서 사람들이 부정적인 일을 부지불식간에 습관적으로 행하여 불행과 재앙을 초래하지 말아야 한다는 경계심을 드러내는 기준이 되는 것이다. 이처럼 『주역』을 이해하는데 있어서 음(陰)은 악, 불선, 욕망, 죽음 등과 같은 부정적 이미지를 가지는 것을 상징하는 것으로 인식된다. 송대 성리학에서 양을 긍정적 의미로 해석하는 반면, 음을 부정적 대상을 상징하는 것으로 낮게 평가하는 이러한 주장을 부양억음론(扶陽抑陰論) 또는 억음부양설(抑陰扶陽說)이라고 말한다.

『주역』은 '한편으로 음으로 변하고 한편으로 양으로 변화하는 것을 도(道)라고 한다'고 하여 음양의 변화를 통하여 자연세계가 순환적으로 변화하는 체계를 설명하고 있다. 『계사』에서는 '위로 천문을 살피고 아래로 지리를 살피기 때문에, 어두운 이치와 드러난 현상을 알고, 시원을 미루어서 마침으로 돌아가기 때문에 살고 죽는 것을 안다. 기가 정수(精髓)를 쌓아서 사물이 되고, 혼이 흩어져서 변화가 이루어진다. 그래서 귀신의 본모습을 안다'고 하였다. 역에서 천지의 운행 현상과 이치를 봄으로써 이치와 현상이 연속적으로 작용하는 것을 이해하고, 처음과 끝이 단절되지 않고 연속성을 가지는 것을 추구하기 때문에 삶과 죽음이 연결되어 있음을 안다고 하였다. 『주역』에서는 이처럼 삶과 죽음이 분리된 것이 아니라 연속성을 가지고 순환 변화되는 것임을 전제하고 있다.

나아가 「계사」에는 성인이 역을 지은 목적을 덕을 닦아서 높이고 이상적 정치와 같은 실천적 사업을 할 수 있도록 하고 도의(道義)로 나가는 길을 제시하기 위한 것이라고 하였다.

> 역이란 지극한 책이구나! 대개 『역』은 성인이 덕을 높이고 사업을 넓혀주는 것이다. 지혜[知]는 높고 예(禮)는 낮으니 높은 것은 하늘을 본받고 낮은 것은 땅을 본받았다. 천지가 자리를 잡으면서 변화는 그 가운데서 행해진다. 본성을 이루어주고 보존할 것을 지키니, 역(易)은 도의(道義)로 나아가는 관문이다.

역은 처음 지어질 때 성인이 자신의 덕을 높이 닦아가는 것으로서 수양을 하고 널리 천하를 다스리는 일을 행할 것을 목표로 한 책이라는 것이다. 성인이 실천하는 지혜와 예법은 하늘과 땅을 본받은 것이며, 지혜와 예법이 바르게 정해질 때 세상의 이상적인 정치적 변화가 이루어진다는 것이다. 요컨대, 『주역』은 성인이 천지의 변화를 모델로 삼아 천하를 통치하는 지혜와 예법을 통하여 천하 백성들의 삶과 도덕적 이상을 가능케 하는 문호(門戶)의 역할을 한다는 것이다.

『주역』은 보다 구체적으로 괘효사를 통하여 자연과 인간사의 여러 상황을 제시함으로써 인간이 특정한 상황에서 어떻게 행동해야 할지를 길흉회인(吉凶悔吝), 려(厲), 무구(无咎), 원길(元吉) 등과 같은 가치평가를 통하여 제시해주고 있다. 다시 말하면 『주역』은 안정된 삶을 이루어가기 위한 적절한 행동의 기준을 제시하는 것이다. 이를 구체적인 괘효를 통하여 살펴보기로 한다.

「곤괘(困卦)」, 「육삼효」는 "돌에 곤궁하며 납가새에 의지하고 있다. 그 집에 들어가도 아내를 보지 못하니 흉하다"고 하는 상황이 언급된다. 이러한 흉한 상황에 대하여 정이(程頤)는 다음과 같이 해설하였다.

> 돌은 견고하고 무거워 감당하기 힘든 물건이고, 납가새는 찔려서 의지할 수 없는 물건이다. 삼효는 강함과 험난함으로 위로 올라가면 두 양이 위에 있어서 힘으로는 이길 수 없고 견고함은 범할 수 없어서 스스로 더욱 곤궁할 뿐이니, 이것이 돌에서 곤궁한 것이다. 선하지 못한 덕으로 강건한 중으로서 구이효의 위쪽에 있어서 그 불안함이 가시를 깔고 앉아 있는 것과 같으니, 이것이 납가새에 의지해 있는 것이다. 나아가고 물러나는 것이 이미 모두 더욱 곤궁하니 제자리에 편안하고자 해도 더욱 할 수 없다. '궁'은 거처함이 편안한 곳이고, 부인은 편안하게 하는 요인이다. 나아가고 물러나는 것이 불가능함을 알면서도 제자리에 편안하고자 하면 그 편안함을 상실할 것이다. 나아가고 물러나는 것과 거처하는 것이 모두 불가능하여 오직 죽음만이 있을 것이니, 그 흉함을 알 수 있다.

이때 효는 곤경을 뜻하는 괘의 상황에서 음(陰)으로 유약한데다가 중정(中正)하지 못한 세 번째 위치에 있음으로써 상황이 어려운데 정신도 약하여 어려움을 돌파해 나갈 수 있는 강한 정신을 가지지 못한 사람을 상징하고 있다. 이런 경우를 효사(爻辭)에서는 무거운 돌을 들고 찔리기 쉬운 납가

새 가시에 앉아 있는 모습으로 형상화하면서 진퇴양란의 상황에서 죽음을 맞을 수밖에 없음을 경고하고 있다. 또한 정이는 외적 상황과 내적 자질 사이의 상관적인 관계를 함께 언급하고 적절한 행동의 기준을 제시함으로써 육삼효의 의미를 강조하였다.

반면에 「태괘(兌卦)」, 「단전」은 "태는 기뻐함이다. 강함이 중의 자리에 있고 부드러운 것이 밖에 있어서 기뻐하면서도 곧음이 이롭다. 그래서 하늘에 순응하고 사람에게 호응하여 기쁨으로 백성들에게 솔선하면 백성들은 수고로움을 잊고 기쁨으로 어려운 것을 무릅쓰면 백성들이 죽음을 잊을 것이니, 기뻐함이 크므로 백성들이 힘쓴다"라고 하였다. 이 구절에 대하여 정이는 다음과 같이 부연 설명하였다.

> 군자의 도는 백성들을 기쁘게 하는 것이 천지가 베푸는 것과 같아서 그 마음을 감동시키고 기뻐하고 복종하게 하는 데 싫증냄이 없다. 그래서 이로써 백성들에게 솔선하면 백성들의 마음이 기뻐하여 따르면서 그 노고를 잊고, 그들에 솔선하여 어려움을 무릅쓰면 백성들의 마음이 의(義)에 기뻐하고 복종하며 죽는 것도 돌보지 않을 것이다. 기뻐하는 도가 크면 백성들은 힘쓰지 않는 이가 없을 것이다. '권(勸)'은 믿고서 힘써서 순종하는 것을 말한다. 임금의 도리는 인심이 기쁘게 복종하는 것을 근본으로 삼는다. 그래서 성인은 그 위대함을 찬미하였다.

「태괘」는 기쁨[說]을 상징하는 괘이다. 「단전」은 임금이 백성들에게 기쁨을 가지게 하는 것으로 솔선수범하는 모습을 설명하고 있다. 다시 말하면, 임금이 정의로운 규범을 시행하여 백성들이 안정되고 평화로운 나라에서 살 수 있도록 도덕적 의지를 가지고 신뢰를 보여주면, 백성들은 기쁜 마음으로 죽음을 무릅쓰면서 임금의 정치에 순응한다는 것이다.

사람 사이에 믿음을 가지는 것을 상징하는 「중부괘」에서는 『서경』에서와 마찬가지로 죄에 따른 형벌을 내려야 하는 상황에서도 믿음을 가지고 형벌을 완화하여 가능한 한 살려가는 방향을 취할 것을 권고한다. 「대상전」은 "연못 위에 바람이 있는 것이 중부이니, 군자는 이를 본받아 옥사를 논의하면서 사형을 완만하게 한다"고 하였다. 여기에 대하여 정이는 다음과 같이 군자가 형벌을 시행할 때의 덕목을 이야기하였다.

> 군자가 옥사(獄事)를 의논할 때는 그 충성을 다할 뿐이고, 사형을 결단할 때는 측은함을 다할 뿐이다. 그래서 성실한 마음으로 항상 완만하기를 추구한다. '완(緩)'은 관대한 것이다. 천하의 일에 있어서 충성을 다하지 않음이 없지만, 옥사를 의논하고 사형을 관대하게 하는 것은 가장 중요한 것이다.

이러한 자세는 유학 사상의 도덕적 이상론을 잘 드러내고 있다. 다시 말하면 백성들이 죄를 범했을 때, 형벌을 수단으로 이들을 구속하는 것은 단지 외적으로 더 이상의 죄를 짓지 못하도록 하는 것일 뿐, 개과천선(改過遷善)하여 선한 마음을 회복하도록 하는 것은 아니라는 것이다. 따라서 보다 근본적인 유가적 통치의 근본은 덕으로 교화함으로써 백성들이 선한 마음을 가지도록 하는 데 있다. 이렇게 될 때, 사회는 보다 평화롭고 안정되게 이상적 질서를 실현할 수 있고 백성들은 죽음을 멀리 하면서 온전하고 아름다운 삶을 영위할 수 있다.

〈참고문헌〉

『論語』『孟子』

『詩經』『書經』『周易』

이시우, 「『주역』의 사생관(死生觀)에 관한 연구」, 성균관대학교 대학원 박사학위논문, 2013.

임병식, 「중국유학의 생사관」, 고려대학교 대학원 박사학위논문, 2018.

진영아, 「중국 신화의 생사관」, 전남대학교 대학원 박사학위논문, 2010.

이철영, 「韓民族의 傳統的 生死觀에 관한 硏究 : 陰陽五行論的 觀點을 中心으로」, 동국대학교 석사학위논문, 2006.

박희채, 「『莊子』의 生命觀 硏究 : 他者性 克服 論理를 中心으로」, 성균관대학교 대학원 박사학위논문, 2012.

도민재, 「儒學의 生死觀에 입각한 安樂死의 倫理性 고찰」, 『동양고전연구』 44, 동양고전학회, 2011.

이수진, 「儒家 生死觀의 형성과 전개」, 『중국인문학회 정기학술대회 학술발표논문집』, 2010.

윤용남, 「儒家의 生死觀과 죽음에 대한 태도」, 『哲學論叢』 59, 새한철학회, 2010.

최복희, 「유교의 생사관」, 『생명연구』 9, 서강대학교 생명문화연구소, 2008.

최영근, 「조선민족 生死觀 연구」, 『亞細亞文化硏究』 5, 2001.

나희라, 「고대 한국의 생사관(生死觀)-영혼관(靈魂觀)을 중심으로」, 『역사와 현실』 47, 한국역사연구회, 2003.

남경희, 「희랍의 생사관과 서구의 윤리학」, 『철학연구』 75, 철학연구회, 2006.

02 사서의 생사관

이봉규

1. 유교로 들어가는 문: 오경과 사서

사서에 담긴 생사관을 잘 이해하기 위해서는 유교의 학문 체계가 수립되고 전개되었던 역사적 사정에 대하여 주의할 필요가 있다. 유교 경전을 말하면, 사서삼경, 사서오경, 육경 등의 이름이 흔히 떠오른다. 시(詩), 서(書), 역(易)이 삼경이 되고, 여기에 예(禮)와 춘추(春秋)를 추가하면 오경이 된다. 이 오경에 악(樂)을 더하여 육경이라고 한다. 오경과 육경은 유교 학문의 기본 분야를 뜻한다. 동시에 그 분야에 속한 텍스트를 같이 의미한다. 유교 전체를 포괄하는 개념으로 육경을 즐겨 사용하지만, 악에 해당되는 텍스트가 존재하지 않기 때문에 그 의미는 관념상으로만 발휘되었다. 반면, 오경은 분야별로 경전이 복수로 존재하였고, 경전을 연구하고 교육하는 제도와 더불어 경전을 전승하는 학맥이 역사적으로 존재하였다. 따라서 오경은 실질적 의미를 발휘하면서, 악을 예 속에 포함시켜 육경의 의미를 함께 나타내는 개념의 역할도 수행하였다.

오경은 그러나 공자가 활동하던 시절 정립되었던 개념이 아니다. 전한 시기(bc.206~ad.8) 오경박사가 국가의 제도로 설치되면서 역사 속에서 점진적으로 확립된 개념이다. 한대 조정은 유교를 정교(政敎)로서 학문화하였다. 그 결과 한대 이전까지 제자백가(諸子百家)의 하나로 전개되었던 유교의 학문이 전한 시기에 이르러 정교의 기준학문을 의미하는 경(經)이 되고, 다른 학파의 학문은 자(子)의 반열에 머무르게 되었다. 물론 뒷 시대에 도교와 불교의 경전들도 경으로 불리는 전적이 많이 생겼지만, 그것은 해당 학파 자체의 산물일 뿐, 오경박사와 같이 국가의 제도를 통해 성립된 것이 아니어서 서로 대등하게 비견되지 않는다. 요컨대, 오경은 유교가 한대에 관학화되면서 비로소 분명해진 개념으로, 유교 학문 전체를 포괄하는 기본 개념이라고 할 수 있다.

사서는 『논어』, 『맹자』, 『대학』, 『중용』 등 네 가지 유교서을 통칭하는 말이다. 『대학』과 『중용』은 본래 하나의 독립된 텍스트가 아니라 『예기(禮記)』에 들어 있는 두 편이다. 『예기』는 『의례』, 『주례』와 함께 오경 중 예(禮)에 속하는 주요한 경전 중 하나이다. 한대에 『논어』는 오경과 겸해서 읽는 텍스트로 중시되기는 하였지만, 오경과 대등한 지위에 있지 않았다. 『맹자』는 동한 시기 조기(趙岐)에 의해 오늘날과 같은 형태로 편집되었지만, 『논어』 만큼 중시되지 못하였다. 요컨대, 이들 네 편의 유산들은 당나라 때 오경정의가 국가에 의해 간행될 때까지 독립된 경의 반열에 있지도 않았고, 함께 묶여서 재조명되거나 또는 사서 등으로 통칭되지도 않았다.

사서라는 개념은 10세기 이후 송대에 확립되었다. 송대 학자들은 『대학』을 증자로 불리는 공자의 제자 증삼(曾參)이 편찬한 것으로, 『중용』을 공자의 손자인 자사(子思)가 편찬한 것으로 여기는 전통적 견해에 기반하여 도통론의 관점에서 재평가하였다. 송대 학자들은 공자-증자-자사-맹자로 이어지는 학문적 계보를 상정하고, 그들의 언행이 담긴 이들 네 편의 유산을 유교 학문의 본지를 이해하는 토대로 삼았다. 그리고 이 네 편의 내용을 통해 정교로서 유교가 가지는 의미를 재조명하였다. 특히 주희(朱熹)는 정호(程顥)와 정이(程頤) 형제 등 북송대 학자들의 학술적 재조명을 수렴하여, 『논어집주』, 『맹자집주』, 『대학장구』, 『중용장구』 등 주석서를 편찬하고 간행하였다. 주희는 사서를 오경을 학습하기 전에 먼저 공부해야 하는 기본 경전으로 설정하였는데, 이것은 북송대 이래 이학자들이 공유하였던 관점을 계승한 것이었다. 이로부터 송대 이학(理學)에 의해 재조명된 사서가 학자들 사이에 널리 통용되게 되었다.

원대에 이르러 주희가 편찬한 사서는 과거시험을 준비하는 주요한 텍스트로 자리잡았다. 이학의 이론은 사서를 토대로 계속 심화되어 동아시아 각 지역에서 다양한 주석서들이 계속 산출되었다. 명대 영락제 시기에 중국의 역대 전적을 집성하여 영락대전으로 간행하였는데, 사서에 대하여 주희의 주석과 더불어 주희 이후 전개된 논의들을 함께 수록한 판본이 간행되었다. 보통 영락대전본, 또는 줄여서 대전본이라고 불리면서 널리 유행하였다. 요컨대, 이학이 한국과 베트남 등 동아시아 유교 국가들로 확산된 이후, 동아시아 각국에서 과거제가 20세기 초반 폐지될 때까지 사서는 유교의 학문을 이해하는 기본 텍스트로서, 오경의 본지를 이해하는 사상적 토대로서 중시되었다.

역사적으로 보면, 유교의 학문은 오경을 중심으로 전개하는 학문론이 송대 이전까지 발전해왔다가, 송대 이후 사서를 기반으로 삼아 오경으로 나아가는 도통론적 학문론이 발전하였다. 그러나 『대학』과 『중용』은 본래 『예기』의 일부였고, 『논어』와 『맹자』 등 사서 안에는 『시』와 『서』 등 오경을 인용하거나 거론하여 논지를 전개하는 대목이 도처에서 발견된다. 도통론을 벗어나서 보면, 사서는 오경 내지 육경의 틀 안에 있으며, 『논어』와 『맹자』는 육경에 대한 성찰이라고 할 수 있다. 곧 오경이 토대가 되어 사서가 나온 것이다. 청대에는 사서보다 육경에 토대하여 유교의 본지를 이해하려는 학문론이 발전하였는데, 학술사에서는 이학과 구별해서 고증학으로 부른다. 따라서 유교의 사상을 풍부하게 이해하기 위해서는 사서를 통해 오경의 본지를 이해하였던 이학의 학문론과 더불어, 오경에 토대하여 사서의 내용을 이해하는 고증학의 학문론을 함께 활용하는 것이 필요하다. 삶과 죽음의 문제와 관련하여 유교 경전에 나타난 성찰을 들여다보고자 할 때도 마찬가지이다. 따라서 아래에서 사서에 담긴 생사관을 중심으로 논의하겠지만, 오경을 비롯한 유교전통의 내용들을 함께 고려하면서 그 특징을 살펴볼 것이다.

2. 귀신을 존중하면서도 멀리하는 지혜

인간 또는 생명체는 죽은 다음에 대체 어떻게 되는 것일까? 인류사상사에는 대체로 세 가지 유형의 관념이 발견된다. 첫째, 불멸의 관념이다. 플라톤은 일시적으로 존재하는 신체와 달리 불멸하는 존재로 영혼을 상정한다. 기독교 전통에서는 영혼과 더불어 영혼의 제작자인 창조주를 상정한다. 창조주는 무시무종의 존재이지만 영혼은 창조주에 의해 제작된 유시무종의 존재성을 가진다. 플라톤과 기독교 전통 모두 육신은 유시유종의 한시적 존재성을 가지는 것으로 이해한다. 도교에서는 무한한 생명력의 원천으로 원기(元氣)를 상정한다. 그리고 원기의 보전을 통해 장생불사하는 신선의 관념을 제시한다. 육신은 갈아입을 수 있는 옷과 같지만, 육신 없는 영혼 단독의 존재는 상정되지 않으며 모두 기의 존재성에 기반한다.

둘째 지속의 관념이다. 생과 사가 단절이 아니라 어떤 인과적 연계성을 가지고 존재성을 지속하는 것으로 이해하는 관념이다. 기독교에서는 부활과 심판을 상정한다. 힌두교와 불교에서는 죽음이 또 다른 생으로 넘어가는 과정이라는 윤회의 관념을 상정한다. 『장자』에는 죽음을 존재성의 변화로 이해하는 "물화(物化: 존재의 변화)"의 관념이 상정되어 있다. 불교에서는 하나의 생각과 하나의 행동이 사후에 새로운 존재로 전생하는 것에 영향을 미친다고 생각한다. 그러나 『장자』에는 생전의 생각과 행위가 사후의 변화에 영향을 준다는 인과적 결정론을 취하지 않는다. 장자는 물화(物化)는 인간의 의지와 상관이 없는 것으로 상정한다.

셋째, 소멸의 관념이다. 동서양을 막론하고 생명을 일회적이고 한시적인 것으로 생각하는 관념은 매우 보편적이었다. 이 입장은 그리스의 원자론자들, 쾌락주의자들에게서 부분적으로 개진되었지만, 기독교 전통 아래에서는 약화되었다. 그러나 근대 이후 탈종교적-친과학적 입장을 개진하는 지식인들에 의해 적극적으로 주장되었으며, 20세기에 들어와 유물론(materialism) 대신에 자연주의(naturalism)라는 좀 더 유연한 형태로 제시되었다. 이 입장은 죽음에 대하여 초자연적 개념을 빌어 설명하는 것을 거부하며, 죽음을 생명체가 생명현상을 상실하는 물리적 또는 자연적 현상의 하나로 다룬다. 송대 이학자들은 불교의 윤회 관념에 맞서서 일회적 존재성을 의미하는 "기화(氣化: 기의 변화)"의 관념을 제시하였다. 이학자들은 세계를 기의 활동으로 이해하고, 개별적 생명의 탄생과 죽음은 기의 응취와 해산을 통해 일어나는 유시유종(有始有終)의 일회적 현상으로 파악하였다.

다만, 사후의 존재성에 관해 이학자 내부에 완전히 소멸한다는 입장과 기의 본래 상태로 되돌아간다는 입장 등 일정한 견해 차이가 있었다. 그러나 이학자들은 모두 영혼의 지속적 존재를 상정하지 않았고, 개별적 생명의 인과적 지속을 주장하는 불교의 견해를 부정하였고, 생전의 행위가 사후의 존재 변화에 영향을 준다는 견해를 일체 받아들이지 않았다.

대체로 유교 전통은 영혼의 불멸을 상정하지 않을 뿐 아니라, 생과 사의 인과적 지속을 상정하지 않는다. 유교에도 혼(魂)과 백(魄)의 관념이 존재한다. 얼핏 보면 혼은 서양의 영혼에, 백은 서양의 육신 개념에 서로 상응하는 듯이 보인다. 그러나 혼은 서양의 영혼처럼 영원불멸하는 것도 아니고, 그것 자체로 존재할 수 있는 것도 아니다. 혼에 대한 동아시아의 관념은 매우 모호하다. 아리스토텔레스는 「영혼에 관하여」라는 글을 쓸 정도로 영혼에 대한 관심을 보이지만, 동아시아 어느 서적에도 영혼을 따로 설정하여 전문적으로 다룬 글은 보이지 않는다. 유교 경전과 유학자들의 성찰을 종합해보면, 혼과 백은 음양의 관계 속에서 서로 결합해 있는 기(氣)의 일종이다. 모두 기가 모이고 흩어지는 활동 속에서 존재성을 가진다. 개별적 생명체의 죽음은 이 음양 활동의 결합이 개별적 수준에서 해체되어 소멸하는 것이 된다. 『주역』에서 응취된 기가 만물이 되고, 흩어진 혼은 변한다고 한 것은 유학자들이 이러한 입장을 취하는 경전적 기반이 된다.

그렇다면, 사서에서는 죽음이나 사후의 존재에 대하여 어떻게 설명하고 있을까? 『논어』에는 인간이 죽은 뒤 어떻게 되는가에 대하여 해명하는 말이 없다. 대신 죽음의 문제를 어떻게 다루어야 하는지에 대해서는 명료한 지침이 제시되어 있다. 자로가 공자에게 귀신을 섬기는 법에 대하여 묻자 공자는 "살아 있는 사람을 섬기는 것도 잘 하지 못하는데 귀신을 어떻게 섬기느냐"고 반문한다. 자로가 또 죽음에 대해 묻자 공자는 "사는 것도 잘 모르는데 어떻게 죽음을 알겠는가"라고 반문한다.[1) 『논어』를 비롯하여 사서에는 인간이 사후에 어떤 변화 과정을 겪는지 또는 어떤 존재의 변화가 있는지 설명하거나 논의하는 대목이 없다. 현재 경험하고 있는 삶의 문제에 중점을 두는 방향에서 죽음의 문제에 접근할 뿐이다. 죽음의 문제 자체에 대하여 별도로 논증적으로 해명하거나 의미를 부여하는 것에 대해서는 경계한다.

죽음의 문제를 독립적으로 다루지 않는 유교의 태도에는 두 가지 학문적 관점이 관련되어 있다. 하나는 경험하지 못하고 논증할 수 없는 것에 대하여 해명하거나 의미를 부여하는 것을 경계하는 학문적 태도이다. 또 하나는 죽음의 문제를 끌어와서 사익을 추구하는 것에 대한 경계이다.

먼저 전자와 관련해서 보면, 『논어』에는 초자연적 현상에 대하여 논하는 것을 경계한다. 공자는 "기이한 것, 힘으로 하는 것, 어지럽히는 것, 귀신에 관한 것"을 말하지 않았다고 한다.[2) 기이한 것과 귀신에 관한 것은 곧 초자연적 현상을 의미한다. 공자는 학문의 방식과 관련하여 자로에게 자신이 알고 있는 것과 모르고 있는 것을 분명히 구별하여, 모르는 것에 대해서는 모른다고 말할 수 있어야 한다고 각성시킨 바 있다.[3) 공자는 제자 자장에게 "많이 듣는 가운데 의심스러운 부분을 유보하면서 의심스럽지 않은 부분을 신중하게 말하고, 많이 보는 가운데 모호한 것을 유보하면서 모호하지 않은 것을 신중하게 행동할 것"을 권고하였다.[4) 공자는 초자연적 현상과 같이 경험하지 못하고 논증하지 못하는 것에 대하여 분명한 지식이 없이 설명하거나 주장하는 것을 경계하였다. 사후에 어떻게 될까 하는 것과 같은 문제도 바로 그런 분명히 설명할 수 없는 부분으로 간주하는 것이 유교의 기본적 태도가 되었다.

사익을 앞세워 추구하거나 공유해야 할 것을 마음대로 사유화하는 것을 경계하는 것은 유교의 기본 사상이다. 공자는 자신과 관련된 귀신이 아닌데 제사 지내는 것은 아첨하는 것이라고 비판하였다.[5] 곧 자신과 관련이 없는 귀신에게 호소하여 자신의 이익을 추구하는 태도라고 비판하였다. 공자는 당시 노나라의 실권자였던 계씨가 자신의 신분에 맞지 않게 태산(泰山)에 제사를 지내자, 그 행위를 막지 못한 염구(冉求)를 탓하면서 태산이 계씨의 소원을 들어주지 않을 것이라고 비판하였다.[6] 이처럼 불법적으로 제사를 올리는 등, 귀신을 끌어와서 사익을 추구하는 것은 유교에서는 기본적으로 경계하는 것이 된다.

그렇다면 귀신에 대하여 또는 사후의 문제에 대하여 어떻게 대처해야 할까? 이와 관련하여 제자 번지에게 공자는 이렇게 대답하였다.

> "백성의 도리에 먼저 힘쓰고, 귀신에 대해서는 존중[敬]하지만 거리를 둔다면 지혜롭다고 할 수 있다"[7]

경(敬)은 상대를 높이고 중시하는 태도이다. 경(敬)은 상대를 높이고 자신을 낮추면서 격식을 갖추어 대하는 태도요, 공무에 임해서 마음을 집중하여 사안을 신중하게 처리하는 태도이다. 친한 친구 사이나 또는 편한 자리에서 가까운 사람끼리 있을 때 격식을 차리지 않고 허물없이 대하는 친(親)의 태도와 구별된다. 경은 사적인 이해관계를 떠나서 공적으로 대하는 태도이다. 이를테면 군주와 신하 사이처럼 혈연관계가 없을 때 우선적으로 필요한 태도가 된다. 귀신을 존중하는 것은 귀신에게 격식을 갖추어 높이면서 가까운 사이로 대하지 않는 것이다. 공자는 거리를 두라고 말하고 있다. 이것은 귀신을 끌어들여서 자신의 사적인 복을 구하는 등 사익을 추구하는 것을 염두에 두고 한 말로 생각된다. 공자의 이 지침은 후일 유학자들에게 사후의 문제에 대하여 적극적으로 설명하지 않고 일정한 거리를 두게 하는 근거가 되었다.

3. 화려한 형식보다 슬퍼하는 마음을 중시하는 상례

유교에서 인간다움의 핵심은 친애하면서 공경하는 마음을 가지고 살아가는 것이다. 예악으로 통칭되는 유교 의례와 음악은 인간다움을 사회적으로 표현하고 실현하는 수단이다. 유교는 인간이 자신의 이익을 우선시하는 욕구뿐 아니라, 이웃을 가깝게 여기고 존중하는 욕구도 가지고 있다는 점을 발견하였다. 유교는 전자가 약탈적 성격을 가지고 있어 분쟁의 주요한 원인이 되는 반면, 후자는 공동체가 상생하는 기반이 되는 것에 주목하였다. 따라서 역대 유학자들은 후자를 인간다움의 특질로 삼았으며, 사람들이 자발적으로 실현하여 이기적 욕구로 인한 분쟁을 자연스럽게 해소하는 방법으로 개발해 왔다. 예악은 유교가 개발한 그 핵심적 방법이다. 유교는 이기적 욕구를 타율적으로 통제하는 임시방편적 수단은 되지만, 인간다움을 실현하도록 유도하지 못하는 것에서 법률의 한계를 발견하였다. 따라서 유학자들은 예악을 통해서 형벌이나 행정 규정 등 법률에 기반한 사회운영의 한계를 극복하려고 노력하였다. 법치를 넘어서 예치로 나아가는 것이 유교의 목표이다.

상례는 인간다움을 표현하고 실현하는 대표적 의례이다. 맹자는 "살아 계신 분을 잘 봉양하는 것은 큰 일에 해당하지 않고, 오직 돌아가신 분을 전송하는 것이 큰 일에 해당될 수 있다"[8]고 말한다. 봉양을 잘하는 것은 기본적이고 중요한 일이다. 그러나 그것은 평상시에 반복해서 행하는 일로 어려운 일이 아니다. 반면 부모의 별세는 평생 한 번 만나는 사건이다. 갑작스럽게 당하는 일이고 평상시에 반복해서 경험할 수 있는 일이 아니다. 돌아가신 분을 어떻게 대하고 어떤 행동을 해야 하는지 사전에 미리 준비하기 어렵다. 맹자의 말은 단 한 번 준비 없이 경험하는 사안에 대하여 인간다움을 잘 담아서 표현하는 것이 중요하고 어려운 것임을 지적한 것이다.

상례는 유교 의례 가운데 가장 긴 시간 동안 행하는 의례이다. 고례에서 상례의 기간은 짧게는 3개월, 길게는 27개월까지 걸린다. 상례의 모든 의절들은 인간다움의 두 측면, 곧 친애하는 마음과 공경하는 마음을 표현하는 의절로 되어 있다. 처음 상을 당해서 시신을 매장하는 장례의식을 행하기 전까지는 친애하는 마음을 표현하는 것에 더 중점을 두고, 장례 이후에는 공경하는 마음을 표현하는 것에 더 중점을 둔다. 전체 과정은 친애하는 마음을 우선적으로 표현하는 애도의 의식으로 시작하여 공경하는 마음을 중심으로 삼는 제사 의식으로 마치도록 구성되어 있다. 가까운 사람을 상실하여 슬퍼하는, 곧 친애함으로부터 나오는 자연스러운 정서를 쏟아내는 것에서 시작하여 점차로 슬퍼하는 정서를 완화시키고 대신 공경하는 정서를 점점 더 확대해가면서, 일정 기간 뒤에 다시 일상으로 되돌아오는 과정이 된다.

인간다움의 두 측면을 표현하는 것에서 보면, 시신을 매장하는 장례의식은 상례 전체 의절에서 전환점이 된다. 장례의식 이전에는 사자를 기본적으로 살아 있는 사람과 같이 여기지만, 매장 이후에는 귀신으로 여긴다. 유교에서 귀신은 친애하는 마음으로 대하는 대상이 아니라, 공경하는 마음으로 대하는 대상이다. 귀신에 대해서 존중하면서도 거리를 두는 것이 지혜로운 처신이라고 말한 공자의 말도 바로 귀신에게는 친애하는 마음을 앞세우지 말고 공경하는 마음을 앞세워 표현해야 한다는 점을 분명하게 밝힌 것이다. 귀신을 공경하는 마음은 제사의식을 통해 표현된다. 제사의식은 길례에 속한다. 귀신으로 대한다는 것은 길한 존재로 여기는 것이 된다. 상을 당하는 것은 누구도 바라지 않는 불행한 일이며, 상례는 대표적인 흉례이다. 그러나 그 흉례의 의절은 매장의식을 거치면서 사자를 귀신으로 예우하고, 공경함을 앞세워 표현하는 제사의식을 점차 확대하여 조금씩 길례로 전환해가는 과정으로 진행된다.

『논어』와 『맹자』의 많은 부분은 예악을 통해 형정(刑政)의 한계를 극복해야 한다는 것과 더불어, 예악이 인간다움을 실현하는 수단이 되지 못하고 형식적으로만 표현하거나 자신을 과시하는 수단이 되는 것에 대하여 경계하는 내용이 중심을 이루고 있다. 공자는 이렇게 말한다.

> "예를 행할 때는 사치하기보다는 검소한 것이 좋고, 상을 당해서는 의절을 능숙하게 진행하는 것보다 슬퍼하는 것이 우선이다." "사람이 어진 마음이 없다면 예를 행한들 그 예가 무엇이 되겠는가? 사람이 어진 마음이 없다면 음악을 행한들 그 음악이 무엇이 되겠는가?"[9]

의식을 화려하고 사치스럽게 행하는 것은 자신을 과시하기 위함이다. 슬퍼하는 기색이 없이 상례의 의절을 능숙하게 진행한다면 마음이 담기지 않은 형식적 행위에 불과하게 된다. 어진 마음은 곧 친애하고 공경하는 마음이다. 공자는 노나라 조정의 제사가 형식적으로 진행되는 것에 대하여, 또는 계씨(季氏) 등 세력가들이 자신을 과시하기 위하여 제사 등 의례를 신분에 맞지 않게 수행하는 것을 우려하였다. 공자가 활동할 당시 의례들을 형식적으로 수행하거나 또는 자신을 과시하기 위한 수단으로 이용하는 경우가 제후를 비롯하여 세력가들에게 이미 널리 퍼져 있었던 것이다.

『맹자』에는 막 돌아간 선왕에 대하여 삼년상을 행하려고 자문해온 등(滕)나라 세자의 이야기가 나온다. 등나라 조정에서는 삼년상을 행하지 않는 것이 이미 관행이 되었음을 말하면서 상례에 익숙치 않은 세자를 만류시켰다. 맹자는 세자에게 부모에 대한 삼년상이 신분에 상관없이 행하는 공통의 상례임을 강조하면서, 신분에 따라 의절의 형식은 다를 수 있어도 마음을 담아 수행하는 것이 우선되어야 한다고 강조하였다. 결국 세자는 슬퍼하는 마음을 진정으로 담아 상례 의절을 수행하였고 조문한 사람들은 감동하고 흡족하게 여겼다.[10] 맹자 시기에 제후들조차 부모에 대한 삼년상을 기간을 줄여서 형식적으로 행하고, 마음을 담아 진정으로 행하지 않았던 것이다.

『논어』에는 공자와 제자 재아(宰我) 사이에 부모가 별세한 경우 삼년상을 행하는 것에 대하여 논란하는 대목이 있다. 재아는 삼년상을 하면 그 사이 필요한 다른 예악의 의식을 중단해야 하기 때문에 예악의 제도가 단절될 우려가 있다고 하면서, 1년이면 곡식도 새로 나고 모든 것이 새로 바뀌니 상복도 1년으로 줄여야 한다고 주장하였다. 그러자 공자는 재아에게 "네 마음에 편하면 그렇게 해라. 대저 군자는 상복을 하고 있을 때 맛있는 것을 먹어도 달지 않고, 음악을 들어도 즐겁지 않고, 쉬고 있어도 편안하지 않기 때문에 그렇게 하지 않는 것이다."[11]라고 대답하였다. 공자의 생각은 친애하고 공경하는 마음에서 상복을 행하면 삼년상이 자연스럽게 성립하지만, 그런 마음이 없기 때문에 1년으로 줄이려는 생각이 나온다고 지적한 것이다. 공자는 마음보다 생활의 안정을 우선시하는 재아의 태도에 탄식하면서 삼년상을 행하는 이유를 다시 다음과 같이 말하였다.

> "자식이 태어나 3년은 지나야 부모의 품에서 떨어질 수 있다. 삼년상은 천하에 신분에 상관없이 행하는 공통의 상복이다. 재아는 자신의 부모에게 삼년을 아까워하는가?"[12]

춘추전국시대에도 묵가와 같이 재화의 안정적 확보를 더 중시하는 입장에서는 상복의 기간을 줄이고 상례 의절에 소요되는 비용도 줄여야 한다고 주장하였다. 위 『맹자』에 나온 등나라의 경우를 보면, 당시 대부분의 제후국들이 삼년상을 정식으로 행하지 않았음을 알 수 있다. 상복 기간을 줄이고 싶어하는 제선왕에 대하여 맹자의 제자 공손추(公孫丑)는 상복을 하지 않는 것보다 1년이라도 하는 것이 바람직하지 않겠는가 하고 변호한 적이 있다. 그러자 맹자는 "누군가 자신의 형의 팔을 비틀고 있는데, 그 비트는 사람에게 천천히 비트시오라고 말하는 것이나 다름이 없다"고 비판하였다. 대신 왕자가 자신의 생모에 대하여 상복의 기간을 좀 더 늘려서 행하려는 것에 대해서는 하루라도 더 하는 것이 안 하는 것보다 좋은 일이라고 긍정하였다. 맹자는 상복 기간을 얼마로 할 지에 대하여 논의하는 것은 부차적 문제이며 효제(孝弟)의 인륜을 확산시키는 것이 중요하다고 여겼다. 곧 공자와 마찬가지로 상례의 수행이 친애하고 공경하는 마음에서 우러나와 행하도록 하는 것이 중요하다고 생각하였다.[13)]

역사적으로 한나라 문제(文帝)에 이르면 군주는 하루를 한 달로 계산하여 전체 한 달만에 삼년상을 마치는 것이 제도화된다. 이를 역월(易月: 하루를 한 달로 계산함)제도라고 부른다. 후대의 군주들은 거의 대부분이 이 역월제도에 따라 1년도 아닌 한 달로 삼년상을 마쳤다. 문제가 그렇게 한 이유는 상복에 지나친 비용이 들기 때문이었다. 상기를 줄인 것은 검소함을 추구하는 예의 정신을 실현하려는 점에서 명분이 있었지만, 한편으로 정치의 공백을 막는 실질적 방법이 되었다.

그러나 유가 지식인들은 『논어』의 정신을 이어받아 전체 27개월이 소요되는 삼년상을 제도로 성문화하고, 실천하였다. 송대에 『가례』가 편찬된 뒤에 고례를 존중하면서도 시속에 맞게 제도화하는 것은 중국, 한국, 베트남 등 동아시아 여러 나라로 확산되었다. 가례의 확산은 동아시아 사회가 유교 공동체로서 문화권적 특색을 발휘하는 중요한 토대가 되었다. 한국에서는 19세기 말까지도 삼년상이 보편적이었다. 그러나 서구화된 오늘날엔 삼년상이 아닌 1년상을 하는 사례조차 극소수가 되었다. 유교사회에서 자본주의 사회로 이동하면서, 친애하고 공경하는 마음보다 자신의 욕구를 자유롭게 성취하는 것을 더 우선시하는 사회로 바뀐 탓일 수 있다.

공자와 재아 사이의 논의를 보면, 부모에 대한 삼년상은 처음에 어떤 법적 또는 제도적 규정에 의거하여 확립된 것이 아니라 역사적이고 관행적인 방식으로 정립된 것임을 알 수 있다. 삼년상을 수행하는 이유를 합법적으로 설명하기는 어렵다. 공자는 단지 태어나서 3년은 부모의 품에 의지한다는 일반적 사실에 의거하여 삼년상이 그 은혜에 보답하는 의미가 있음을 알리고, 동시에 친애하고 공경하는 마음에서 상례를 수행할 때에만 삼년상이 자연스럽게 성립하는 것임을 강조한다. 역사 내내 유교 전통에서는 어진 마음이 들어가야 예가 의미를 발휘하듯이, 상례 역시 친애하고 공경하는 마음이 들어가야 제도로서 의미가 발휘됨을 중시하였다. 그러나 상례에 대한 충실은 한편으로 생활의 안정적 지속을 현실적으로 어렵게 만드는 요인이 되기도 하였다. 따라서 동아시아 역사 내내 친족과 이웃이 재화와 노동력을 함께 분담하는 협력을 통해 상례를 수행하는 공동체 문화가 발전하였다. 요컨대, 유교는 죽음 자체를 설명하는 문제에 대해서는 명확히 설명할 수 없는 것으로 유보해 둔다. 대신 친애하고 공경하는 마음을 담아서 사자를 전송하는 의례를 개발하였고, 그러한 상례를 협동적으로 수행하는 공동체 문화를 제도화하였다. 또한 상례의 제도화에서는 사자에 대한 생자의 마음을 충분히 표현하는 것에 중점을 두고 의례가 형식화되거나 과시의 수단으로 되는 것을 방지하는 데 힘썼다.

4. 자신의 생명을 아끼지만, 대의를 위해서는 정의롭게 죽는 삶

증삼(曾參)은 공자의 막내 제자에 속한다. 그는 임종할 때 제자들에게 손을 펴게 하면서 말하였다.

> "내 손을 펴고, 내 발을 펴 보아라. 『시』에 말하였다: '조심하고 또 조심하기를 깊은 물에 가까이 가듯이, 얇은 얼음 위를 걷듯이 하였네.' 나는 오늘에서야 잘못함이 없음을 알겠다."[14]

유교는 개인의 생명이 개인 자신의 것이라고 여기지 않는다. 그 생명은 가까이는 부모로부터 물려받은, 멀리는 조상으로부터 전해 받아 다시 후손에게 전하는 것이라고 여긴다. 『효경』에서는 몸의 모든 것을 부모로부터 물려받았으니 훼손하지 않는 것이 효도하는 출발점이 된다고 말하였다. 증삼이 자신의 몸을 함부로 손상시키지 않기 위해 평생 조심하고 또 조심한 것은 자신의 생명이 자신의 소유로서 가장 소중하기 때문이 아니다. 그 생명은 부모로부터 물려받아 후손에게 전수하는 것이기 때문이다. 『장자』에서도 생명을 온전하게 다 마치는 것(全生)을 중시한다. 그러나 도가의 전생(全生)은 나의 생명이 가장 소중하다는 자아중심적 인식에서 출발한다. 반면 유교에서는 나의 생명이 내가 마음대로 할 수 있는 나의 소유가 아니라 부모에게 물려받은 것이라고 여긴다. 따라서 부모에게 효도하는 최선의 길 중 하나는 자신의 생명, 자신의 몸을 함부로 손상시키지 않는 것이다. 맹무백이 효를 묻자 공자는 "부모는 오직 자식이 아플까봐 걱정한다"[15]라고 답하였다. 자식을 걱정하는 부모의 마음을 헤아리면서 자신의 몸을 함부로 다루지 않고 자중자애(自重自愛)하는 것은 유교 문화의 중요한 부분이다.

그러나 유교가 지향하는 삶은 자신의 생명을 잘 보전하는 것에 그치지 않는다. 친애하고 공경하는 인간의 특질을 의례를 비롯하여 각종의 사회제도로 구체화하고 확산하여 사회를 상생의 공동체로 나아가게 하는 것은 유교의 주요한 목표이다. 춘추전국 시기 제후국들 사이에는 세력을 확장하기 위한 경쟁이 치열하였다. 전쟁은 패권을 쟁취하는 주요한 수단이 되었다. 나라마다 군사력을 강화하기 위하여 백성들에게 조세 부담을 증가시키고, 병역의 의무를 더 강화하였다. 일반 백성들은 고된 생산 노동과 참혹한 전쟁에 내몰려 생존이 근본적으로 불안정하였다. 유가학파는 군주를 비롯한 집권층의 약탈적 정치방식에 항거하면서, 백성의 생활을 안정시키는 것에 중점을 두는 민본 정치를 대안으로 제시하였다. 민본 사회를 구축하는 유가학파의 주요한 방법은 친애하고 공경하는 마음을 제도로 실현하는 인륜정치였다. 그리고 유교 지식인들은 인륜정치를 실현하기 위하여 실천하는 사회적 활동을 이상적 삶의 기본적 조건으로 상정하였다.

군주가 권력을 자의적으로 행사하면서 백성의 목숨을 가볍게 여기는 상황에서, 지식인들이 군주에 맞서 항거하면서 군주를 비롯한 집권층을 교정하고 정책을 변화시키는 것은 쉽지 않은 일이었다. 대부분 목숨을 걸고 맞서야 하는 지극히 위험한 모험이었다. 공자의 강직하였던 제자 자로는 위나라에서 국정에 참여하여 위나라 군주의 폭정에 맞서다 살해당하였다. 이러한 위험은 부모로부터 물려받은 생명을 잘 보전하는 것이 효를 실현하는 가치 있는 삶이라는 것과 모순이 되기도 했다. 동아시아 역사 내내 인(仁)이라는 사회적 가치를 실현하기 위해 자신의 목숨을 내던지는 것과 부모에게 효를 다하기 위해 목숨을 잘 보전하는 것 사이에서 다양한 고심들이 발생하였다. 그 때마다 『논어』와 『맹자』는 그런 상황에 대한 주요한 지침들을 담고 있어, 지식인들은 자기결단의 중요한 근거로 삼았다.

먼저 하나의 커다란 원칙은 지식인라면 응당 인(仁)의 실천을 삶의 기본 사명으로 삼아야 한다는 것이다. 그 점을 증삼(曾參)은 "선비는 마음이 넓고 굳세지 않으면 안된다. 인(仁)을 자신의 사명으로 삼았으니 무겁지 않은가? 죽은 뒤에야 실천이 끝나니 또한 멀지 않은가?"[16]라고 강조한 바 있다. 인(仁)을 평생을 실천하는 기본 사명으로 삼은 것이다. 공자는 "뜻이 있는 선비와 어진 사람은 살아남기 위해서 인을 해치는 일은 없고, 자신의 목숨을 바쳐서 인을 이루는 일은 있다."[17]고 말하였다. 자신의 몸을 함부로 손상시키지 않는 것이 효의 도리이지만, 인을 실현하는 일로 부득이하게 자신의 목숨을 내던지는 것도 긍정하는 것이다. 공자는 인을 실천하는 일이라면 스승에게도 양보할 필요가 없다고 강조한다.[18] 공자의 제자였던 자장(子張)은 "선비는 위태로운 상황을 만나면 목숨을 바치고, 이익을 보면 정의를 생각한다. 제사에 임해서는 공경할 것을 생각하고, 상사를 당해서는 슬퍼할 것을 생각한다. 그러면 된다"[19]라고 말한다. 스승의 뜻을 잘 이어받은 것이다. 맹자는 생명에 대한 개인적 욕구와 사명의 사회적 실천 사이에서 지식인이 취해야 할 결단을 이렇게 말한다.

> "생선도 내가 바라는 바요, 곰발바닥도 내가 원하는 바이다. 두 가지를 다 얻을 수 없을 때에는 생선을 두고 곰발바닥을 택한다. 살아남는 것도 내가 바라는 바요, 정의도 내가 바라는 바이다. 두 가지를 함께 얻을 수 없을 때에는 살아남는 길을 버리고 정의를 택한다. 살아남는 것 또한 내가 바라는 바이지만, 바라는 것에 살아남는 것보다 더한 것이 있기 때문에 구차하게 살아남는 길을 택하지 않는 것이다. 죽는 것은 내가 싫어하는 바이지만, 싫어하는 것에 죽는 것보다 더한 것이 있기 때문에 환란을 직면해서도 피하지 않는 바가 있는 것이다. 사람이 바라는 것에 살아남는 것보다 더한 것이 없다면, 살아남을 수만 있다면 어찌 하지 않겠는가? 사람이 싫어하는 것에 죽는 것보다 더한 것이 없다면, 환란을 피할 수만 있다면 어찌 그렇게 하지 않겠는가? 그런데 살아남는다고 해도 하지 않고 죽는다고 해도 피하지 않는 일이 있다. 따라서 바라는 바에 살아남는 것보다 더한 것이 있고, 싫어하는 것에 죽는 것보다 더한 것이 있다. 현자만 그런 마음을 지니는 것이 아니다. 사람은 모두 그런 마음을 가진다. 현자는 단

지 그런 자세를 잃지 않을 뿐이다. 밥 한 그릇, 국 한 사발, 그것을 얻으면 살고 얻지 못하면 죽은 상황에서도 소리치며 성을 내서 준다면 길 가는 사람도 받지 않는다. 발로 밟고 차서 준다면 걸인도 달가워하지 않는다. 만종의 높은 봉록이면 예의에 맞는지 여부를 가리지 않고 받는데 만종이 나에게 무엇을 더 보태주는가? 아름다운 집이 생기고, 처와 첩이 받들고, 나를 아는 궁핍한 사람들이 나를 알아주기 때문인가? 전에는 자신이 죽어도 받지 않다가 이제 아름다운 집 때문에 하고, 전에는 자신이 죽어도 받지 않다가 이제 처와 첩이 받들기 때문에 받고, 전에는 자신이 죽어도 받지 않다가 이제는 알고 있는 궁핍한 사람들이 자신을 알아주기 때문에 하는데, 이것 또한 그만둘 수 없는 것인가? 이를 일러서 자신의 본심을 잃었다고 하는 것이다."[20]

불의에 맞서 목숨을 걸고 저항하는 것을 맹자는 본심을 따르고 지키는 삶이라고 여긴다. 인을 실현하고 정의를 실천하기 위하여 목숨을 버릴 수 있다는 생각은 유교가 죽음의 문제를 대면하는 기본 태도이다. 그렇다면 자신의 몸을 함부로 손상시키지 않는 것을 효의 실천으로 여기는 생각과 모순 없이 양립할 수 있을까? 공자는 약속을 신실하게 지키고 죽음으로 선도(善道)를 지키는 것을 긍정하면서도 동시에 위험한 나라에 들어가지 않고, 정치적으로 혼란한 나라에 살지 않는 것을 긍정한다.[21] 공자는 거백옥(蘧伯玉)에 대하여 나라에 도가 있을 때에는 나아가 벼슬을 하고 나라에 도가 없으면 자신의 능력을 감추고 살았던 인물로 높이 평가하였다.[22] 또한 은나라가 망한 뒤에 은의 후예로서 나라를 옮겨 살았던 미자(微子), 간쟁하다 죽은 비간(比干), 노예가 되었던 기자(箕子)를 세 명의 어진 사람이라고 하였다.[23] 유교에서는 삶의 형태는 달라도 인(仁)을 성취하는 삶이었다면 긍정한다.

더 흥미로운 점은 유교가 개인의 작은 의리를 실천하는 것을 모두 가치 있는 삶으로 인정하지 않는다는 사실이다. 만일 사회적 인을 실현하는 것에 뜻이 있다면, 개인적인 의리를 잠시 유보할 수도 있다고 본다. 제나라 환공이 권좌에 오르기 전에 관중은 환공과 경쟁자였던 공자 규(糾)를 보좌하는 신하였다. 그는 공자 규가 환공과 경쟁에서 밀려 죽게 되었을 때 따라 죽었어야 할 처지였다. 그러나 살아남았고, 친구 포숙아의 추천을 통해서 공자 규의 경쟁자였던 환공의 신하가 되었다. 그리고 환공이 제후의 패자가 되는 데 크게 기여하였다. 공자는 관중이 자신이 모시던 공자 규(糾)를 따라서 죽지 않은 처신에 대하여 비판하지 않고, 환공을 도와서 패자가 되게 한 공로를 높이 평가하였다. 공자는 그 이유를 이렇게 말하였다.

> "관중이 환공을 도와 제후들의 패자가 되어 천하를 한번 바로잡자 백성들이 지금까지 그 혜택을 받고 있다. 관중이 아니면, 우리는 오랑캐가 되었을 것이다. 어찌 필부들이 의리를 지킨다고 구덩이에서 자결하여 후일 아무도 알아주지 않는 경우와 같이 하겠는가?"[24] / "환공이 아홉 번 제후들을 규합하면서 전쟁을 수반하지 않았던 것은 관중의 힘이다. 그가 어질었던 것이다."[25]

공자가 관중을 높이 평가하는 이유는 환공이 패자가 되어 외적의 침략을 막을 수 있었고, 백성들이 전쟁으로 인해 고통을 겪지 않을 수 있었기 때문이었다. 공자는 관중이 명예롭지 못하게 살아남은 것보다 백성들이 전쟁의 피해를 당하지 않은 것을 훨씬 중시하였던 것이다. 요컨대, 유교는 인(仁)과 정의[義]를 실현하고 실천하는 것을 가치 있는 삶으로 설정하고,

죽음은 바로 그 가치 있는 삶을 실현하는 과정의 일부로 이해한다. 자신의 생명을 자신의 소유가 아니라 부모와 선조로부터 물려받은 것으로 여기면서 함부로 처신하지 않는 삶을 중시하지만, 동시에 사회적 인을 실현하기 위해서는 그 생명도 바칠 수 있는 삶을 지향한다. 유교의 죽음에 대한 이러한 태도는 동아시아 역사에서 상생의 공동체를 실현하는 커다란 동력이 되었다.

인의 실현을 지향하는 유교 지식인들의 실천적 삶은 군주들이 사형 등 죽음을 통치 수단으로 삼는 정치방식에 대한 비판으로 이어진다. 계강자가 공자에게 법을 어기는 사람들을 사형으로 징벌하여 질서를 확립하려고 하자, 공자는 위정자 자신이 선을 행하여 백성이 선을 행하도록 유도하는 것이 더 좋은 방식이라고 말하였다.[26] 맹자는 설령 백성들을 힘들게 하고 또 사형을 적용하더라도 백성을 편안하게 해주고 살게 해주는 취지에서 시행할 때, 백성의 원망이 없게 된다고 말하였다.[27] 맹자는 염구가 계씨를 위해 조세의 징수를 늘렸다가 공자로부터 성토를 당하였음을 상기시키면서, 당시 전쟁을 일으켜 수많은 사상자를 유발한 제후들이야말로 가장 준엄한 형벌로 다스려야 한다고 역설하였다.[28] 요컨대 불의에 맞서 목숨을 바치는 유교 지식인의 실천은 단순히 개인적 삶의 완성을 향한 것이 아니라, 군주를 비롯한 위정자의 폭력적 정치방식을 상생의 정치방식으로 전환시켜, 국가와 사회 전체를 상생의 공동체로 변화시키기 위한 사회적 삶의 진보를 향한 것이다. 따라서 유교에서 죽음을 대하는 태도는 유교 지식인 자신의 개인적 삶에 비추어 이해하기보다, 상생의 공동체로서 사회 전체를 변화시키는 사회적 운동의 차원에서 그 의미들을 성찰할 필요가 있다.

〈참고문헌〉

이종호 편, 『유교 경전의 이해』 174쪽, 중화당, 1994.
정약용, 이지형 역, 『논어고금주』, 사암, 2010.
성백효 역, 『논어집주』, 전통문화연구회, 1990.
동양고전연구회 역, 『논어』, 지식산업사, 2002.
박성규 역, 『논어집주』, 소나무, 2011.
성백효 역, 『맹자집주』, 전통문화연구회, 2010.
________, 『대학중용집주』, 전통문화연구회, 2010.
楊伯峻, 『論語譯注』, 北京: 中華書局, 1958, 1쇄; 2010, 11쇄
임재해, 『전통 상례』, 대원사, 1990.
서울대학교 종교문제연구소 편, 『유교와 종교학』, 서울대학교 출판부, 2009.
이욱, 『조선시대 국왕의 죽음과 상장례』, 민속원, 2017.

03 상례(喪禮: 죽음의례)에 대한 『순자(荀子)』와 『예기(禮記)』의 해석

장동우

1. 인간화된 의례(儀禮) 해석의 전형, 『순자』와 『예기』

『순자(荀子)』는 자연과 구분되는 인간의 책임에 대한 각성에 기초하여 예(禮)를 초월적 존재에 대한 기도(祈禱)로서가 아니라, 사랑하는 사람의 죽음에 애통해하고 그리워하며, 살아있는 이를 공경하고 그를 기쁘게 하고자 하는 인간의 정감을 알맞게 조정하는 문식(文飾)으로 해석한다. 상례(喪禮) 또한 사랑하는 이의 죽음에 애통해하는 자연스러운 정감이 살아있는 이의 삶을 방해하지 않는 방식으로 토로(吐露)되고 절제되며 내면화될 수 있도록 유도하는 문식일 뿐, 죽은 뒤에도 살아있을 때와 동일한 지각을 가진 귀신 또는 혼백(魂魄)을 향한 의례(儀禮)가 아닌 것으로 해석한다. 『순자』의 성찰은 초월적 존재에 대한 신앙에서 벗어나 인간사회의 구성 원리인 인륜(人倫)을 구체화하고 정밀화하는 인간화된 의례의 한 표준이 된다.

『예기(禮記)』는 지각하지도 지각되지도 않는 존재로 신명(神明)을 새롭게 규정함으로써 『순자』의 해석이 갖는 곤란함을 해결하고자 한다. 귀신 또는 혼백의 부재는 주검을 매장하고 난 이후 급격하게 감소하는 애통해하는 정감을 지속시키는데서 실제적인 곤란을 야기하기 때문이다. 『예기』에 의해 재해석된 신명은 주검이 머물러 있는 동안에는 애통해하는 정감을 조율하는 과정으로, 주검을 매장한 뒤에는 신명에 대한 경외심을 통해 사랑하는 이의 죽음을 내면화하는 과정으로 세분화하여 설명할 수 있는 근거가 된다. 이를 통해 인간화된 의례에 내포된 부작용은 최소화하면서도 그 수행력은 극대화하는 한 전형으로 자리 잡는다.

『예기』의 성찰은 '귀신에 대해서는 존중하지만 거리를 둔다'고 한 공자의 문제의식을 상례의 층위에서 구현한 것으로, 『순자』의 해석은 물론 살아있을 때와 동일한 방식으로 존재하는 귀신 또는 혼백을 긍정하는 전통적 천명관과 그것의 한대(漢代) 버전인 음양론에 기초한 해석이 가진 부작용을 극복하고자 한 것이다. 『순자』를 거쳐 『예기』에 의해 확립된 성찰은 이후 주자(朱子)의 『가례(家禮)』로 대표되는 사가례(私家禮)는 물론 국가전례(國家典禮)에서도 상례를 포함한 의례 전체를 해석하는 유학의 정통적인 시각이 된다.

2. 『순자(荀子)』의 의례(儀禮) 해석

1) 인간의 책임에 대한 각성, 인도(人道)

전통 농업사회에서 가뭄은 인간의 생존을 위협하는 가장 큰 재해이다. 오랜 기간 가뭄이 지속되면 이에 대처하기 위해 사람들은 작물이 성장하는데 필요한 최소한의 물만을 공급하거나 지하수를 파는 등의 다양한 방법을 통해 비가 내려 해갈이 될 때까지 기다린다. 그렇게 해도 비가 내리지 않으면 마지막으로 선택하는 방법이 비를 내려주기를 기원하는 제사인 기우제(祈雨祭)를 지내는 것이다. 순자는 「천론(天論)」 편에서 다음과 언급한다.

> 기우제를 지내면 비가 오는 것은 왜인가? 이유가 없는 것이다. 기우제를 지내지 않아도 비는 왔을 것이다. 일식(日蝕)과 월식(月蝕)이 일어나면 그것을 고치려고 하고 가뭄이 들면 기우제를 지내며 점을 친 뒤에 큰일을 결정하는 것은 구하는 것을 얻을 수 있다고 여겨서가 아니라 문식[文]을 하려는 것이다. 그 때문에 군자는 문식으로 여기고 백성들은 신 때문이라고 여긴다. 문식으로 여기면 길하지만 신 때문이라고 여기면 흉하다.

기우제를 대하는 태도에는 두 가지가 있을 수 있다. 첫째는 문제를 해결해 줄 수 있는 권능을 가진 것으로 상정된 존재인 하늘 또는 신에게 고통받는 인간의 애절한 마음을 알리고 그가 응답해주기를 요청하는 기도로 간주하는 것이다. 그럴 경우, 기우제는 은혜를 베풀어줄 초월적 존재를 어떻게 감동시킬 것인가에 초점을 맞추게 되고, 인간의 간절함을 전달할 효과적인 방법으로 인간을 제물로 바치는 인신공양까지도 서슴지 않고 행하게 된다. '신(神) 때문이라고 여기면 흉하다'는 언급은 이러한 사태의 전개를 염두에 둔 것이다.

둘째는 이제까지 겪어온 인간의 고통을 위무(慰撫)하고 언제가 될지는 모르지만 비가 내릴 때까지 다시 견뎌내겠다는 의지를 다지는 축제로 간주하는 것이다. 그럴 경우, 기우제는 초월적 존재를 감동시키는 것이 아니라, 고통을 완화하고 고통에 견딜 수 있는 힘을 얻는 것에 초점을 맞추게 된다. 인용문에서 말한 '문식[文]'의 의미가 바로 그것이다.

100년 만의 가뭄이나 홍수 그리고 한파 등 정상을 벗어나는 자연재해로 인한 피해는 아무리 철저하게 대비를 한다고 해도 막을 수 없다. 인간의 노력으로는 막을 수 없는 불가항력적인 재해를 천재(天災)라고 부른다. 그에 반해 예측 가능한 자연재해가 주기적으로 발생하여 연례행사처럼 피해가 발생한다면, 이는 전적으로 그에 대비하지 못한 인간의 책임일 수밖에 없다. 그러한 경우의 재해를 인재(人災)라고 지칭한다.

기우제를 자연과 인간사를 주재하는 초월적 존재에 대한 기도로 보는 해석은 인재인 가뭄을 천재로 규정함으로써 인간의 책임을 방기하도록 유도하는 부작용이 있다. 천재와 인재를 가를 명확한 기준이 존재하지 않아 그 책임소재를 가리는 것이 어렵기 때문이다. 그 점에서 기우제를 오랜 기간 가뭄으로 고통 받는 인간의 마음을 위무하는 문식으로 보는 태도는 재해에 대한 모든 책임은 자연이 아닌 인간에게 있다는 각성에 기초한 것이다.

전통적인 천명관에 따르면 인간의 생사요수(生死夭壽)를 비롯하여 길흉화복(吉凶禍福), 부귀빈천(富貴貧賤), 그리고 사회적・정치적・윤리적 운명은 모두 초월적 존재의 주재에 의해 결정된다. 그 점에서 기우제에 대한 순자의 해석에는 초월적 존재로 규정된 하늘과 그의 의지적 주재인 천명(天命)이라는 전통적인 세계관에 대한 강한 부정이 전제되어 있다. 순자는 「천론(天論)」편에서 다음과 같이 말한다.

> 하늘의 운행에는 일정함이 있으니 요(堯) 때문에 남아있는 것도 아니요, 걸(桀) 때문에 사라지는 것도 아니다. 그것에 호응하기를 질서 있게 하면 길(吉)하고 그것에 호응하기를 혼란하게 하면 흉(凶)하다. 근본을 힘쓰고

쓰임새를 절제하면 하늘도 가난하게 할 수 없고 먹을거리가 충분하고 활동하는 것이 때에 맞으면 하늘도 병들게 할 수 없으며 도를 닦고 어기지 않으면 하늘도 재앙을 내릴 수 없다. 그 때문에 홍수와 가뭄도 그들을 굶주리고 목마르게 할 수 없고 추위와 더위도 그들을 병들게 할 수 없으며 요괴도 그들을 흉하게 할 수 없다. 근본이 황폐하고 비용은 사치스럽게 들이면 하늘도 그들을 부유하게 할 수 없고 먹을거리가 부족하고 활동이 적으면 하늘도 그들을 건강하게 할 수 없으며 도를 배반하고 함부로 행동하면 하늘도 그들을 길하게 할 수 없다. 그 때문에 홍수와 가뭄이 오지 않았는데도 굶주리고 목마르며 추위와 더위가 심하지 않은데도 병에 걸리고 요괴가 오지 않았는데도 흉하게 된다. 주어진 상황은 질서 있던 시대와 같은데도 재앙은 질서 있던 시대와 다른 것에 대해 하늘을 원망해서는 안 되니 그 도가 그렇게 만든 것이다. 그 때문에 하늘과 인간의 직분에 밝으면 지극한 사람[至人]이라고 말할 수 있다.

순자에게 있어 하늘이란 숱한 별들은 서로 따르며 돌아다니고, 해와 달은 번갈아 온 누리를 비추어 주고, 봄 여름 가을 겨울은 차례에 따라 번갈아 오가고, 음과 양은 만물을 크게 변화시키고, 비와 바람은 온 세상에 골고루 뿌려주는 것과 같은 자연현상 또는 자연을 가리킨다. 자연 또는 자연현상의 배후에는 일정한 질서와 규칙이 있는데, 그것이 천도(天道)이다. 자연은 만물을 생성하고 변화를 주재하는 존재이지만 거기까지가 그의 역할일 뿐, 만물을 질서 있게 관리하여 인간의 삶에 유익하도록 활용하는 것은 인간의 의지적인 노력의 몫이다. 인간이 감당해야 할 역할과 책임이 인도(人道)이다.

자연은 인간이 삶을 지속할 수 있도록 해주는 터전을 제공하지만 인간의 의지와 바람에 의해 바뀌지 않는 나름의 질서와 규칙, 즉 천도에 따라 운행된다. 이러한 천도의 속성을 이해하고 얼마만큼 효과적으로 대처하는가에 따라 인간 삶의 길흉화복과 사회의 평화와 혼란이 결정된다. 같은 맥락에서 개개인이 타고난 생김새가 인간의 길흉을 선천적으로 결정한다는 관상(觀相) 또한 비판된다.

인간의 성품은 하늘에 의해 이루어진 것이라고 순자는 본다. 성품은 인간의 배움과 수행이라는 의지적 노력을 통해서 만들어낼 수 없는 하늘이나 땅과 같은 자연일 뿐이라는 것이다. 「성악(性惡)」편에서 순자는 다음과 같이 말한다.

> 인간의 성품은 악하니 그들의 선한 행위는 의지적 노력[僞]의 결과이다. 이제 사람의 성품은 태어나면서 이로움을 좋아하는 마음이 있는데 이를 따르므로 싸우고 빼앗는 일이 생기고 사양하고 겸손해하는 일이 사라진다. 태어나면서부터 해치고 미워하는 마음이 있는데 이를 따르므로 남을 해치고 상하게 하는 일이 생기고 한결같고 믿음직한 일이 사라진다. 태어나면서부터 귀와 눈의 욕구가 있고 좋은 소리와 미색을 좋아하는 마음이 있는데 이를 따르므로 음탕하고 혼란한 일이 생기고 예의와 법도가 사라진다. 그러므로 사람의 성품을 따르고 사람의 정욕을 따른다면 반드시 싸우고 빼앗는 일이 나타나고, 분수를 넘어서고 법도를 어지럽히는 일들과 합해져 사납고 혼란한 사회로 귀착될 것이다. 그 때문에 반드시 스승과 법도의 교화와 예의의 인도가 있어야 사양하고 겸손한 것에서 출발하여 법도를 준수하여 질서 있는 사회로 귀착될 것이다. 이를 통해 보면 사람의 성품이 악하다는 것은 분명하니 그들의 선한 행위는 노력에 의한 것이다.

순자에게 있어 성품은 크게 두 가지를 가리킨다. 첫째는 감각적인 본능이고 둘째는 생리적 본능이다. 전자는 인간이 태어나면서 갖게 되는 귀, 눈, 코, 입을 비롯한 신체의 감각기관과 이러한 기관의 기능, 즉 감각기능을 말하고, 후자는 인간이 생명을 받아 태어나면서 가지게 되는 삶을 유지하려는 자연적인 욕구와 그에 의해 드러나는 생리적 욕망, 즉 굶주리면 먹으려 하고, 추우면 따뜻하게 하고 싶으며, 피곤하면 쉬고 싶어 하는 등의 생리적 욕망과 이익을 좋아하고 해를 싫어하는 생리적 자연반응을 가리킨다. 감각적인 본능은 생리적 본능을 위해 전적으로 복무한다는 점에서 인간의 성품은 생명을 가진 존재로서 불가피하게 가지게 된 개체의 생명을 유지하고 종족을 보존하려는 욕구로 수렴된다.

개체의 생명을 유지하고 종족을 보존하려는 욕구는 물론 욕구가 가진 특성으로 제시한 이기적이고 호전적이며 감각적이라는 사실은 무기물을 제외한 모든 생명체에게서 공통적으로 발견되는 사실이다. 위의 인용문에서는 욕구를 방치할 때 나타나는 부정적인 측면만이 언급되고 있지만, 욕구로서의 성품은 생명체가 삶을 영위할 때 가장 강력한 추진력으로서의 긍정적인 기능을 수행한다. 이러한 욕구를 글자 그대로 악한 것이라고 규정한다면, 욕구는 완전히 제거되거나 최소화되어야 할 대상으로 전락하여 모든 생명체의 생명활동을 부정하거나 위축시키게 될 것이다. 이는 마치 부주의하게 불을 사용하는 데서 발생한 화재의 처참한 결과를 보고, 불 그 자체가 나쁜 것이므로 불을 사용하지 말거나 사용하더라도 최소한으로만 사용하도록 권하는 것과 같은 불합리한 주장이다.

자연의 정상적인 현상은 물론 인간의 예측을 벗어나는 이상한 현상 또한 천도에 따른 것이고, 자연재해에 대처하는 인간의 의지적인 노력이 그의 삶의 길흉화복과 사회의 평화와 혼란을 결정하는 관건이듯, 욕구로서의 자연적인 성품을 어떻게 다루는가가 선악을 가르는 결정적인 요소임을 강조하려는 것이 인용문의 본뜻이다. 잠시만 방심해도 큰 화재로 발전할 수 있는 불의 속성을 이해하고 조심스럽게 다루어 화재라는 악한 결과가 발생하지 않도록 하는 책임이 불을 다루는 인간의 의지적 노력에 달려 있듯, 악으로 흐르기 쉬운 인간의 성품을 이해하고 합리적으로 통제하여 악한 행동으로 발전하지 않도록 하는 책임 또한 인간에게 있음을 강조하려는 것, 그것이 순자의 '성악설(性惡說)'이다.

2) 인도(人道)에 대한 세세한 규정, 예(禮)

인간이 의지적인 노력을 통해 자연재해에 대처하고 욕구로서의 성품을 조절할 수 있는 것은 그에게 주어진 변별능력 때문이다. 「비상(非相)」편에서 순자는 다음과 같이 언급한다.

> 인간이 인간다울 수 있는 이유는 무엇 때문인가? 인간이 변별력을 가지고 있기 때문이다. 굶주리면 먹으려 하고 추우면 따뜻해지려 하고 지치면 쉬려 하고 이로움을 좋아하고 손해를 싫어하는 것은, 인간이 나면서부터 가진 것이고 이것은 무조건적으로 그런 것이며 우(禹)와 걸(桀)도 마찬가지인 것이다. 그렇다면 인간이 인간다울 수 있는 이유는 단지 두 발로 걷고 털이 없기 때문이 아니라 변별력이 있기 때문이다. 저 성성이의 모습 역시 두 발로 걷고 털이 없다. 그러나 군자는 그것의 국을 마시고 그것의 고기를 먹는다. 그 때문에 인간이 인간다울 수 있는 이유는 오로지 두 발로 걷고 털이 없기 때문이 아니라 변별력이 있기 때문이다. 무릇 금수는 부자

는 있으나 부자간의 친애함은 없고 암수는 있으나 남녀의 구별은 없다. 변별력은 명분(名分)보다 큰 것이 없고 명분은 예(禮)보다 큰 것이 없으며 예는 성왕(聖王)보다 큰 것이 없다.

인간과 성성이는 동물이라는 류(類)에 포함된 종(種)이다. 동일한 류에 속하는 종들 간의 차이점을 종차(種差)라고 한다. 인간과 성성이 그리고 금수(禽獸)와의 차이점을 언급한 것은 종 간의 차이점인 종차를 통해 인간만이 가진 고유한 특성을 규정하려는 것이다. 이러한 시도는 맹자에게서 처음 발견된다. 맹자는 인(仁), 의(義), 예(禮), 지(智)의 도덕성을 종차로 규정한다. 도덕성이 인간을 다른 존재와 구별시켜 주는 인간만의 특성이라고 본 것이다. 맹자의 도덕성에 해당하는 것이 순자에게 있어서는 변별능력[辨]이다.

맹자의 도덕성이 태어날 때부터 주어진 것이듯 순자의 변별능력 또한 타고난 것이다. 순자와 맹자의 차이는 사회적 규범인 예를 정당화하는 방식에서 찾을 수 있다. 맹자에 따르면 예는 다른 사람에게 사양하는 것을 본질로 하는 인간의 본성을 수행 가능한 형태로 제도화한 것으로 선천적인 것이다. 반면 순자의 경우는, 인간은 변별능력을 기반으로 의지적인 노력을 통해 인륜(人倫)을 제도로 구성할 능력을 갖춘 성인(聖人)이 되고, 이러한 경지에 도달한 성인은 무리지어 사는 인간의 평화와 공존을 목적으로 하는 예를 만들어낸다. 그 점에서 순자의 예는 인간의 의지적인 노력의 결과로 얻어지는 후천적인 것이다. 의지적 노력을 통해 최초로 성인이 된 사람에 의해 만들어진 최초의 예는 오랜 세월 의지적 노력을 거쳐 다시 성인이 된 사람들에 의해 시대에 알맞게 보완되어 인간의 책임을 규정한 구체적인 표준으로 제시된다. 인간 공동체의 운명은 예에 달려 있다고 순자가 말한 것은 바로 그 때문이다.

예는 세 가지를 근본으로 한다. 순자는 「예론」 편에서 다음과 같이 말한다.

> 예에는 세 가지 근본이 있다. 천지는 생명의 근본이고, 선조는 종족의 근본이며, 군사(君師)는 통치의 근본이다. 천지가 없다면 어찌 살고 선조가 없다면 어찌 태어나며 군사가 없다면 어찌 다스려지겠는가? 그러므로 예는 위로 하늘을 섬기고 아래로 땅을 섬기며 선조를 존중하고 군사를 우러러 받드는 데 있다. 이것이 예의 세 가지 근본이다.

인간의 삶은 기본적으로 세 가지 존재에 의존한다. 천지로 대표되는 자연은 삶의 터전을 제공해 주는 존재라는 점에서, 선조, 즉 조상은 나의 현존을 가능케 해 준 존재라는 점에서, 군사(君師)는 무리지어 살 수밖에 없는 인간에게 평화와 공존의 공동체를 제공해 주는 존재라는 점에서 인간 삶의 근본이다. 이들 존재에 대해 감사하고 보답하는 마음을 갖는 것이 예의 세 축이라는 것이다. 이를 '근본을 중시[重本]'하고 '시원을 중시[重始]'하는 것이라고 순자는 표현한다.

선조와 군사를 존중하고 받드는 것과 관련된 예는 군신, 부자, 부부, 장유, 붕우 등의 관계에서 지켜야 할 인간의 도리, 즉 인륜(人倫)이다. 인륜은 관계의 상대방이 살아있을 때뿐 아니라 죽었을 때까지도 적용되는 것이므로 생사(生死)의 도리를 다하는데 이르러서야 끝나게 된다. 생사의 도리에서 사의 도리란 구체적으로 상례와 제례를 가리킨다. 순자는 「예론」 편에서 다음과 같이 말한다.

상례(喪禮)란 살아있는 사람처럼 죽은 사람을 꾸미[飾]는 것이어서, 대체로 그가 살아있을 때를 본떠서 그의 죽음을 전송한다. 그 때문에 죽은 이 섬기기를 살아있는 사람 섬기듯 하고, 사라진 이 섬기기를 남아있는 사람 섬기듯이 하여 끝과 처음을 한결같이 한다.

제례는 기억하고 생각하고 사랑하고 그리워하는 마음(의 표현)이고, 진실하고 미덥고 은혜롭고 공경하는 지극함이고, 예절과 의식의 성대함이다. 진실로 성인이 아니라면 그 뜻을 알 수가 없다. 성인은 그 뜻을 분명히 알고 사군자는 그것을 편안히 여겨 행하고 관리들은 지키며 백성들은 그것으로 풍속을 이루었다. 그것을 군자는 사람의 도리라고 생각하지만, 그것을 백성들은 귀신을 섬기는 일이라고 생각한다.

순자에 따르면, 상례는 죽은 이를 살아있을 때와 동일한 방식으로 꾸미고 일정한 절차를 거쳐 전송하는 의례(儀禮)이고, 제례는 돌아가신 부모 또는 선조를 그리워하고 기억하고자 하는 마음을 표현하는 의례이다. 그는 상례와 제례 모두를 부모 또는 선조의 혼백 또는 귀신을 향한 기도의 의례가 아니라, 대상들이 살았을 때 가졌던 사랑하고 존경하는 마음을 표출하는 의례로 설명하면서, 이를 문식[飾]이라는 개념으로 제시한다. 이러한 언급은 기우제를 초월적 존재를 감동시키는 것이 아니라 가뭄으로 고통받는 인간의 마음을 위로하고 지속될 가뭄을 견딜 의지를 다지는 의식으로 설명하고 이를 문식[文]으로 정리한 것과 일치한다.

순자에 따르면 문(文)과 식(飾)은 '자르거나 잇기도 하고, 넓히거나 좁히기도 하고, 늘리거나 덜기도 하여' 상황에 알맞게 조정하는 것이다. 문식을 통해 사랑하는 이의 죽음에 애통해하는 인간의 마음을 토로하고 절제하며 내면화하여 지극한 슬픔으로부터 벗어나 평상의 상태를 회복하는 것이 상례이고, 돌아가신 부모와 선조를 그리워하는 마음을 표출하는 것이 제례라는 것이다. 상례와 제례를 포함하여 예를 문식으로 보는 순자의 설명 방식은 전통적인 천명관(天命觀)으로부터 벗어나 예를 인간화하는 한 표준이 된다.

3) 예(禮)를 수행하다 맞이하는 휴식, 죽음

순자에게서는 죽음에 대한 전문적인 해명이 보이지 않는다. 모든 존재가 그렇듯 생명이 다하면 죽는 것은 자연스러운 과정이고, 문제는 죽음이 아니라 삶을 어떻게 영위하는 가하는 것이라는 유학의 기본적인 문제의식에 공명하고 있기 때문이다. 「정명(正名)」편을 보기로 하자.

> 사람이 바라는 것으로는 살고자 하는 것이 가장 심하다. 사람이 싫어하는 것으로는 죽는 것이 가장 심하다. 그러나 사람은 살고자 하는 길을 따르다가 죽음으로 끝나게 되는 경우가 있는데 살기를 바라지 않고 죽기를 바라서가 아니라 살아서는 안 되고 죽어야 하기 때문이다. 그 때문에 욕구는 지나친데도 행동이 미치지 못하는 것은 마음이 그것을 억지하기 때문이다. 마음이 괜찮다고 하는 것이 이치에 맞는다면 욕구가 크다 하더라도 질서에 무슨 해가 되겠는가? 욕구는 미치지 않는데도 행동이 욕구보다 지나친 것은 마음이 그렇게 만드는 것이다. 마음이 괜찮다고 하는 것이 이치를 잃은 것이라면 욕구가 적다 하더라도 어찌 혼란에만 그치겠는가?

죽음을 대면하는 태도는 삶을 지속하고자 하는 본능적인 욕구와 대비되어 설명된다. 살고 싶고 죽기 싫은 것이 인간의 가장 큰 욕구이지만 그러한 욕구조차도 넘어서는 또 다른 요구가 존재한다. 그 요구는 살더라도 인간이 지켜야 할 책임을 다하면서 살아야 하고, 책임을 다하지 못하는 상황이 되면 구차하게 삶을 지속하기보다는 오히려 자신의 책임을 다하기 위해 목숨을 버리는 선택을 하도록 요구한다. 살고자 하는 욕구가 본능적인 것인데 반하여 죽음을 선택하도록 하는 요구는 인간의 책임인 인도에 대한 각성을 거쳐 얻어지는 것이다.

순자의 태도는 공자가 『논어』, 「위령공(衛靈公)」편에서 '뜻 있는 선비와 어진 사람은 살 길을 찾기 위해 인(仁)을 해치는 경우는 없으며 오히려 자신의 몸을 버려서라도 인을 완성한다'고 한 것과 맹자가 「고자(告子)」편에서 '사는 것도 내가 원하는 것이고 의로움도 내가 원하는 것이다. 하지만 이 두 가지를 동시에 얻을 수 없다면 차라리 삶을 버리고 의로움을 취할 것이다. 사는 것 또한 내가 원하는 것이기는 하지만 사는 것보다 더 간절하게 원하는 것이 있기에 구차하게 살고자 하지 않는다. 죽음 또한 내가 싫어하는 것이지만 죽기보다 더 싫은 것이 있기에 비록 환란을 당해 죽게 되더라도 피하지 않는다'고 말한 것과 조금의 차이도 없다.

인간의 생물학적 수명은 하늘에 의해 주어지는 것이어서 인간의 의지적인 노력을 통해 변화시키는 데는 한계가 있는 자연의 사실이다. 이에 매달려 생명을 지키고 번식을 통해 생존을 연장하려고 애쓰는 것은 동물의 삶의 방식이지 인간이 지향해야 할 삶의 방식이 아니다. 「대략(大略)」편에서는 죽음에 대해 다음과 같이 극적으로 기술한다.

자공이 공자에게 물었다. "저는 공부에 지쳤습니다. 쉬면서 군주를 섬기렵니다." 공자가 말하였다. "…… 군주를 섬기는 것은 어려운 일인데 임금을 섬기면서 어떻게 쉴 수 있겠는가?" "그렇다면 저는 쉬면서 부모를 섬기렵니다." 공자가 말하였다. "…… 부모를 섬기는 것은 어려운 일인데 부모를 섬기면서 어떻게 쉴 수 있겠는가?" "그렇다면 저는 쉬면서 처자와 함께 지내렵니다." 공자가 말하였다. "…… 처자와 함께 지내는 것은 어려운 일인데 처자와 함께 지내면서 어떻게 쉴 수 있겠는가?" "그렇다면 저는 쉬면서 친구들과 함께 지내렵니다." 공자가 말하였다. "친구들과 함께 지내는 것은 어려운 일인데, 친구들과 함께 지내면서 어떻게 쉴 수 있겠는가?" "그렇다면 저는 쉬면서 농사를 지으렵니다." 공자가 말하였다. "농사짓는 것이 어려운 일인데 농사를 지으면서 어떻게 쉴 수 있겠는가?" "그렇다면 저는 쉴 수가 없습니까?" 공자가 말하였다. "저 봉분을 보아라! 높다랗고 우뚝하고 그릇을 엎어놓은 듯하구나. 이것을 보면 쉴 곳을 알 수 있을 것이다." 자공이 말하였다. "위대하도다 죽음이여! 군자는 책임을 내려놓고 소인은 휴식하는 것이구나!"

소인은 기본적인 욕구의 충족을 위해 살아가는 사람들을 지칭하고 군자는 인도를 실현하기 위해 살아가는 사람을 가리킨다. 대부분의 사람들에게는 먹고사는 문제를 해결하는 것만도 벅찬 일이다. 거기에 더해 군신, 부자, 부부, 장유, 붕우 등의 관계에서 지켜야 할 인간의 기본적인 책임인 인륜을 실천하면서 사는 것은 정말 어려운 일이다. 그럼에도 군자로서의 삶을 지향해야 하는 이유는 그것이 동물이 아니라 인간임을 증명하는 유일한 길이기 때문이다. 그 길은 인간의 역할과 책임을 세세하게 규정한 예의 수행을 통해 인륜을 실천해 가는 지난한 여정이다. 소인으로서의 삶을 영위하든 군자로서의 삶을 지향하든 삶의 여정을 마치고 도달하게 되는 죽음은 또 다른 삶을 위한 출발점이 아니라 휴식일 뿐이다.

3. 『예기』의 상례(喪禮) 해석

1) 지각하지도 지각되지도 않는 존재, 신명(神明)

순자는 사랑하는 사람의 죽음에 대해 애통해하고 사라진 이에 대한 그리움을 표현하는 문식(文飾)으로 상례와 제례를 해석한다. 이러한 해석에는 귀신을 포함한 초월적 존재가 들어설 자리가 없다. 죽음과 제사를 설명하는 「제의(祭義)」편과 「교특생(郊特牲)」편의 언급은 순자와는 차이가 있다.

> (공자가 말하였다) 뭇 생명은 반드시 죽고, 죽으면 반드시 흙으로 돌아간다. 이를 귀(鬼)라고 한다. 뼈와 육신은 아래에 쓰러지고, (땅속에서) 가려져 들의 흙이 된다. 그 기는 위로 발양하여 밝게 빛나고, 피어오르며 오싹하게 처연하다. 이것은 온갖 사물의 정(精)이요, 신(神)이 드러난 것이다.

> 혼기(魂氣)는 하늘로 돌아가고 형백(形魄)은 땅으로 돌아간다. 그러므로 제사를 지내는 것은 음양(陰陽)에서 찾는 의리이다.

생명을 다해 흙으로 돌아가는 것을 귀(鬼) 또는 형백(形魄)이라 하고, 위로 솟아올라 하늘로 돌아가는 것을 정(精), 신(神) 또는 혼기(魂氣)라고 한다. 귀 또는 형백은 음(陰)으로 복귀하고 정(精), 신(神) 또는 혼기(魂氣)는 양(陽)

으로 복귀한다. 제사는 음양의 기(氣)로 환원된 죽은 이의 혼백을 불러 흠향(歆饗)하는 의식(儀式)이라는 것이다. 이러한 설명방식은 한대(漢代)에 유행한 음양론(陰陽論)의 영향을 받은 것이다.

음양론은 만물의 생성과 소멸을 기(氣)라는 개념을 중심으로 설명하는 이론이다. 만물은 기로 구성되어 있다. 만물의 생성이라는 측면에서 보면, 기는 우선 음기(陰氣)와 양기(陽氣)로 나뉘고 다시 오행(五行)으로 세분화되어 만물을 형성하게 된다. 만물의 소멸이라는 측면에서 보면, 만물은 오행의 다섯 가지 기로 분해되었다가 다시 음양의 두 가지 기로, 최종적으로는 하나의 기로 환원된다. 만물이 생성되기 이전 그리고 소멸된 이후 최종적으로 환원되는 기를 원기(元氣)라고도 부른다. 만물의 생성과 소멸은 원기에서 만물로, 다시 원기로 복귀하는 순환과정이다.

음양론은 두 가지 서로 다른 방향으로 전개된다. 첫째는 원기의 동일성에 기초하여 만물이 서로 영향을 주고받는 감응(感應)의 관계를 이루고 있다고 보는 것이다. 동중서(董仲舒)의 천인감응론(天人感應論)이 그 대표이다. 천인감응론은 전통적인 천명관을 음양론을 기반으로 재해석한 것이다. 둘째는 만물의 생멸을 자연주의적으로 설명하는 방편으로 음양론을 활용하는 것이다. 왕충(王充)이 대표이다. 왕충은 음양론에 따라 만물의 생멸을 원기(元氣)에서 원기로의 순환으로 설명하지만, 지각(知覺)이라는 감응의 능력을 가진 귀신의 존재를 부정하고 귀신의 존재에 기초해 예를 정당화하는 것에 반대한다. 제례를 인간의 삶에 기여한 존재들의 덕(德)을 생각하고 그 공로(功勞)를 잊지 않기 위해 구성한 것이라고 설명하는 것이 그 단적인 증거이다. 왕충의 입장은 순자의 주장을 음양론에 근거하여 보완・진전시킨 것이다.

음양론의 상이한 전개를 고려하면, '제사를 지내는 것은 음양(陰陽)에서 찾는 의리'라고 한 인용문은 두 가지로 해석가능하다. 첫째, 기의 동일성에 의해 상호감응이 가능한 부모 혹은 선조의 기, 즉 귀신을 소환해 음식으로 봉양하면서 그리움과 감사의 마음을 전하는 의례라는 것이다. 이에 따르면 제사는 헤어졌던 부모 또는 선조와 상봉하는 감격스런 행사가 된다. 둘째, 음양으로 복귀한 부모 혹은 선조를 그리워하면서 그들이 살아생전 보여준 덕스러운 삶을 회상하고 베풀어준 은혜를 기억하려는 의례라는 것이다. 이에 따르면 제사는 부모 혹은 조상을 매개로 후손들이 모여 서로의 가족적 연대를 확인하고 강화하는 축제가 된다.

상례(喪禮)를 주제로 다루고 있는 것이기는 하지만, 두 가지 해석이 갖게 되는 현실적 부작용을 『설원(說苑)』, 「변물(變物)」편에서는 다음과 같이 지적한다.

> 자공(子貢)이 공자(孔子)에게 물었다. '죽은 사람이 세상의 일을 알 수 있습니까?' 공자가 대답하였다. '만약 죽은 사람이 알 수 있다고 말한다면 효자와 순손들이 자신의 삶을 내버려 두고 죽음에만 매달리지 않을까 두렵고, 알지 못한다고 말한다면 불효한 자손이 죽은 사람을 매장하지도 않고 아무렇게나 내다 버리지 않을까 두렵다. 죽은 사람이 세상의 일을 알 수 있는가 없는가 하는 것은 네가 죽은 후 자연히 알게 될 것이니 그때 가서 알아도 늦지 않을 것이다.

죽은 뒤에도 살았을 때와 마찬가지로 인간사를 지각할 수 있다면, 자손들은 귀신을 섬기는 일에 매달려 자신들의 삶을 황폐화시킬 우려가 있고,

반대로 지각할 수 없다면 자손들은 죽은 이에 대한 제사는 물론이고 장례 조차 지내지 않는 패륜을 저지를 우려가 있다. 전자는 상례(喪禮)의 수행에 매몰되어 정상적인 삶을 불가능하게 한다는데, 후자는 상례 수행을 추동(推動)시킬 동기를 확보하는데 문제가 있음을 지적하는 것이다.

『예기』는 이러한 문제를 해소하기 위해 음양론에 기초한 두 가지 해석과는 다른 곳으로 방향을 잡는다. 「단궁(檀弓)」편의 언급을 보기로 하자.

> 사람이 죽으면 그를 꺼리게 되며, 무능하다고 여겨 등지게 된다. 그러므로 교(紋)·금(衾)을 제정하고 류(蔞)·삽(翣)을 설치한 것은 사람들로 하여금 꺼리지 않도록 하기 위함이다. 사망한 초기에 포(脯)와 해(醢)로 전(奠)을 올리고, 매장하러 갈 때 견전(遣奠)을 올리고 나서 보내며, 매장을 마친 후에는 음식을 올린다. 흠향하는 존재를 본 적은 없으나, 상고시대 이래 그것을 폐한 경우는 없었으니 사람들로 하여금 배반하지 못하도록 하기 위함이다.

사랑하는 사람의 죽음을 대하는 살아있는 이의 일차적인 반응은 슬픔과 충격이다. 동시에 주검은 역겨움을 유발하고 그가 지각할 수 없다고 믿는 순간 배반하려는 마음이 싹튼다. 이러한 부정적인 반응 또는 대응을 해소하기 위해 주검을 꾸며 역겨움을 방지하는 절차를 마련하고, 살아있는 이에게 지각되지 않는 존재를 상정하여 그를 대상으로 제사를 드리는 절차를 마련한다는 것이다.

'흠향하는 존재를 본 적이 없다'는 것은 그 존재를 인간이 지각할 수 없다는 것이고, '무능하다고 여겨 등지게 된다'는 것은 그 존재는 인간사를 지각할 수 있는 능력이 없다는 것이다. 그러한 존재가 바로 신명(神明)이다.

2) 죽은 이를 완전한 소멸로도 완전한 재생으로도 간주하지 않는 의례, 상례(喪禮)

신명을 통해 상례를 해석하는 구체적인 논의는 「단궁(檀弓)」편에서 확인할 수 있다.

> 공자가 "명기(明器)를 만든 자는 상(喪)을 치르는 도리를 아는구나! 기물(器物)을 갖추어 놓았으나 사용할 수는 없다." 하였다. 슬프도다! 죽은 자에게 살아있는 사람이 쓰는 기물을 사용하는 것은 순장(殉葬)하는 것에 가깝지 않은가! 명기라고 한 것은 신명(神明)으로 대하기 때문이다. 도거(塗車)와 추령(芻靈)은 예로부터 있었으니, 명기의 의미를 가지고 있다. 공자가 '추령(芻靈)을 만든 자는 선하다.'고 하고 '용(俑)을 만든 자는 어질지 못하다'고 하였는데, 살아있는 사람을 사용하는 것과 흡사하기 때문이 아니겠는가!

명기(明器)는 죽은 이를 장사지낼 때 함께 매장하던 식기, 악기, 병기 등의 기물을 가리킨다. 평소에 사용하던 기물을 본뜨되 사용할 수는 없도록 특별히 만든 것이다. 고대에는 실제로 사용할 수 있는 제기(祭器)를 부장품으로 넣었다고 한다. 사용 가능한 제기를 부장하는 것은 죽은 이를 산 사람과 똑같이 대우하려는 의도에서이다. 죽은 뒤에 그가 부릴 수 있도록 산 사람을 함께 매장하던 순장(殉葬)의 의도 또한 이와 다를 바가 없다. 『예기』에는 당시 순장이 광범위하게 시행되고 있음을 보여주는 사례는 물론 순장에 대한 비판적 논의를 다수 수록하고 있다. 비판은 순장이 가진

비인간성에 대한 우려에 초점이 모아져 있고, 명기는 바로 이러한 우려를 불식시키기 위해 마련한 대안적 기물이다.

제기를 부장하는 것이 죽은 뒤에도 함께 매장한 기물을 죽은 이가 사용한다는 믿음, 즉 전통적 영혼불멸관에 따른 것임을 염두에 두면, '기물은 갖추어 놓았으나 사용할 수는 없다'는 인용문은 두 가지로 해석이 가능하다. 첫째는 '사용할 수 없다'는 언급을 귀신의 존재를 부정하는 것으로 읽는 것이다. 죽음은 완전한 소멸을 의미하는 것이어서 죽은 이가 부장품을 사용하는 것은 불가능하다. 제기를 부장하는 것은 비이성적일 뿐 아니라 비인간적이다. 다만 사랑하는 이가 완전히 소멸한다는 사실을 차마 인정하지 못하는 살아있는 이의 정감을 표현하기 위해 사용할 수 없는 형태의 기물인 명기를 갖춘다는 것이다. 순자는 이를 문식(文飾)이라고 설명한다.

둘째는 '사용할 수 없다'는 언급을 귀신 또는 혼백의 존재 방식은 살아있을 때와 다르다는 것으로 읽는 것이다. 죽음은 소멸이 아니라 재생(再生)을 의미하는 것이지만 살아있을 때와 완전히 동일한 방식으로 재생하는 것이 아니어서 제기든 명기든 부장품을 사용하는 것은 불가능하다. 제기를 부장품으로 묻는다면 귀신 또는 혼백의 존재 방식이 살아있는 사람의 그것과 동일하다는 오해를 낳고 그 때문에 부작용을 야기한다. 죽음이 완전한 소멸이 아님과 죽음 이후의 존재방식이 살아있을 때와는 다르다는 사실을 보여주기 위해 사용할 수 없는 형태의 기물인 명기를 갖춘다는 것이다.

『예기』는 두 번째 해석을 따르는 것으로 방향을 잡는다. 「단궁(檀弓)」편에 수록된 다음 설명을 보기로 하다.

> 공자(孔子)가 말하였다. "죽은 이를 전송하는데 완전히 죽은 것으로 대

하는 것은 어질지 못하니 그렇게 해서는 안 된다. 죽은 이를 전송하는데 완전히 산 것으로 대하는 것은 지혜롭지 못하니 그렇게 해서는 안 된다. …… 그것을 명기(明器)라고 부르는 것은 신명(神明)으로 대하는 것이다."

죽은 이를 완전히 소멸한 것으로 대하는 것은 사랑의 결핍 때문이므로 어질지 못한 것이고, 완전히 재생한 것으로 대하는 것은 신명의 이치를 제대로 파악하지 못한 무지의 소산이므로 지혜롭지 못한 것이라는 비판이다. 앞에 인용한 『설원』, 「변물」 편에 따르면 두 가지 입장은 죽음에 매달려 삶을 황폐화시키거나 장례조차 지내지 않는 패륜을 저지르는 부작용을 낳게 되기 때문이다.

살아있는 이의 삶을 보호하고 인륜을 지킬 수 있도록 하는 방법은 죽음을 완전한 소멸로도 그렇다고 완전한 재생으로도 인정하지 않는 것, 즉 죽은 이를 완전한 소멸과 완전한 재생의 중간에 위치시키는 것이다. 이것이 죽은 이를 신명(神明)으로 대한다는 것의 의미이다. 「중용(中庸)」 편에서는 신명과 관련한 논의를 다음과 같이 정리한다.

공자가 말하였다. "귀신이 덕이 됨은 성대하다. 보아도 보이지 않고 들어도 들리지 않지만 사물의 체가 되어 (주관하고) 사물이 이탈할 수 없다. 천하 사람들이 재계하고 정결히 하여 제복을 갖추어 입고 제사를 지내 받들게 하는데, 유동하고 충만함이 그 위에 있는 듯하고, 그 곁에 있는 듯하다."

귀신은 신명의 다른 명칭이다. 신명은 인간의 감각기관을 통해 그 실재가 포착되지는 않으므로 존재하지 않는다고 할 수 있지만, 그 작용은 만물을 포함한 자연에 넘실거리듯 충만해 있으므로 존재한다고 할 수 있다. 이러한 신명은 인간이 부모 또는 선조에게 제사를 지내야 하는 이유가 될 뿐 아니라, 삶을 황폐화시키면서까지 신명을 섬기는데 매몰되지 않아야 할 이유가 되기도 한다는 것이다.

신명을 통해 상례의 부작용을 최소화하면서 그 수행력을 확보하려는 『예기』의 방향설정은, 혼백 또는 귀신의 존재를 부정한 상태에서 사랑하는 이의 죽음에 애통해하고 사라진 이에 대한 그리움을 문식하는 것으로 해석하는 순자의 방식이 가진 한계는 물론, 살아있을 때와 동일한 지각을 가진 혼백 또는 귀신의 존재를 긍정하고 그들을 감동시켜 보상을 얻기 위한 기도로 예를 해석하는 전통적 천명관 또는 한대 음양론이 가진 한계를 성찰적으로 진전시킨 것이다. 『예기』의 성찰은 '귀신에 대해서는 존중하지만 거리를 둔다'고 한 공자의 문제의식을 상례의 층위에서 구현한 것으로, 이후 사가례(私家禮)는 물론 국가전례(國家典禮)에서 의례를 해석하는 유학의 전형적인 방식이 된다.

〈참고문헌〉

김학주 옮김, 『순자』, 을유문화사, 2003.

정병섭 옮김, 『역주예기집설대전』, 학고방, 2009.

김기현, 「유교의 상제례에 담긴 생사의식」, 『유교사상문화연구』 15, 한국유교학회, 2009.

유권종, 「유교의 상례와 죽음의 의미」,『철학탐구』 16, 중앙철학연구소, 2004.

이창진, 『유교 상례의 사상적 특성 연구』, 성균관대학교 대학원 박사학위논문, 2011.

장동우, 「유가의 예학을 읽는 하나의 독법」, 『한국학연구』 33, 인하대학교 한국학연구소, 2014.

임병식, 『중국 유학의 생사관 연구』, 고려대학교 대학원 박사학위논문, 2017.

동양고전
속의
삶과 죽음

04 『장자』를 통해 본 삶과 죽음의 문제

이 권

1. 장자와 『장자』

장자(莊子)는 중국 전국시대 초 중엽(기원전 4세기경)에 활동한 인물이다. 당시 약소국이었던 송(宋)나라의 몽(蒙)땅에서 태어났으며 이름은 주(周)이다. 그는 당대의 학자 중에서 그의 논박을 견뎌낸 사람이 없었을 정도로 논변에 뛰어났다고 한다.

오늘날 전하는 『장자』는 내편 7편, 외편 15편, 잡편 11편으로 모두 33편 64,606자로 이루어져 있다. 현대 중국학자인 리우샤오간(劉笑敢)의 구분에 따르면 『장자』에는 장자 자신의 글과 후대 장자학파의 글이 함께 들어 있다. 장자학파의 글들은 다시 장자의 사상을 충실히 계승한 계열(述莊派)과 현실 비판에 치중한 계열(無君派), 그리고 법가와의 융합을 시도한 계열(黃老派)로 세분된다.

장자철학에서 가장 특징적인 것은 최고의 경지를 마음[心]이라는 영역에서 말한다는 점이다. 장자는 도(道)를 터득한 인물의 상태를 마음이라는 용어를 사용해서 표현한다. 뿐만 아니라 득도의 경지에 이르는 방법도 마음에서 강구되므로 마음공부를 통한 수양으로 인해 조물자의 경지에 도달할 수 있다고 보았다. 이점에서 말하자면 장자철학의 모든 내용은 결국 마음으로 수렴된다. 한마디로 장자철학은 마음의 철학이다.

2. 이항대립의 문제와 삶

1) 이항대립의 문제

인생은 무수히 많은 선택으로 이루어진다는 말이 있다. 우리는 일상의 매 순간 선택을 하면서 산다. 남들과 어울리면서 쉽게 기뻐하거나 슬퍼하며, 심지어는 삶과 죽음을 가르는 결정을 내려야 할 때도 있다. 이쪽인지 저쪽인지 분명하지 않은 갈래 길에서 어느 쪽을 선택해야 할까? 『장자』, 「산목(山木)」편에서 제시하는 상황을 보자.

> "장자가 산 속을 걸어가다가 큰 나무를 보니 가지와 잎이 무성하였다. 나무 베는 이가 그 곁에 발길을 멈추고서도 그것을 베지 않자 그 까닭을 물으니 '쓸 데가 없다'고 말했다. 장자가 말했다. '이 나무는 재목감이 아니라서 그 자연수명을 마칠 수 있겠구나.' 선생님이 산에서 나와서 옛 친구 집에서 쉬니 그 옛 친구가 기뻐서 심부름하는 아이를 시켜서 거위를 잡아서 대접하라고 하였다. 심부름하는 아이가 '그 중 하나는 울 수 있고 그 중 하나는 울지 못하는데 어떤 놈을 잡을까요?'라고 묻자 주인이 말했다. '울지 못하는 놈을 잡아라.' 다음날에 제자가 장자에게 말했다. '어제 산 속의 나무는 재목감이 되지 않아 그 자연수명을 마칠 수 있겠다 하시고 오늘 주인집의 거위는 재목감이 아니라서 죽게 되었으니 선생님은 장차

어디에 처하시겠습니까?' 장자가 웃으며 말했다. '나는 장차 재목과 재목감이 되지 않는 사이에 처하리라. 재목과 재목감이 되지 않는 사이는 비슷하지만 다른지라 어느 한쪽도 여전히 번거로움을 면치 못할 것이다. 만약 저 도와 덕을 타고서 노닐면 그렇지 않다. 칭찬도 잊고 비난도 잊으며 움직이기도 하고 머물기도 하며 때의 변화에 따라 함께 변화하면서도 고집스럽게 하려고 하지 않는다. 한번은 올라가고 한번은 내려가며 조화를 표준으로 삼아 만물의 근원에서 노닐며 사물을 사물되게 하되 사물에 의해 사물되지 않는다면 어찌 번거로울 수 있겠는가! 이것은 신농과 황제가 본보기로 삼았던 원칙이다. 저 갖가지 일의 실정과 인류의 습속으로 말할 것 같으면 그렇지 않다. 합하고자 하면 분리시키고 이루고자 하면 헐어내고 날카로우면 꺾이고 높아지면 비평하고 뭔가 해보고자 하면 손해보고 현명하면 도모하고 모자라면 속게 되나니 어찌 반드시 바라는 대로 될 수 있겠는가! 슬프다! 제자들이여 기억하라. 오로지 도덕의 세계로 향해야 하지 않겠는가!'"

상대가 이럴 수도 있고 저럴 수도 있는 상황에서 나는 어떤 선택을 해야 하는가? 마치 옛 일화처럼 힘을 가진 자가 병아리를 자기 손에 쥐고서 내게 병아리가 죽었는지 살았는지를 맞춰보라고 한다면 어떻게 궁지를 빠져나갈 수 있을까? 더욱이 손아귀에 잡힌 것이 병아리가 아니라 내 인생이라면 어떻게 해야 할까? 이것과 저것 가운데 어느 쪽을 선택해도 안전을 장담할 수 없을 때 도박판에서 주사위를 던지듯이 인생을 걸어야 하는가? 혼란한 시대에 개인의 생사와 국가의 존망을 염려할 수밖에 없었던 고대 중국의 지성인들은 이항대립의 문제를 숙고하였다.

이항대립이란 모순관계에서 관련된 양쪽이 상충되는 경우를 말한다.

예컨대 A와 -A의 관계처럼 한쪽을 긍정하면 다른 한쪽은 부정해야 하는 경우이다. 인생이 논리적 관계처럼 간단명료하면 얼마나 좋겠는가? 하지만 우리네 삶의 현장에는 A를 택할 수도 없고 그렇다고 -A를 택할 수도 없는 상황이 비일비재하다. 이항대립이라는 문제에 대한 해법을 중국의 철학자들이 최우선적으로 사유한 이유도 여기에 있다. 이항대립의 상황은 우리가 일상적으로 마주하는 가장 근원적인 문제이다.

중국 상(商)나라 때 갑골문에는 다음과 같이 점친 글이 보인다. "무진날에 점을 치면서 점쟁이 쟁이 물었다. '오는 을해날에 비가 내릴까요?' 무진날에 점을 치면서 점쟁이 쟁이 물었다. '오는 을해날에 비가 내리지 않을까요?'" 우리가 주목하는 것은 상나라 사람들이 점칠 내용을 서로 상반되는 두 개의 문장으로 물었다는 점이다. 그들은 왜 미래의 사태에 대해 긍정과 부정을 함께 물었을까? 그들은 왜 긍정이나 부정 가운데 어느 하나로 묻지 않고 상반되는 두 가지를 모두 물었을까? '을해날에 비가 내릴까요?'라는 문장만으로도 물음은 충분히 성립한다. 부정을 사용해서 '을해날에 비가 내리지 않을까요?'라고만 물어도 마찬가지로 충분하다. 그런데도 긍정과 부정을 함께 묶어서 물었다는 점으로부터, 우리는 그들이 앞으로 다가올 미지의 사태를 긍정과 부정이라는 두 가지 가능성을 동등하게 관련짓는 태도를 읽을 수 있다. 그들은 원하지 않는 미래가 원하는 미래와 같은 확률로 닥쳐올 가능성을 알고 있었으며, 삶 속에 들어 있는 부정적인 미래의 가능성을 배제하지 않았다.

상나라 사람들이 감지했던 이항대립의 문제는, 서주시대(기원전 11세기-기원전 770년)에 사용되었던 점치는 책 『역경(易經)』에서 음과 양의 변화와 순환으로 설명하고 있다. 『역경』에 따르면 세상과 인간사는 모두 상반되는 두 힘이 상대적으로 자라나고 줄어드는 변화로 이루어진다. 봄이 가면 여름이 오고 가을이 가면 겨울이 오듯 인생도 부침과 굴곡을 겪는다. 하지만 『역경』에서는 상반되는 양쪽이 서로 충돌할 때 점치는 것 이외의 방법을 제시하지 못하였고, 시간이 흘러 춘추시대의 지성인들은 선택의 기로에서 점에 의존하는 해결책을 못마땅하게 여겼다.

이항대립의 문제는 춘추시대 말에 등석(鄧析)이라는 철학자에 의해 본격적으로 학계의 수면위로 떠오른다. 등석은 물에 빠져 죽은 이의 가족으로부터 주검을 건진 뱃사공이 비싼 대가를 요구한다는 하소연을 듣자 이렇게 말한다. "걱정하지 마시오. 그가 당신 말고 또 누구에게 그 주검을 팔 수 있겠소?" 친척이 안심하고 돌아간 뒤 얼마 있다가 뱃사공이 찾아와 죽은 이의 친척들이 주검을 찾아갈 생각을 하지 않는다고 하소연하자, 등석은 또 이렇게 말한다. "걱정하지 마시오. 그가 당신 말고 또 누구에게 그 주검을 살 수 있겠소?"

물에서 건져 올린 주검을 팔고 사는 상황에서 등석은 문제를 해결할 방법을 양쪽 모두에게 제시하고 있다. 등석의 말에 따르면 '유족 이외에는 주검을 팔 사람이 없다'와 '유족 이외에는 주검을 살 사람이 없다'라는 상반되는 두 가지 주장이 모두 성립한다. 형식논리에 따르면 모순되는 양쪽이 모두 가능한 까닭은 사태 안에 이미 두 가지로 해석될 가능성이 내제되어 있기 때문이다. 다시 말하자면 사태는 반대로 해석될 수 있는 이유를 그 안에 지니고 있는 것이다.

등석이 문제를 제기한 이후로 춘추시대의 공자, 노자에서부터 전국시대 말기의 한비자에 이르기까지 중국의 고대철학자들은 이항대립의 문제를 숙고했다.

2) 도와 덕의 세계

장자의 이야기로 돌아가자. 제자가 쓸모 있음과 쓸모없음 가운데 어느 쪽을 택하겠느냐고 물었을 때, 장자는 양자 사이에 있겠노라고 대답했다. 그는 나무와 거위의 두 가지 사례 중에서 하나를 선택해야 한다면 어떻게 하겠느냐고 물었기 때문에 재목과 재목감이 아닌 사이에서 처신하겠노라는 식으로 답변한 것으로 보인다. 양자택일의 방식으로 질문하자 양자 사이에 있겠다는 식으로 답변한 것이다. 장자의 해법은 완벽하게 곤란에서 벗어날 길은 도덕의 세계에 있으면서 사태에 대응하는 것이었다.

재목과 재목감이 아닌 사이란 무슨 의미일까? 재목은 쓸모 있음이고 재목감이 아님은 쓸모없음을 의미한다. 장자는 쓸모없음의 유용성에 대해 누차 강조하였다. 하지만 쓸모없다고 다 살아남는 것은 아니다. 쓸모가 없어서 살아남는 경우도 있지만, 쓸모가 없어서 반대로 죽는 경우도 있다. 그렇다면 우리는 쓸모없음과 쓸모 있음 가운데 어느 한쪽을 붙잡고 살아야 하는가? 재목과 재목감이 아님은 서로 모순관계이기 때문에 양자 사이가 있을 수 없다. 둘 사이에서 처신하겠다는 말은 상황에 따라 재목 쪽을 택하기도 하고 재목감이 아닌 쪽을 택하기도 하겠다는 뜻이다. 장자는 공자의 중용(中庸)을 의식하면서 말하는 것으로 보인다.

『논어』, 「자한(子罕)」편에서는 공자가 지닌 중용의 태도에 대해 다음과 같이 묘사하였다. "선생님께서는 네 가지를 끊으셨으니 억측하지 않으셨고, 기필하지 않으셨고, 고집하지 않으셨고, 나를 내세우지 않으셨다." 공자는 타인과의 관계에서 말하고 행동할 때 미리 정해진 것에 따라 움직이지 않고 상황에 맞는 적절한 행위를 하였다는 말이다. 그렇다 하더라도 사회 정의[義]를 기준으로 삼아 움직였기 때문에 그가 줏대 없이 이랬다저

랬다 한 것은 아니었다. 주어진 상황에 맞는 행위가 바로 그가 말하는 중용이다. 중용은 상황에 앞서 정해놓은 행위규범, 이를테면 예의법도가 가능한 모든 상황을 다 담을 수 없으므로 제시된 행동원리이다. 예컨대 아침에 일어나서 부모님께 문안인사를 드리는 예법이 이미 정해져 있다고 하더라도 자식이 아침마다 부모님을 뵙는 상황은 매번 똑같을 수 없다. 부모님이 전날 일찍 주무셔서 아침에 이미 일어나 계실 수도 있고, 전날 저녁에 상갓집에 다녀오시는 바람에 늦게 주무셔서 아직 일어나지 않은 경우도 있다. 아침 문안인사라는 예법을 실천하는 경우에도 그때그때의 상황에 맞게 대처하는 것이 아침 문안인사의 중용이다. 『논어』, 「미자(微子)」 편에 따르면 공자는 자신의 처신을 두고 '그래도 되는 것도 없고 그래선 안 되는 것도 없다'고 말하였다. 말하자면 아침 문안인사는 예법에 규정된 것이지만 자식이 일어나자마자 실천할 수도 있고 부모님이 일어나기를 기다린 뒤에 실천할 수도 있고, 건너뛸 수도 있는 것이다.

공자의 중용이란 타인과의 관계 속에서 적절한 행위를 찾는 원리이다. 그러나 장자는 이러한 방법으로는 여전히 곤란을 면치 못할 것이라고 비판하였다. 산속의 나무나 친구 집의 거위에게 유일한 해결책은 재목감이 아니어야 할 때 재목감이 아님으로, 재목이어야 할 때 재목으로 처신하는 것이다. 문제는 재목감이 아님으로 처신해야 할 때와 재목으로 처신해야 할 때를 알아야 한다는 데 있다. 재목과 재목감이 아님 가운데 어느 쪽을 선택해야 할지를 알 수 있다면 좋겠지만, 사물의 세계에서 그 해답을 찾기란 불가능하다. 우리는 타자가 어떤 결정을 내릴지, 어떻게 움직일지 알 수 없기 때문이다. 중용으로도 여전히 곤란한 상황을 모면할 수 없는 것이다.

당(唐)나라 때 도교(道教)의 도사(道士)였던 성현영의 설명이 우리에게 좋은 참고가 된다. "사람의 세계에서는 사람의 일을 처리할 수 없고 거위의 세계에서는 거위와 같아질 수 없다." 사람과 거위는 모두 사물이다. 사물은 구분[分]의 세계 안에 있으며, 구분이란 다름을 전제로 성립한다. 따라서 구분된 세계에서 사물 사이에는 서로 넘나들 수 없는 간극이 있다. 우리는 타자의 의중을 미리 알 수 없고 타자와 하나가 될 수 없다. 성현영의 설명은 우리가 사물 세계에 갇혀있는 한 남과 얽히는 일에서 풀려나거나 남과 하나가 될 수 없다는 장자의 통찰을 잘 드러내고 있다.

산속에서 있는 나무나 거위의 입장에서 죽고 사는 것은 '명(命)'이다. 명이란 그렇게 되는 이유를 알 수 없고 거역할 수도 없는 힘을 말한다. 나무나 거위는 유용해서 살지, 무용해서 살지를 알 수 없다. 그들이 살고 죽는 것은 전적으로 목수나 거위주인의 소관이다. 목수가 나무를 베겠다면 산목은 도리 없이 잘려나갈 것이며, 주인이 거위를 잡아서 요리하겠다면 거위는 죽을 수밖에 없다.

하지만 도덕의 세계에 있다면 나무나 거위는 죽음으로부터 벗어날 수 있다. 도는 나무나 거위가 목수나 주인과 하나인 지평이다. 이를테면 주인과 하나인 상태에서 거위는 주인이 우는 거위를 잡아먹으려고 생각할 때는 울지 않고, 울지 않는 거위를 죽여 요리하려고 할 때는 운다. 물론 주인과 하나가 되는 거위란 있을 수 없다. 장자는 나무와 거위 이야기를 통해 인간만이 타인과 하나가 될 수 있으며, 그러한 경지에 이르러야만 세상 속에서 다치지 않고 살아갈 수 있다는 말을 하고 싶었던 것이다.

남과 서로 얽히면서 대립하지 않거나 하나가 되려면 하나[一]인 세계에 있어야 한다. 장자에게 하나인 세계는 도이며, 덕이다. 도는 세계의 근원으로서 그로부터 만물이 생겨난 것이며, 덕은 개인의 내부에 있는 도를 말한다. 상대의 세계를 넘어서서 세상을 하나의 관점으로 살려면 도덕과 하나가 되어야 한다. 타자와 하나가 되려면 먼저 하나의 세계로 들어가야 한다는 것이 장자의 생각이다. 내가 도덕을 실현했을 때 외물에 얽매이지 않을 수 있으며, 외부 상황이 강요하는 곤경으로부터 벗어날 수 있다. 사물의 세계에서는 어느 쪽도 원치 않으면서 양자 가운데 선택을 해야만 하는 상황에서 벗어나는 것이 매우 어렵다. 그로인해 우리는 양자택일의 세상에서 선택을 강요받고 상처 입으며 그 결과로 인해 좌절한다. 장자는 우리 내부에 있는 위대한 하나를 찾아서 비극적인 일상을 끝내라고 조언한다.

하나의 세계에서는 어떤 일이 벌어지는가? 장자는 이렇게 말한다. 그곳에서는 세상이 나에게 들이대는 양극단의 기준과 평가로부터 자유로우며, 상대에 따라 유연하게 움직이면서 내 고집대로 살려고 하지 않는다. 하나의 세계 안에 존재하는 나는 한낱 하나의 사물로 살지 않으며, 세상 온갖 것들 중의 하나가 아니다. 또한, 나는 사물을 사물 되게 하는 위대한 존재와 하나이다. 나는 남이 정말로 원하는 세계에서 그와 만난다. 나는 남 때문에 상처받지 않고 그가 나를 해치지 못한다. 오히려 나는 남을 살리고, 그를 편안하게 한다. 위대한 도덕과 하나가 된 나는 상처받지 않는다.

세상 모든 것이 하나가 되는 세계가 있는가? 장자는 그렇다고 주장한다. 분명한 사실은 우리는 상처받으면서 산다는 점이다. 그렇다면 이상적인 삶에 대한 장자의 구상은 한낱 꿈일까? 상처는 아파하면서도 견뎌내야만 하는 것일까? 아니면 상처받을 상황이 발생하지 않는 환경 속에서 살아야 하는 것일까? 바람직한 삶에 대한 장자의 구상은 우리가 공들여 추구해야 하는 이상일까? 장자의 생각은 현실에서 도망친 자의 망상일까? 문제를 보다 분명하게 드러내기 위해서는 이렇게 물어야 할 것이다. 왜 하나인 세계는 분열된 세상에 그토록 허약한가? 나의 평온한 삶은 왜 그토록 쉽게 상처받는가?

3. 이상적 인간상

1) 물아상대(物我相對)

장자는 '나를 잃어버린다[喪我]'라는 주제로 「제물론」편을 시작한다. 그는 버려야 하는 나와 지켜야 하는 나를 나눈다. 버려야 하는 나란 무엇인가? 먼저 장자가 자아의 성립에 대해 말하는 내용을 살펴보자.

> "대지(大知)는 여유롭고 소지(小知)는 자세하게 분별하며 대언(大言)은 들불처럼 맹렬하며 소언(小言)은 수다스럽다. 잠잘 적에는 백(魄)이 혼(魂)과 교접하여 꿈을 꾸고, 깨어나면 육체가 작용하여 접촉하는 것들과 얽히어 날마다 마음으로 싸운다. 너그러운 마음과 깊은 마음과 치밀한 마음이로다. 작은 두려움은 벌벌 떨고 큰 두려움은 실의에 빠진다. 그것이 표현되는 것이 마치 쇠뇌로 화살을 쏘는 것 같은 것은 시비(是非)를 엿보는 것을 일컫는 것이요, 그것이 머무름이 마치 축원하고 맹세하는 것 같은 것은, 지킴으로써 이기려는 것을 일컫는다. 그것이 스산함이 가을 겨울 같은 것은 그것이 날로 사그라지는 것을 말하는 것이요, 그것이 하는 바의 일에 빠지는 것은 그것을 회복시킬 수 없다. 그것이 욕망에 빠지는 것이 봉하듯 하는 것은 그가 늙어서도 더욱 흘러넘치는 것을 말하며, 죽음에 가까운 마음이라 다시 살아나게 할 수 없다. 희로애락과 우려·탄식·변덕스러움, 고집스러움과 경솔함과 안일함과 방탕함과 요염한 자태가 마치 음악

이 빈 구멍에서 나오고, 습기가 증발하여 균을 배양해 내는 것과 같다. 밤낮으로 앞에서 번갈아들되 그것을 싹트게 하는 것을 알 수 없나니, 그만 두어라! 그만 두어라! 우연히 어느 날 아침에 이것을 얻었으니 아마도 말미암아 생긴 바가 있지 않을까? 저것이 아니면 내가 없고 내가 아니면 취할 것이 없을 것이다."

장자는 앎[知]과 말[言]과 마음[心]의 다양한 양상들을 상세하게 묘사하고 있다. 바로 다음에 '저것들이 없다면 나도 없고 내가 없다면 저것들도 자리 잡지 못한다'는 문장이 이어지는 것을 보면 장자는 앎과 말과 마음의 모습들로 나를 말한다는 것을 알 수 있다.

그렇다면 앎과 말과 마음에 대한 장자의 시각은 어떠할까? 먼저 앎에 대해 살펴보자. 장자가 보기에 우리의 앎이 지닌 최대의 효용은 주어진 천수를 누려 도중에 요절하지 않는 데 있다. 이러한 효과는 이미 알고 있는 사실로부터 아직 알려지지 않은 것으로 앎의 영역을 확장시켜 나아감으로써 얻을 수 있을 것처럼 보인다. 그렇다면 우리는 결국 모든 것을 알게 되거나 아니면 적어도 원리만큼은 터득할 수 있지 않을까? 장자는 「대종사(大宗師)」 편에서 그렇지 않다고 말한다. 우리의 앎은 무엇인가에 의존해서 성립하는데 앎이 의존하는 것은 고정되어 있지 않기 때문이다. 그렇다면 앎이 의존해서 성립하는 그것, 즉 앎의 대상은 왜 일정할 수 없을까?

"사물에는 저것 아닌 것이 없고 사물에는 이것 아닌 것이 없다. 저것으로부터는 볼 수 없고 스스로 안다고 여기면 알게 된다. 그러므로 저것은 이것에서 나오고 이것도 저것에 말미암게 된다고 한다." 「제물론」

사물은 갖가지로 다양하더라도 결국 이것 아니면 저것으로 묶인다. 그런데 앎은 알고자 하는 것을 기점으로 성립하지 않는다. 오히려 알고자 하는 것은 앎의 객체가 되고 앎이 주체가 된다. 이는 앎이란 알고자 하는 것을 대상화함으로써만 성립함을 의미한다. 「제물론」편에서 말하는 이것은 그 자체로서의 이것이 아니라 대상화된 이것이다. 대상화된 이것은 상대적인 이것, 즉 저것과 상대된다. 이것과 저것이 상대한다는 것은 이것과 저것이 상대로 말미암아 성립함을 뜻한다. 말하자면 저것은 이것에서 나오고 이것도 저것에 말미암는다. 이것과 저것은 상대에 의존해서 동시에 성립하는 셈이다. 사물은 서로 반대되면서 서로를 성립시키는[相反相成] 구조에서 성립한다. 자기가 아닌 것에 의존해서 성립하는 사물은 어떤 것도 항상성을 지닐 수 없다. 일정하지 않은 사물에 의존해서 성립하는 앎 또한 확정된 내용을 지닐 수 없다.

그뿐만 아니라 앎은 이쪽과 저쪽이 상대하는 가운데 항상 이쪽에서 저쪽으로 이루어지는 특성을 지닌다. 앎은 항상 일방적인 방향, 즉 아는 쪽에서 알려지는 쪽으로 작동한다. 따라서 앎의 내용은 알려지는 쪽이 그 자체로 드러난 것이 아니다. 이처럼 우리의 인식능력은 대상 자체를 볼 수 없다는 본질적인 한계를 지닌다.

유가와 묵가에서는 싸움이 일어나는 원인을 각기 옳다고 하는 것과 그르다고 하는 것이 있고, 상대방이 그르다고 하는 것을 옳다고 하고 상대가 옳다고 하는 것을 그르다고 하기 때문이라고 한다. 양쪽 모두 자기 쪽에서만 상대방을 보기 때문인 것이다. 장자는 이러한 앎의 방식을 '자아관지(自我觀之)'라고 말한다. "나로부터 보게 되면 인의(仁義)의 실마리와 시비(是非)의 길이 어수선하게 어지러워진다." 사람들이 서로 '자아관지'하는 한 사회적 정의의 기초와 진위의 갈림을 구별할 길이 없다. 장자가 보기에 상대적이면서 대상 그 자체에 대한 앎이 아닌 지식은 남과 싸우는 수단인 흉기일 뿐이며, 따라서 지식을 추구하는 것은 삶을 위태롭게 할 뿐이다.

말 또한 앎과 마찬가지로 상대의 구조 안에서 성립한다.

> "말은 바람 부는 것과 같지 않으니 말에는 말하려는 내용이 있으며, 말하려는 것은 일정하지만은 않다. 그렇다면 과연 말이 있는가? 아니면 말은 있은 적이 없는가? 그것이 새 새끼 소리와 다르다고 한다면 또한 구별이 있는가? 구별이 없는가?"
>
> 「제물론」

인간의 언어행위는 바람이 부는 것 같은 자연현상과 다르다. 소리가 난다는 점에서 보면 말은 바람과 같지만, 판단이나 의미의 내용을 담고 있다는 점에서는 같지 않다. 말에는 말하고자 하는 것이 있다. 말의 특성에 대해 장자는 "말에는 일정한 기준이 있은 적이 없지만 옳다고 하기 때문에 경계선이 생긴다"고 말한다. '옳음'이라는 규정 때문에 구분이 발생한다는 것이다. 그런데 옳다, 그르다는 규정은 '자아관지'의 결과이다. 즉 옳고 그름은 피차가 상대하는 구조 속에서 드러난다. 인식의 경우와 마찬가지로 언어행위도 상대의 구조에서 성립한다. 따라서 말해지는 내용은 일정할 수 없고, 우리는 언어행위로 옳고 그름을 가릴 수 없다. 뿐만 아니라 만물과 하나가 되는 신비한 체험은 우리가 그것에 대해 말하자마자 하나와 하나라고 한 말과 하나라는 말에 담긴 내용이라는 세 가지로 분열된다. 이처럼 상대의 구조에서 성립하는 말은 사용하면 할수록 구분을 확대시킨다.

「제물론」 편에서 장자는 마음에 대해 “그것이 발함에 마치 쇠뇌로 화살을 쏘는 것과 같은 것은 시비(是非)를 엿보는 것을 일컫는다. 그것이 머무름이 마치 축원하고 맹세하는 것과 같은 것은 지킴으로써 이기는 것을 일컫는다”라고 묘사한다. 마음은 시비를 판단하는 주체이다. “잠잘 적에는 혼과 교접하고 깨어나면 육체가 작용하여 접촉하는 것들과 얽히면서 날마다 마음으로 싸운다.”라는 말처럼, 마음은 시비를 발생시키고 분쟁을 일으켜 인간이 남과 다투게 하는 장본이 되기도 한다. 「제물론」 편에서는 이러한 마음을 성심(成心)이라고 불렀다. 성심은 마음 자체라기보다는 ‘마음에서 형성된 것(成乎心)’으로서 남과 나, 저것과 이것, 참과 거짓, 옳고 그름을 가르는 분별하는 마음이다.

장자는 외물(外物)을 좇아다니는 마음의 모습을 몸은 가만히 있는데 마음은 외부로 치달린다고 하여 ‘좌치(坐馳)’라고 묘사하였다. 이처럼 마음에는 외물로 치달리는 성향이 있다. 우리가 겪는 일은 그것이 꿈이든 현실이든 모두 마음이 외물과 만나 일어나는 사태이다. 마음도 앎이나 말과 마찬가지로 외물과 상대하는 구조 속에서 작용한다.

앎과 말과 마음은 내가 외부 사물과 만날 때 작동하는 요소이다. 나는 앎과 말과 마음이 제공하는 지평에서 외물과 얽힌다. 그런데 앎과 말과 마음은 공히 나뉘어 상대하는 구조 속에서 기능한다. 앎과 말과 마음을 통해서 외물과 만나는 한 나는 물아상대(物我相對)의 구조를 벗어날 수 없다. 상대의 구조 안에 있는 한 나는 외물에 의존적이면서 그에 얽매이는 상황에서 벗어날 수 없다.

2) 중인(衆人)과 지인(至人)

장자는 외물과 상대하는 구조 속에 사는 사람을 '중인(衆人)'이라 부른다. 중인이란 대다수의 보통사람을 가리킨다. 외물은 내 밖의 사물뿐만 아니라 이념이나 제도, 규범, 명예, 재물 등 마음이 그리로 치달리는 모든 것을 말한다. 중인은 끊임없이 외물로 치달리며 남들과 갈등하고 싸우면서도 그만둘 줄 모른다. 중인은 죽을 때까지 바쁘게 살지만 내세울만한 결과물을 내놓는 것도 아니며, 지쳐도 쉴 곳을 찾지 못한다. 중인의 삶은 고단하고, 그의 마음도 거의 죽은 것과 다름없다.

바다를 본 적이 없는 우물 안 개구리는 바다에 대해 논의 할 수 없고, 겨울을 겪어 본 적이 없는 여름벌레는 얼음에 대해 논의할 수 없으며, 자신이 배운 지식을 전부라고 여기는 일곡지사(一曲之士)는 위대한 도에 대해 논의할 수 없다. 중인은 우물 안 개구리와 여름벌레와 일곡지사처럼 공간과 시간, 그리고 받은 교육의 영향에서 벗어나지 못하는 사람이다. 또한, 중인은 자기 관점에서 좋다고 하는 것을 설정하고 그것을 실천하지 않는 사람을 비난한다. 그러나 예컨대 군주가 아무리 신하의 충성을 바란다고 하더라도 신하가 반드시 충성하는 것은 아니며, 부모가 아무리 자식의 효도를 바란다고 하더라도 자식이 반드시 효도하는 것은 아니다. 기필(期必)할 수 없는 외물을 반드시 어떠해야 한다고 여긴다면 제대로 된 결과를 얻을 수 없다. 중인은 반드시 그런 것이 아닌데도 기필하니 마음속에서 희로애락의 감정이 서로 번갈아들게 된다. 장자는 외물에 얽매인 상태에서 벗어나지 못하는 중인의 삶을 '천형(天刑)'이라고 불렀다. 천형이란 자연을 거스르는 사람이 받는 형벌을 말하며, 천형을 받은 사람은 마음이 죽고 몸도 요절한다.

'지인(至人)'은 중인과 달리 외물과 상대하는 '나'가 없는 사람이다. 장자는 지인의 경지를 '상아(喪我)'로 표현하였다. 상아는 나의 존재마저 사라진 상태가 아니라 이것과 저것을 구별하고 외물로 치달림으로써 외물에 얽매인 사적 자아의식이 소멸한 경지이다. 사적 자아의식은 물아상대의 구조가 무너져야 비로소 사라진다.

사적 자아의식이 소멸하면 어떤 일이 벌어질까? 먼저 장자가 말하는 사물의 기원을 보자. 장자는 세상 모든 것들은 그들이 말미암아 생긴 기원이 있다고 여겼다. 「천지」 편에 정리된 바에 따르면 사물은 무(無)에서 비롯하였다. 무는 도를 말하며, 형체도 없고 이름도 없어서 일(一)로 불린다. 사물은 덕(德)을 얻어 생긴다. 여기서 덕은 개체의 성립근거이자 사물의 본성이다. 사물은 덕을 지님으로써 사물이 되며 그의 생명을 지속시킬 수 있다. 덕은 도로부터 분화된 것이기는 하지만 도와 본질적인 차이가 없다. 사물의 본성은 도로부터 얻은 것이라는 점에서 보면 덕이고, 도가 사물에 부여한 것이라는 점에서 보자면 명(命)이다. 생성된 사물에는 형(形)과 성(性)이 있게 된다. 형은 사물에 갖춰진 생리구조를 말하며, 이에 따라 사물이 형질을 부여받고 정신을 지켜 개체마다 따라야 할 성질과 작용과 법칙이 성이다. 덕은 생명활동을 가능하게 하는 근원이고 성은 덕을 실현할 수 있는 생명활동의 재질이다. 요컨대 개별 사물은 무 → 덕 → 형 · 신 → 성의 과정을 거쳐 세상에 드러난다.

「천지(天地)」 편에서 장자는 사람을 구성하는 요소 가운데 덕에 대해 '생명은 덕의 빛'이라고 말한다. 덕은 생명을 신장하고 완성시키는 생성의 기능이 있다. 생명은 덕이 아니면 분명하게 드러나지 못한다. 덕에는 또한 일을 이루어지게 하고 사람들과 조화하게 하는 기능이 있다. 따라서 우리가 남과 조화롭게 어울리려면 덕을 다치지 말아야 한다.

장자는 「덕충부」 편에서 왕태(王駘)라는 인물을 등장시켜 덕이 온전한 모습을 이렇게 말하고 있다.

> "죽고 사는 일도 큰일이거늘 그와 함께 변치 않는다. 비록 천지가 무너지고 꺼져도 그와 함께 떳떳함을 잃지 아니하며, 가상에 미혹되지 아니하되 사물과 함께 변치 아니하고 사물의 변화를 주재하여 그 근본을 지키는 사람이다. … 다르다는 면에서 보면 간과 쓸개가 초나라와 월나라처럼 멀고, 같다는 면에서 보면 만물이 다 한 몸이다. 대저 그와 같은 사람은 곧 말소리와 얼굴빛에 얽매이지 아니하고 덕이 조화를 이루는 경지에서 마음을 자유롭게 움직인다. 만물을 하나로 간주하고 상실한다고 생각하지 아니하되 그의 발을 잃는 것을 마치 흙덩어리를 잃는 것처럼 본다."

왕태는 다리가 잘려 몸은 온전하지 않지만 덕이 온전한 사람이다. 그를 따라다니는 사람들의 숫자는 공자를 따라다니는 사람들과 비등했다고 한다. 왕태는 덕의 조화 기능에서 마음을 노닐게 함으로써 사물들을 하나로 보는 경지에 이르렀다. 그는 사물의 근본을 지켜 외물에 영향받지 않음으로써 마음이 죽은 적이 없었고 삶의 질곡에서 벗어난 사람이다. 덕이 온전한 사람은 내면이 평화롭고 유쾌하며 외부와 통하면서 충실함을 잃지 않아서 봄날처럼 생기 있게 변화하면서 외부의 변화를 있는 그대로 반영할 수 있다. 이런 사람은 잔물결도 없이 잔잔한 물처럼 안으로는 고요함을 유지하고 밖으로는 요동치지 않는다.

지인은 감정에 휘둘리지 않기 때문에 자신의 생명력이 손상되지 않는다. 장자는 「소요유」 편에서 외물에 의해 내면이 영향받지 않는 경지를 무기(無己)라고 말한다. 무기는 상아(喪我)와 같은 말이다. 지인은 천지의 올바른 이치에 올라타고서 온갖 변화를 몰아 도의 세계에서 노니는 사람이며, 또한 외물에 의존하지 않으므로 외물에 의해 다치지 않으며, 세상에서 절대의 자유를 누린다.

우리가 장자에게 나는 누구인가? 라고 묻는다면 장자는 우리에게 당신은 중인으로 살 것인가, 지인으로 살 것인가? 라고 되물을 것이다. 우리는 외물에 얽매여 살 것인가? 아니면 본성에 따라 자유롭게 살 것인가?

4. 장자의 행복관

1) 행복은 삶의 방식

사람은 행복을 추구하는 존재이다. 우리는 호모사피엔스(생각하는 존재)이고 호모하빌리스(도구를 사용하는 존재)이고 호모파베르(제작하는 존재)인 동시에, 호모펠릭스(행복을 추구하는 존재)이기도 하다. 동식물도 행복한 느낌을 지닐 수는 있지만, 의식적으로 행복을 추구하는 존재는 인간뿐이다. 행복이란 무엇일까? 우리는 즐거운 마음이나 쾌적한 느낌, 또는 흐뭇한 기분일 때 행복하다고 느낀다. 이외의 다른 내용으로도 행복을 표현할 수는 있지만 행복이 감정과 직결되어 있다는 점은 부인하기 어렵다.

미국의 현대철학자인 마크 롤랜즈는 『철학자와 늑대』에서 즐거움을 추구하는 인간을 '행복중독자'라고 부른다. 행복중독자에게 행복은 즐거움이고, 즐거움은 행복의 모든 것이다. 그는 온갖 방법을 동원해서 즐거움을 추구한다. 술, 마약, 섹스, 여행, 심지어 싸움이나 교양을 통해서 즐거워지려고 애를 쓴다. 그러나 그는 약물중독자와 마찬가지로 삶에서 가장 중요한 것을 인식하지 못한다. 행복중독자는 행복이 무엇인지를 잘못 알고 있다는 것이다.

우리는 보통 값진 물건을 구입하거나 친구들과 함께 술을 마시거나 새로운 지식을 습득했을 때 행복하다고 느끼며, 행복 이외의 다른 수단을 통해서 얻은 즐거움을 행복으로 오해하곤 한다. 장자의 표현에 따르면 우리는 외물(外物)을 획득함으로써 행복을 추구한다. 행복에 이르는 다른 길을 알지 못하는 사람은 끊임없이 외물로 치달리면서, 자신이 열심히 살면 행복해질 것이라고 생각한다. 그러나 실상 그는 외물에 중독된 삶을 살고 있는 것이며, 과거에 느꼈던 행복감을 다시 느끼기 위해 또 다른 외물을 획득하려고 애를 쓰는 것일 뿐이다. 이것이 수단을 통해 행복을 추구하는 삶의 실상이다.

장자는 「지락(至樂)」편에서 세상 사람들이 행복을 추구하는 방식에 대해 이렇게 말한다.

> "천하에는 지극히 즐거운 것이 없는가? 그로써 몸을 활기차게 살려낼 수 있는 방법이 없는가? 이제 무엇을 해야 하고 무엇을 그만둬야 할 것인가? 무엇을 피하고 무엇에 마음을 둬야하는가? 어디로 나아가고 어떤 것을 떠나야 할까? 무엇을 즐기고 무엇을 싫어해야 할까? 세상 사람들이 높이 평가하는 것은 재물 많음과 지위 높음과 오래 사는 것과 좋은 명성이고, 즐거워하는 것은 몸이 편안한 것과 감칠맛이 있는 좋은 맛과 화려한 복식과 아름다운 여인과 듣기 좋은 소리이고, 낮게 평가하는 것은 가난한

> 것과 지위가 낮은 것과 요절하는 것과 나쁜 명성이고, 괴로워하는 것은 몸이 편하고 한가롭지 못한 것과 입이 감칠맛 나는 것을 얻지 못하는 것과 몸이 화려한 복식을 얻지 못하는 것과 눈이 아름다운 여인을 얻지 못하는 것과 귀가 듣기 좋은 소리를 얻지 못하는 것이다. 만약 이런 것들을 얻지 못하게 되면 크게 근심하고 두려워하나니 그와 같이 몸을 위하는 것은 어리석도다!"

우리는 부귀와 장수와 명예, 편안함, 맛있는 음식, 화려한 옷, 미인, 듣기 좋은 소리를 갖기를 바란다. 원하는 것을 얻으면 행복해하고 그렇지 못하면 좌절한다. 장자는 이렇게 행복을 추구하는 것은 어리석은 방식이라고 평가한다. 재물이 많은 사람은 평생을 고생스럽게 일하면서 얻은 재물을 결국은 다 쓰지 못하고 죽는다. 지위가 높은 사람은 사회정의를 내세우며 공동체의 문제를 해결하려고 동분서주하지만 결국 노쇠하고 병든 몸만 남는다. 장수하는 사람은 오래 살기는 하지만 그만큼 오랜 시간을 근심하면서 흐리멍텅한 정신으로 보낸다. 나라를 위해 죽은 열사는 다른 사람들의 삶을 살려냈다는 점에서 훌륭하지만 정작 자기 몸은 제대로 살려내지 못했다는 점에서는 훌륭하다고 보기 어렵다. 장자가 보기에 외물을 추구해서 행복을 얻으려는 태도는 행복의 본질과는 관련이 없으며, 그렇게 해서는 행복을 얻을 수도 없다.

행복은 자기목적적인 상태이다. 행복은 다른 목적을 위해 사용되는 수단이 아니다. 우리는 행복 이상의 것을 삶의 목표로 설정하는 인생을 상상할 수 없다. 뿐만 아니라 행복은 행복 이외의 어떤 수단을 통해서 얻어지는 것이 아니다. 우리가 놓치기 쉬운 점은 수단을 통해 행복을 추구하는 방식이 거꾸로 우리로 하여금 행복 대신에 행복의 수단을 추구하게 만든다는 사실이다. 목적과 수단이 뒤바뀌면 원래 찾으려고 했던 행복은 뒷전으로 밀려나고, 행복을 위한 수단이 행복의 자리를 차지하는 상황이 벌어진다. 행복해지기 위해 재물과 돈, 명예, 지식 등을 얻으려고 하지만 결국에는 그것들에 얽매이고 만다. 잘못된 방법으로 행복을 추구하기 위해 노력하는 것은 결국 행복과의 거리를 더욱 멀게 만들 뿐이다.

4, 5년 전에 어느 대형 인터넷커뮤니티에 올라온 이후, 아직까지 많은 이들의 공감을 얻고 있는 글이 있다. 대학교 강의시간에 글쓴이가 교수에게 들은 이야기의 내용을 요약하면 다음과 같다. '인간은 현재 아무리 즐거워도 즐겁다는 사실을 깨달을 수 없는 존재이다. 훗날 잘되면 과거가 다 아름답고 즐거웠던 것이 되고, 반대로 미래가 잘 안 되면 과거가 전부 불쾌한 추억으로 바뀐다. 결국 미래가 좋아야 현재도 즐거운 것이 된다. 행복은 현재가 아니라 미래에 있다. 그러니 미래에 즐겁기 위해서 지금 내 현재의 시간을 투자하라. 행복한 미래를 위해서 공부하라.' 아마도 교수는 학생들에게 열심히 공부하라는 뜻을 담아 이와 같은 이야기를 들려주었을 것이다. 물론 그 취지는 이해하지만 내용적인 면에서는 동의하기 어렵다. 인간은 정말로 현재의 즐거움을 알 수 없는 존재일까? 과거에 원했던 것을 미래에 성취했다고 해서 미래는 행복하다고 말할 수 있을까? 원했던 결과를 미래에 이루지 못했다고 해서 과거의 즐거움이 없었던 일이 될 수 있을까?

우리는 즐겁거나 괴로울 때 이를 분명히 느낀다. 그리고 느끼기 때문에 즐겁거나 괴롭다. 감정은 시간이 흐르면 변하는 것이기 때문에 늘 현재적이다. 행복이 감정과 연결된 상태라면 현재를 떠난 행복이란 있을 수 없다. '행복은 미래에 있다'는 행복에 대한 정의에는 감정이라는 요소가 빠져 있다. 글쓴이의 교수는 감정이라는 요소를 제외하고 행복을 정의했기 때문에 행복이 미래에 있다고 말할 수 있었던 것이다. 그것은 과거에 대한 평가이자 미래에 대한 기대일 뿐, 행복한 순간에 느끼는 행복에 대한 정의가 아니다.

더 큰 문제는 현재의 행복이 미래에 의해 판정되는 것이라면 우리는 영원히 행복할 수 없다는 데 있다. 우리는 어느 시점에서도 행복하기 위해 애쓸 것이고, 현재를 기준으로 과거를 반추하는데 모든 시간을 허비하지 않는 한 행복을 추구하면서 살 것이다. 현재 100만원을 원하는 행복하지 않은 사람이 미래에 그 돈을 가지게 되면 과연 행복할까? 대부분은 그렇지 않다. 100만원을 가진 사람은 200만원을 원하기 때문에 여전히 행복하지 않을 것이다. 현재를 미래의 수단으로 삼아 행복을 추구하는 태도는 우리를 외물의 노예로 만드는 방식이다.

누구나 행복을 바라지만 대다수 사람들은 행복이 무엇인지 모를 뿐만 아니라 행복에 대한 잘못된 인식을 지니고 있다. 첫 번째 오해는 인간은 누구나 행복해질 수 있다는 생각이고, 두 번째는 즐겁거나 유쾌한 감정 상태를 행복으로 여기는 것이다. 우리는 누구나 행복을 원하지만 진정 행복한 사람은 적은 수에 불과하다. 인간이 행복할 자격과 그럴 가능성을 지니고 있다고 해서 누구나 언제든지 행복할 수는 없다. 행복이란 특정한 방식으로 행위 할 때 얻어지므로 조건이 따른다.

행복은 '행복한 상태' 또는 행복이라는 '사건'이다. 그렇다면 행복할 때 갖는 느낌, 즉 행복감은 유쾌함이나 불쾌함과 같은 부류의 감정일까? 그렇지 않다. 즐거운 순간에는 불쾌한 감정이 없는 것처럼 유쾌함과 불쾌함은 양립할 수 없는 감정이다. 동일한 시점에 상반되는 감정이 공존하면 우리는 불편함을 느낀다. 보통 불편한 상태를 행복이라고 여기지 않는다. 이러한 인식은 유쾌함이나 즐거움이 곧 행복이라는 오해가 불러온 결과이다. 우리는 상반된 감정이 공존하는 과정에서도 행복할 수 있다. 불편한 상태에서도 얼마든지 행복할 수 있으며, 행복을 느낄 때에도 얼마든지 불쾌한 감정을 지닐 수 있다.

행복은 감정과 무관하지는 않지만 단지 유쾌한 감정만이 행복은 아니다. 행복과 관련된 감정이란 즐거움이나 쾌락뿐만 아니라 불쾌함이나 고통도 포함된다. 우리는 고통 속에서도 행복할 수 있다. 예컨대 가장은 무거운 짐을 나르면서도 가족의 생계를 책임질 수 있어서 행복하다.

행복이란 우리의 행위가 세상의 질서, 신의 섭리와 일치된 상태이다. 이 점에서 행복은 존재의 방식이다. 세상의 원리가 개체에 구현된 것이 행복인 것이다. 삶을 지탱하는 원리에 따라 행위 했을 때 우리는 행복하다. 행복은 세계 쪽에서 말하자면 존재방식이고, 인간 쪽에서 말하자면 삶의 방식이다. 행복이 수단을 통해서 얻을 수 있는 것이 아니라면 우리는 이렇게 말해야 할 것이다. 행복은 행복 자체를 통해 얻어진다고. 요컨대 특정한 삶의 모습이 곧 행복이며, 여기에는 즐거움이나 쾌적함, 불편함이나 고통 같은 감정이 동반한다. 행복은 세상이 돌아가는 원리와 일치된 삶의 방식이다.

2) 지금 행복하라

행복이 삶의 방식이라면 어떻게 사는 것이 행복일까? 장자는 「지락」편에서 노나라의 성 밖에 날아든 바닷새의 이야기를 들려준다. 진귀한 새를 맞이한 노나라 임금은 귀한 술과 진수성찬으로 새를 환대하였다. 그러나 그 새는 정신이 사나워져 먹지도 마시지도 못하고 사흘 만에 죽고 말았다. 장자는 바닷새를 환대한 노나라 임금이 '자기를 기르는 방법으로 새를 길렀다'고 평가하면서 '새를 기르는 방법으로 새를 길러야 한다'고 조언한다. 물고기는 물속에 있어야 살 수 있지만 사람은 물속에서 살 수 없다. 물고기와 사람이 다르듯이 사람들 각자의 성향도 일률적이지 않다. 개개인마다 성향이 다르므로 행복한 삶은 한 가지 모습으로 나타나지 않는다. 물건을 제작하면서 행복해하는 사람도 있고, 남을 도우면서 행복을 느끼는 사람도 있으며, 노래를 부르면서 행복해하는 사람도 있고 노래를 들으면서 행복감에 젖는 사람도 있다. 우리는 자신의 성향에 맞춰 살아갈 때 즐겁고 쾌적해질 수 있다. 각자 타고난 성품에 맞게 사는 것이 행복이다. 자신의 성품을 돌아보지 않고 남의 기준에 맞춰 사는 태도는 행복해지지 않겠다고 대놓고 선언하는 것과 같다.

행복의 문을 여는 열쇠는 내 안에 있다. 재물이나 명예나 지식을 획득한다고 해서 행복해질 수 있는 것이 아니다. 장자는 「지락」편에서 이렇게 말한다. "그러므로 옛 성인들은 그들의 기능을 획일화하지 않고 그들의 일을 같지 않게 하였다. 이름은 실질에서 그쳐야 하며 성품에 알맞게 베푸는 것이 올바르니 이를 일러 조리 정연하게 막힘없이 뻗어나가고 행복을 얻는 것이라고 한다." 행복해지려면 먼저 타고난 성품에 맞게 사는지를 돌아봐야 할 것이다.

성품에 맞게 살려면 어떻게 해야 할까? 어떻게 해야 타고난 성향을 제대로 발휘할 수 있을까? 흔히들 자신의 적성을 찾아 그에 맞는 일을 하라고 말한다. 그리고 적성검사, 아이큐검사 등 각종 테스트를 해법으로 제시한다. 그런데 이러한 검사는 외부로 드러난 모습, 이를테면 나의 겉모습을 대상으로 삼는다. 나무로 비유하자면 가지나 잎의 모습을 찾는 방식이다. 나의 말단에 대한 검사를 통해서 밤나무 잎의 모습을 발견하면 밤나무를 기르는 방식으로 자신을 가꾸게 될 것이고, 감나무 가지의 모습을 찾게 되면 감나무를 기르는 방식으로 자신을 가꾸게 될 것이다. 이것은 말단의 모습에서 줄기나 뿌리를 가꾸는 방식이다. 그러나 가지나 잎이 제대로 자라려면 나무의 근본, 즉 뿌리나 줄기에 맞춰 가꾸어야 한다. 적성검사의 사례처럼 우리가 자신에게 맞는 적성을 찾는 방식으로는 아마도 자신의 적성을 찾을 수 없을지도 모른다.

장자는 완전히 다른 방식으로 적성을 발휘하는 길을 말한다. "지극히 즐거운 것과 몸을 활기있게 하는 것은 무위라야 거의 가깝다. 청컨대 시험 삼아 말해보리라. 하늘은 무위로써 맑으며 땅은 무위로써 안정되니 그러므로 두 무위가 서로 합해야 만물이 모두 화생한다. 황홀하도다, 일체가 나온 것이 없구나! 황홀하도다, 형상이 없구나! 만물이 헤아릴 수 없이 많으나 모두 무위로부터 번식한다. 그러므로 이르기를 '천지는 무위하되 이루어지지 않는 것이 없다'고 한다. 사람 가운데 누가 무위할 수 있겠는가!"

세상의 온갖 것들은 그들이 근원인 도에 말미암아, 구체적으로 말하자면 도의 무위작용에 의해 성립한다. 도가 무위하므로 하늘은 맑을 수 있고, 도가 무위하므로 땅은 안정될 수 있다. 개개의 사물들이 각자의 특성을 나타낼 수 있는 것은 사물 안에 있는 도가 무위로 작용하기 때문이다. 사람의 경우에 개개인의 성향은 무위의 지평에서 비로소 온전히 발휘될 수 있다.

무위에 말미암아 성품이 제대로 발휘된다는 것은 적성을 찾아서 그것을 억지로 뽑아 올리는 것이 아니다. 맹자가 말한 것처럼 그러한 방식은 '조장

(助長)'하는 짓이다. 조장이란 자연스럽지 못하며, 겉으로 드러난 현상을 잡고서 근원을 살리겠다는 발상이다. 이를테면 가지나 잎을 잘 살려내서 나무를 잘 자라게 하겠다는 발상과 같다.

나무가 잘 자라려면 먼저 뿌리가 굳고 줄기가 튼튼해야 한다. 뿌리와 줄기가 온전해야 가지나 잎이 제대로 자라고 결국은 나무가 무성할 수 있다. 사람이 생명을 받은 뒤에 개체로서 지니게 되는 성향은 사람의 본성에 비하면 표피적인 현상이다. 말하자면 본성이 근원적이고 내적인 것이라면 성품은 지엽적이고 외적인 것이다. 세상 모든 개체의 본성은 덕이다. 덕은 개체에 내재한 도로서 무위를 그 내용으로 한다. 도의 측면에서 말하자면 도는 무위로써 만물을 운동을 변화시킨다. 사물의 측면에서 말하자면 개체는 자신의 본성인 덕에 의해 생성하고 발전한다. 덕의 기능은 도와 마찬가지로 무위이다. 결국, 개체는 무위를 통해 자신의 존재를 성립시키면서 변화하고 발전한다.

장자는 「덕충부」편에서 애태타를 등장시켜 무위로 사는 사람의 경지를 '재질이 온전하되 덕이 겉으로 드러나지 않는 상태로 묘사한다. "(애태타는) 심령으로 하여금 평화롭고 유쾌하게 하며 외부와 통하면서도 즐거움을 잃지 않게 하며 밤낮으로 틈새가 없이 하는 일마다 봄날과 같게 합니다. 이것은 외부세계와 접촉하면서 마음이 때에 맞게 발동하는 것입니다. 이것을 재전이라고 합니다. … 덕을 밖으로 드러내지 않는 사람은 사람들이 그를 떠나지 않습니다." '애태'는 추한 모습을 말한다. '타'는 이름으로서 '그(he)'라는 뜻이다. 애태타는 추악한 용모를 지닌 가상의 인물이다. 애태타가 구현하고 있는 것은 마음은 고요하지만 그가 처한 상황 속에서 늘 생기가 넘치는 경지이다. 요컨대 외부세계와 막힘없이 소통하면서도 내면은 평정을 잃지 않는 경지가 '재전이덕불형'이다. '재전'은 '지금 여기에서' 행복할 수 있는 상태이고, '덕불형'은 내가 처한 상황에서 남과 분리되지 않는 것, 또는 '나를 내세우지 않는 것'이 행복의 조건이라는 말이다. 이런 사람은 늘 마음이 쾌적하며 사람들이 그를 떠나지 못한다. 여기서 주목할 것은 '여물위춘(與物爲春)'이다. '사람들과 함께 어울리면서 봄날과 같이 된다'는 것은 생기가 넘치고 활기찬 삶을 말한다. 재전은 주어진 능력, 즉 재주와 인식능력(才智)을 온전히 발휘하는 상태이다. 재전은 자연과 조화를 이룬 경지이다. 사람들과 조화를 이루는 것을 인락(人樂)이라고 하고 자연과 조화를 이루는 것을 천락(天樂)이라고 한다. 따라서 애태타는 '천연의 행복'이라는 경지에 이름으로써 사람들과 어울리는 '사람의 행복'을 구현한 인물이다.

행복이란 현재적이고 순간적이므로 '현재, 이 순간' 행복하다는 말이다. 그러나 지나친 음주, 섹스, 마약 등의 쾌락은 행복이 아니며, 단지 쾌락만을 추구하는 방법이다. 하지만 이마저도 점점 얻기 어려워지고 결국 쾌락의 끝은 고통만 남게 된다. 결론적으로 순간적인 쾌락의 추구는 행복해지는 길이 아닌 것이다.

이 순간 행복하라고 하면서 순간적인 쾌락이 행복은 아니라는 것은 도대체 무슨 말인가? 순간적인 쾌락을 추구하는 길이 지닌 문제는 첫째로 외부적 수단에 의존한다는 점이고, 둘째로 삶의 본질, 존재의 특성과 어긋난다는 점이다. 먼저 내 것이 아닌 외물이 지금 여기에서 행복해지려는 나 또는 지금 여기의 행복을 좌우하게 되면, 나는 행복의 주체가 아닌 쾌락의 노예가 되고 만다. 말하자면 외물이 나를 수단으로 자신의 영역을 확장하는 셈이다. 다음으로 세상 모든 것은 자신 반대의 면과 상대하면서 존재한다. 위는 아래 없이는 존재할 수 없고 아래도 위가 있어야 성립한다. 앞뒤, 좌우, 강약, 유무 등 모든 것이 그렇다. 동양철학에서는 이것을 상반상성(相反相成)이라는 용어로 표현한다. '상반상성'이란 서로 반대되면서도 서로를 성립시킨다는 말이다. 상반상성은 존재의 방식일 뿐만 아니라 삶의 모습이기도 하다. 하루하루 우리의 일상은 쾌락과 고통, 기쁨과 슬픔, 평안과 불편 등이 공존한다. 그 누구도 이들 가운데 어느 한쪽만을 붙잡고 있을 수 없다. 따라서 쾌락만을 추구하는 것은 삶의 본모습과는 아무런 관련이 없는 길이며, 오히려 삶을 망칠 뿐이다.

그렇다면 '지금 여기에서' 행복은 어떻게 성취되는가? 두 가지 조건이 필요하다. 하나는 존재 또는 삶의 원리에서 벗어나지 말아야 한다는 점이다. 자기가 가지고 있는 것들로 행복을 추구해야 하며, 행복은 쾌감과 고통이 공존하는 가운데 얻어진다. 다른 하나는 목표와 방법이 일치해야 한다는 점이다. 행복은 누구나 원하는 바이지만 다른 수단을 통해 얻을 수 있는 것이 아니다. 우리는 행복함으로써만 행복할 수 있다. 말장난처럼 들릴지 모르겠지만, 이것이 행복의 본질이자 우리를 행복으로 이끄는 길이다.

5. 장자의 죽음관

1) 죽음은 변화의 일부

사람은 반드시 죽는다. 사람으로 태어난 이상 그 누구도 죽음으로부터 벗어날 수 없다. 유한한 존재인 사람에게 태어나고 죽는 일은 인생에서 최대의 사건이다. 출생과 사망은 인생의 양대 사건이지만 우리는 삶보다 죽음을 훨씬 무겁게 여긴다. 왜 그럴까? 우리는 출생이라는 경험을 이해할 만한 지각을 지니고 태어나지 않는 반면, 언젠가는 자신에게 죽음이 닥칠 것임을 알고 있기 때문이다. 진부하면서도 흥미로운 점은 우리가 죽음을 위중하게 여기면서도 미래의 죽음을 망각하며 산다는 사실이다. 우리는 마치 내일도 오늘처럼 계속될 것이라 여기며 산다.

장자는 죽음을 어떻게 마주했을까? 『장자』에는 아내의 죽음을 경험한 장자의 일화가 실려 있다. 부인이 죽고 난 뒤, 장자는 부인의 죽음을 안타까워하다 죽음의 실상에 대해 깨닫는다. '부인은 본래 어떤 것도 아니었다. 처음부터 그녀가 사람이었던 것은 아니다. 그녀는 어떤 구별도 없는 세계에서 생겨난 기운으로부터 태어났다. 그리고 기운이 형체로 변하고 형체가 생명을 잉태했다가 다시 죽음으로 돌아갔다. 그녀는 자신이 시작된 곳으로 다시 돌아간 것일 뿐이다.' 장자는 아내의 죽음을 계기로 죽음이란 우리가 왔던 곳으로 되돌아가는 사건임을 깨달았다. 그래서 그는 아내의 죽음을 두고 통곡하는 대신 질장구를 치며 노래를 부를 수 있었다.

「각의(刻意)」편에 따르면 죽음은 물화(物化), 즉 사물이 변화하는 현상일 뿐이다. 죽음은 기(氣)가 변화하는 모습이다. 세상은 기로 관통되어 있으며, 개별 생명체가 태어나는 것은 기가 모인 결과이다. 사람은 기가 모여서 태어나며 죽음은 기가 흩어지는 것이다. 인간의 죽음은 자신의 근원으로 돌아가는 일[反宗]이자 인생 최대의 귀의[大歸]이다. 인생은 자연(自然)이 나의 형체를 이루어주고 삶으로써 나를 수고롭게 하며 늙음으로써 편안하게 하며 죽음으로써 쉬게 하는 여정을 거친다. 죽음이란 끊임없이 변화하는 세상 속에서 사람의 삶이 겪는 변화의 모습이다. 「지락」편에서는 다음과 같이 황당무계한 것처럼 보이는 글이 있다. "양혜는 죽순을 낳지 않는 늙은 대나무와 가까이 붙어서 청녕을 낳고 청녕은 표범을 낳고 표범은 말을 낳고 말은 사람을 낳고 사람은 또 기미[機]에로 돌아간다. 만물은 모두 기미에서 나와서 모두 기미에로 돌아간다." 양혜는 순무와 비슷한 뿌리를 가진 식물이고, 청녕은 벌레 이름이다. 과학적 상식에 비추어 보면 이해하기 어려운 말이지만, 그럼에도 우리는 장자가 전하는 최소한의 메시지를 읽어낼 수는 있다. 변화로 가득 찬 세계에서 하나의 개체가 소멸된 뒤에 어떻게 무엇으로 변화할지는 아무도 알 수 없으며, 또한 변화는 꼬리에 꼬리를 물고 지속적으로 이루어진다는 점이다.

장자에게 죽음이라는 사건보다 더 중요한 것은 죽음을 대하는 태도이다. 우리는 언젠가는 죽을 것을 알면서도 죽음을 싫어하고 삶을 좋아한다. 장자는 우리에게 묻는다. 과연 삶은 좋은 것이고 죽음은 나쁜 것인가? 그가 「제물론(齊物論)」편에서 소개하고 있는 여희(麗姬)의 일화를 보자. 진나라 헌공이 여융을 정벌하고 여희라는 미녀를 얻었는데, 그녀는 여융국의 애(艾)땅에서 국경을 지키던 사람의 딸이다. 여희는 진나라로 가면서 흐느껴 울며 옷섶을 적셨다. 하지만 왕궁에서 왕과 함께 으리으리한 침대를 같이 쓰고, 고기로 만든 좋은 음식을 먹게 되자 전에 자기가 울었던 일을 후회하였다. 우리가 삶과 죽음을 대하는 태도도 이와 다를 게 없다. 장자는 죽은 뒤에 살기를 바랐던 일을 후회하지 않으리라는 것을 어떻게 확신할 수 있겠느냐고 반문한다. 우리는 삶의 관점에서 죽음을 바라보는데 죽음은 삶 너머에 있다. 죽음의 관점에서 보면 삶을 즐거워하는 것은 삶과 죽음의 실상을 모르는 이의 태도이고, 죽음을 싫어하는 것은 고향에 돌아갈 길을 모르는 떠돌이의 행태에 지나지 않는다. 삶 쪽에서 보면 죽음은 삶이 사라지는 것이지만 죽음 쪽에서 보면 죽음은 살아있는 것이다. 죽은 자의 세상에서 죽어 있는 것이 사는 것이고, 살아 있는 것은 죽음이 죽은 상태라는 말이다.

살아 있는 자에게 삶과 죽음이 있다면 죽은 자에게도 삶과 죽음이 있다. 살아 있는 자에게 죽음이 삶의 부재라면 죽은 자에게는 삶이 죽음의 소멸이다. 이처럼 삶과 죽음은 상대적으로 규정되는 관념이다. 삶이란 죽음을 전제해야 성립하며 죽음도 삶 없이는 성립할 수 없다. 삶과 죽음은 서로를 성립시키는 짝이다. 이들 가운데 어느 하나를 부정한다면 다른 한쪽도 따라서 부정되기 마련이다. 세상에 양달 없는 응달이 있을 수 없고 추위 없는 더위가 있을 수 없듯이 죽음이 없는 삶도, 삶이 없는 죽음도 있을 수 없다. 그렇기 때문에 장자는 삶과 죽음이 동시에 함께 생긴다고 말한다. 문학적으로 표현하자면 삶과 죽음은 서로 붙어 있다. 죽음은 삶과 늘 함께 있는 사태이다. 사는 것은 곧 죽어가는 것이고 삶은 죽음으로 향해가는 여정이다.

우리가 삶은 좋은 것이고 죽음은 나쁜 일이라고 여기는 주된 이유는 죽음이란 사태가 삶이 끝장나는 사태이기 때문이다. 그런데 삶이 끝나면 죽음이 시작된다는 사실이 삶과 죽음은 서로 대립하는 것이며, 우리가 둘 중에서 하나를 택하고 다른 하나를 배제해야 함을 의미하는가? 장자는 그렇지 않다고 본다. 삶 때문에 죽음이 발생하는 것도 아니고 죽음이 삶을 죽이는 것도 아니다. 삶과 죽음은 서로 대립하는 것이 아니라 전체의 일부이다. 죽음은 삶이 사라진 사태이기는 하지만, 삶이 삶을 죽이는 것은 아니므로 삶이 죽음의 원인은 아니다. 마찬가지로 삶의 끝은 죽음이지만 그렇다고 해서 죽음이 삶을 죽이는 것은 아니므로 죽음이 삶을 소멸시키는 원인은 아니다.

장자는 「대종사」편에서 죽음이 생겨나고 삶이 죽는 현상을 변화의 맥락에서 설명한다. "대저 자연은 나에게 몸을 맡겨주고 나를 생명으로써 수고롭게 하고 늙음으로써 나를 편안하게 하고 죽음으로써 나를 쉬게 한다. 그러므로 나의 생명이 좋은 것이라면 곧 그 때문에 나의 죽음도 좋은 것으로 여겨야 할 것이다." 죽음도 삶과 마찬가지로 내게 일어나는 변화의 일부이다. 변화의 일부가 변화를 낳을 수는 없다. 따라서 삶도 죽음의 원인이 아니고 죽음도 삶의 원인이라고 말할 수 없다. 삶과 죽음의 원인은 변화를 낳는 어떤 것이지 변화의 양상이 아니다. 죽음을 낳는 것이 있다면 그것은 삶도 낳는 것이어야 한다.

장자는 삶과 죽음이 서로 대립하지 않음을 다음과 같이 문학적으로 표현한다. "누구든지 무(無)를 머리로 삼고 삶을 척추로 삼고 죽음을 척추의 꼬리뼈로 삼을 수 있으며 누구든지 죽음과 삶, 보존과 멸망을 한 몸으로 여길 줄 아는 사람은 우리가 그와 더불어 벗을 삼으리라." 죽음과 삶이 우리 몸에서 일어나는 변화현상이라면 죽음과 삶 사이에는 근본적인 차이가 없다. 마치 시간의 추이에 따라 사계절이 순환하거나 낮과 밤이 바뀌는 것과 같다. 변화의 흐름 속에서 우리는 삶의 옷을 입고 살기도 하고 죽음의 옷을 입고 지내기도 하는 것이다.

삶과 죽음은 변화의 일부이므로 삶이라는 현상을 좋다고 한다면 죽음이라는 사건도 좋은 것이다. 그러므로 살아 있는 것만을 즐겁게 여기고 죽는 것은 싫어할 이유가 없다. 죽음도 삶과 마찬가지로 동급의 현상으로 둘 사이에는 질적인 차이가 없다. 그렇다면 죽음을 삶과 구분해서 차별할 이유가 없는 것이다.

2) 생의(生意)의 추구

죽음은 유한자에게 일어나는 가장 큰 사건이다. 유한자의 유한성을 보여주는 사태가 바로 죽음이다. 장자는 인간의 유한성을 명(命)이라는 관념으로 보여준다. 그는 사람이 나고 죽는 것을 '명'이라고 일컬었다. '명'이란 사람이 어찌해볼 수 없는 힘을 말하니 숙명(宿命)이나 운명에 해당하는 말이다. 하지만 장자는 인간의 유한성을 드러내기 위해 죽음을 문제 삼은 것이 아니다. 그는 인간이 유한한 시간 속에서 무한성에 동참하는 존재임을 보여주려고 하였다. 장자철학에서 인간이 유한자의 한계를 뛰어넘어 무한성을 발휘하는 장은 죽음 이후가 아니라 살아있는 동안이다. 요컨대 장자는 삶의 문제를 다루기 위해서 죽음을 문제 삼았다.

삶과 죽음을 똑같이 보라는 말도 양자의 등가성을 주장하려는 것이 아니다. 죽음에 대한 긍정은 삶은 환영하지만 죽음은 배척하려는 태도를 비판하는 맥락에서 제기된 것이다. 장자가 죽음을 긍정한 의도는 실은 삶을 긍정하려는데 있다. 죽음을 부정하고 삶만을 추구하는 태도로는 온전한 삶을 유지할 수 없고, 죽음을 삶의 또 다른 모습으로 받아들이는 태도를 지닐 때 제대로 살 수 있음을 보여주려고 한 것이다. 죽음에 대한 장자의 사유는 삶을 강하게 긍정하기 위한 숙고의 과정이라고 할 수 있다.

장자는 「전자방(田子方)」편에서 우리가 겪는 죽음에 대해 이렇게 말한다. "대저 슬픈 일 가운데 마음이 죽는 것보다 더한 것은 없고, 사람의 몸이 죽는 것은 그다음이다." 두 종류의 죽음이 있는데 하나는 몸의 죽음이고, 다른 하나는 마음의 죽음이라는 것이다. 마음은 몸이 죽으면 당연히 그에 따라 소멸한다. 그런데 몸이 죽기 전에도 마음은 죽을 수 있다. 장자는 마음의 죽음에 주목한다. 몸은 아직 죽지 않았는데도 마음이 죽는 상황이란 마음이 제대로 기능하지 못하는 경우를 말한다. 몸의 죽음이 삶의 죽음이라면 마음의 죽음은 삶 속에서 나타나는 죽음이다. 그는 삶 속의 죽음을 삶의 죽음보다 더 큰 문제로 보았다.

장자는 「제물론」 편에서 마음이 죽은 사람들의 처지를 안타까워하며 이렇게 말한다. "죽을 때까지 바쁘면서도 성공을 보지 못하며 나른히 지쳐도 귀의할 바를 모르나니 슬프지 않다고 할 수 있겠는가? 사람들이 그를 죽지 않았다고 한들 무슨 도움이 되리요? 그 육체가 변하거든 그 마음이 그와 함께 그러하나니 크게 슬프다고 일컫지 아니할 수 있겠는가?" 마음의 죽음은 삶의 죽음보다 더 위중하다. 이것은 삶을 죽이면서 사는 것이니 살아도 죽어있는 상태이다. 말하자면 사는 게 사는 것이 아닌 삶이니 이보다 더 안타까운 일은 없을 것이다. 마음의 죽음을 몸의 죽음보다 큰 문제로 본다는 점은 죽음에 대한 장자의 시각을 보여준다. 왜 장자는 마음의 죽음을 몸의 죽음보다 더 위중한 사태라고 보는가? 장자의 관심은 죽음 자체가 아니라 바람직한 삶의 해법을 찾는 데 있었다. 마음의 죽음이 문제가 되는 까닭은 마음이 죽으면 우리는 삶을 제대로 영위할 수 없을 뿐만 아니라 주어진 시간보다 일찍 죽을 수도 있기 때문이다.

『장자』에는 궁년(窮年), 진년(盡年) 또는 종기천년(終其天年)이라는 표현이 여러 차례 등장한다. 죽음에 대한 물음도 그가 '궁년', '진년', '종기천년'이라는 목표를 추구하는 가운데 제기된 것이었다. '궁년'과 '진년'이란 수명대로 끝까지 다 사는 것이고, '종기천년'은 세상에 태어날 때 가지고 나온 삶의 기간을 다 채우고 죽는 것을 말한다. 뒷날 도교에서 추구한 영원히 사는 불사(不死)의 길은 장자의 의도와는 다른 그림이다.

우리가 일찍 죽는 것은 생명을 지속시킬 수 있는 힘, 즉 생의(生意)가

사라진 결과이다. 마음의 죽음이 지닌 심각성은 마음이 제 기능을 하지 못하게 되면 생명의지가 발휘되는 메커니즘이 멈춘다는데 있다. 일단 생명을 지니고 태어난 뒤에 인생은 생명의지라는 힘에 의해 앞으로 나아간다. 인생이 운행하는 자동차라면 생의는 자동차를 움직이는 엔진이다. 생의가 사라지면 삶은 추진력을 잃어버리고 그 자리에 멈추게 될 것이다. 죽음에 대한 장자의 물음은 결국 '어떻게 하면 생명의지를 최대한 발휘할 수 있을까'라는 생의의 문제로 귀결된다.

「인간세」편에 실려 있는 섭공자고(葉公子高)와 공자의 대화를 보자. 섭공자고는 초나라의 대부인데 초왕으로 부터 제나라로 가서 외교적인 문제를 처리하라는 명령을 받는다. 그러자 섭공자고는 걱정에 휩싸인다. 그가 맡은 임무는 막중한데 제나라의 왕은 쉽게 움직일 수 있는 인물이 아니었기 때문이다. 그는 제나라로 출발하기도 전에 마음이 불안하였고, 만일 일을 성사시키지 못하면 처벌을 받게 되는 처지가 되었다.

안팎으로 우환을 맞이한 섭공자고가 해결책을 묻자 공자는 이렇게 답한다. '세상을 살면서 가장 조심해야 될 것이 두 가지 있다. 하나는 명(命)이고 다른 하나는 의(義)다. 명은 효(孝)처럼 마음에서 떨쳐버릴 수 없는 것이고, 의는 충(忠)처럼 벗어날 수 없는 것이다. 이것이 사람이 살면서 겪는 부득이한 상황이다. 부득이한 상황에 대한 해법은 어쩔 수 없음을 알고서 마음을 편안히 하여 명(命)을 따르는 것이다. 덕이 지극한 사람만이 그럴 수 있다.'

장자는 공자의 입을 빌려 몸의 죽음과 마음의 죽음에서 벗어나는 해결책으로 안명[安之若命]을 제시한다. 안명이란 부득이한 상황에 처했을 때 마음을 편안히 하여 명에 따르라는 말이다. 명은 우리가 어찌할 수 없는 힘을 말한다. 그렇다면 안명은 한계상황에 피동적이고 소극적으로 순응하는 태도를 말하는가? 장자는 덕이 지극한 사람만이 명에 따를 수 있으며, 이런 인물은 상대에 맡겨 마음을 노닐게 하고 부득이한 상황에 맡겨 빈 마음을 기른다고 말한다. 타인과 얽히면서 자기 마음을 자유자재로 움직일 수 있으려면 타인과 내가 하나가 되는 경지를 터득해야 한다. 빈 마음도 타인과 구별되는 내가 없는 경지이다. 결국, 안명은 주변 환경에 맹목적으로 순종하는 태도가 아니다. 안명은 모종의 수양을 통해야 도달할 수 있는 경지이다. 장자는 안명이라는 관념을 통해 몸과 마음의 죽음으로부터 벗어나 적극적이고 능동적으로 삶을 추구하는 해결책을 제시하였다.

장자철학에서 죽음은 삶과 마찬가지로 변화의 일부이다. 「제물론」 편에 나오는 '나비꿈'의 일화는 이 점을 잘 보여준다. 장자가 꿈에 나비가 되는 현상과 나비가 꿈에 장자가 되는 현상은 어느 것이 현실이고 어느 것이 꿈인지를 구별할 수 없다. 이것이 되기도 하고 저것이 되기도 하는 모습이 바로 이른바 사물의 변화(物化)이다.

장자는 삶과 죽음을 구별하고 더 나아가 삶을 추구하고 죽음을 배척하려는 태도를 문제 삼는다. 이쪽과 저쪽을 가르고 어느 한쪽을 붙잡으려는 태도로 말미암아 삶은 고단해지고 세상에서 상처받게 된다. 삶과 죽음은 인생에서 가장 크게 구별되는 현상이다. 그러나 삶을 붙잡고 죽음을 기피하는 한, 우리는 물아상대(物我相對)의 구조를 벗어나지 못한다. 자기중심적인 시각에서 벗어나기 위해서는 자신의 마음을 비워야 한다. 사적 자기의식을 버린 상태(喪我)라야 비로소 변화에 순응할 수 있다는 것이다.

장자가 제시하는 방법은 이상적인 삶을 위한 해법인 동시에 죽음을 맞이하는 바람직한 태도이다. 기실 죽음을 온전하게 마주하는 근본적인 해법은 삶을 대하는 태도에 그 실마리가 있다. 어떻게 사느냐가 죽음의 질을 결정하는 것이다. 웰다잉은 행복한 죽음으로서, 죽음으로부터 자유로운 상태를 말하며, 죽음을 두려워하는 시각에서 벗어나는 것이다. 죽음에 이르는 과정은 삶의 일부이다. 그러므로 웰다잉은 웰빙과 불가분의 관계에 있다. 행복이 삶의 방식인 한, 행복한 삶은 곧 행복한 죽음으로 직결된다. 웰다잉은 웰빙의 꽃이고, 웰빙은 웰다잉의 꽃대이다. 웰빙 없이는 웰다잉도 기대할 수 없다.

〈참고문헌〉

郭慶藩 撰,『莊子集釋』, 北京: 中華書局, 1982.
錢穆, 莊子纂箋, 臺北: 東大圖書公司, 民國74, 1985.
曹礎基,『莊子淺注』, 北京: 中華書局, 1982.
王叔岷,『莊子校釋』, 臺北: 國風出版社, 1972.
李康洙,『道家思想의 硏究』, 高大民族文化硏究所, 1985.
劉笑敢,『莊子哲學』, 최진석 옮김, 소나무, 1985.
陳鼓應, 莊子今註今譯, 臺北: 商務印書館, 民國64.
馮友蘭, 中國哲學史新編, 第二冊, 北京: 人民出版社, 1983.
강영계,『죽음학 강의』, 새문사, 2013.
마크 롤랜즈,『철학자와 늑대』, 강수희 옮김, 추수밭, 2012.
오진탁,「생사학의 죽음 이해」,『철학연구』75, 2006.

05 '깨달음에 이르는 길'을 제시한 세 가지 가르침

양정연

1. '람림'의 전통과 『삼주요도』

붓다의 가르침은 흔히 '팔만사천 법문'이라고 말할 정도로 방대하지만, 그 내용들은 모두 깨달음을 위한 교학과 실천의 가르침이다. 티벳불교에서는 이 깨달음을 위한 수행을 '람림(Lam-rim, 깨달음의 길)', 즉 '도차제(道次第)'로 제시한다. 티벳불교에서 가장 위대한 학자이며 수행승으로 알려진 쫑카빠(Tsong kha pa, 1357~1419)는 『보리도차제(菩提道次第)』를 저술하면서 각 단계별로 수행의 목적과 가르침의 내용을 체계적으로 제시하였다.

쫑카빠는 1357년 10월 10일, 티벳의 북부 지역인 암도(A mdo) 지방의 쫑카(Tsong kha) 지역에서 태어났다. 8세 때, 된줍린첸(Don grub rin chen)으로부터 사미계를 받고 롭상작빠(Blo bzang grags pa)라는 법명을 받았다. 16세부터 중앙 티벳 지역으로 불법을 위한 여정을 시작하여, 17세에 라사(Lha sa) 서쪽에 위치한 녜탕(sNye thang)의 데와짼(bDe ba can)사 등에서 여러 스승들로부터 『현관장엄론(現觀莊嚴論)』과 미륵의 오법(五法) 등을 배웠다. 이후에 싸까(Sa kya), 날탕(sNar thang), 걔르쩨(rGyal rtse) 등 티벳의 주요 승원들의 스승들께 아비달마와 율, 유식, 중관, 인명 등과 밀교의 가르침까지 폭넓게 배웠다. 24세가 되던 해, 얄룽남갸르(Yar klung rnam rgyal)에서 구족계를 받았고, 유식, 중관, 인명, 구사론 등을 강설하기 시작하였다. 1409년, 그는 라사의 북동쪽에 간댄(dga' ldan)사를 건립하였고, 후에 재뽕('Bras spungs)사원과 쎄라(Se rwa)사원을 건립하는데도 많은 노력을 기울였다. 그를 추종하던 제자들이 간댄사를 중심으로 하나의 학파를 형성하면서 그들은 간댄빠 또는 게룩빠(dGe lugs pa)로 불리게 되었다.

쫑카빠는 현교 중심의 교학과 수행체계를 체계적으로 정리하여 『보리도차제대론』(*Lam rim chen mo*, 1402)과 『보리도차제소론』(*Lam rim chung ba*, 1415)을 저술하였다. 『보리도차제』의 핵심 내용을 14개의 게송으로 간략하게 표현한 것이 이 글에서 다루고자 하는 『삼주요도(三主要道)』(*Lam gyi gtso bo rnam gsum*)이다. 그는 『보리도차제』 이외에도 밀교 교학과 수행을 체계적으로 정리한 『비밀도차제대론』(*sNgags rim chen mo*, 1405)을 저술하였으며, 중론과 중관사상, 유식사상, 밀교 등에 대한 많은 주석과 저작을 남겼다.

『삼주요도』는 『보리도차제』의 '삼사(三士)'의 가르침과 유사한 형태를 갖고 있다. 비록 세부적인 구성과 체계는 다르지만, 출리심(出離心)과 보리심(菩提心), 공성(空性)의 가르침은 삼사의 핵심 사상이다. 삼사의 개념은 『구사론(俱舍論)』과 『유가사지론(瑜伽師地論)』 등 경전에 근거를 두고 있으며, 아띠샤(Atiśa, 982-1054)의 『보리도등(菩提道燈)』(*Byang chub lam gyi sgron ma*) 이후에 티벳불교의 수행 전통으로 이어지게 되었다.

아띠샤는 지금의 방글라데시 지역의 왕자 출신으로, 29세에 출가하여 실라락시따(Śīlarakṣita, 戒護)로부터 구족계를 받았다. 그는 상좌부, 대중부, 일체유부 등의 삼장교전(三藏教典)은 물론 계율과 밀교 수행 등에도 정통하였다. 후에 당대의 대표적인 사원이었던 비끄라마쉴라(Vikramaśīla)에서 활동하게 되면서 그의 이름은 인도는 물론 주변지역에까지 더욱 알려지게 되었다. 당시 티벳의 아리(mNga' ris) 지역을 통치하던 예세외(Ye shes 'od)는 아띠샤를 초빙하여 불교를 부흥시키고자 하였다. 티벳의 역사서 『청사(靑史)』(*Deb ther sngon po*)는 그의 초빙과 관련해서 다음과 같은 감동적인 이야기를 전해준다.

> 예세외는 갈록(gar log)과 교전하다가 패하였다. 갈록은 그를 감옥에 가두고 다음과 같이 말했다. "네가 만일 삼보(三寶)에 귀의하는 것을 포기한다면, 너를 석방시키겠다. 만일 그렇지 않으면, 너의 몸 전체의 몸무게와 같은 무게의 황금을 갖고 와야 너를 풀어줄 수 있다."…머리의 무게만큼의 황금이 부족하게 되었을 때, 조카인 장춥외(Byang chub 'od)는 가록의 감옥에 있는 예세외에게 가서 말했다. 예세외는 "나는 이미 나이가 들었는데, 무슨 이익이 있겠는가. 그러니 구한 황금을 가지고 여러 훌륭한 스승들을 초빙하여 불법을 세우도록 하라."라고 말했다. 장춥외는 그 말을 듣고 따랐다.

1042년, 아리지역에 도착한 아띠샤는 토링(Tho ling)사에 머물면서 교법을 강설하였고, 이후 녜탕지역에서 열반에 들 때까지 12년 동안 중부와 동부 지역 등에서 홍법활동을 펼쳤다. 쫑카빠는 그의 가르침을 계승하여 도차제의 가르침을 전하였고 계율을 중심으로 교학과 수행을 강조하는 티벳불교의 전통을 수립하였다.

2. 출리심의 배양

『구사론』에서는 붓다의 법을 "교법과 증득 두 가지"라고 단언하여 말한다. 그 가르침의 내용과 실천 수행의 길을 구체적으로 출리심, 보리심, 공성의 정견이라는 세 가지로 설명한 것이 『삼주요도』이다. 『삼주요도』의 게송은 다음과 같이 시작한다.

> 윤회의 안락에 집착하지 않고
> 여유와 원만함의 의미를 다하기 위해 노력함으로써,
> 붓다가 기뻐하는 길에 믿음을 일으키는,
> 행운을 얻은 이들은 청정한 마음으로 들으라.(제2송)

> 출리의 마음을 일으키지 않고서, 윤회의 바다에서
> 안락을 구하는 것을 없앨 방법은 없다.
> 윤회에 집착하며 몸 가진 이들은 속박되기에,
> 먼저 출리심을 구하라.(제3송)

중생이 윤회 세계에서 벗어나지 못하고 전전하는 이유는 오온(五蘊)에 취착하기 때문이다. 오온은 육체를 의미하는 색(色)과 감수나 지각의 수(受), 인식의 상(想), 마음 현상인 행(行) 그리고 요별이나 식별을 의미하는 식(識)의 다섯 가지를 말하는 것으로서, 불교에서 인간 존재를 육체와 정신적인 측면으로 구별하여 설명하는 방식이다. 초기불교에서 오온에 대한 설명은 '나[我]'를 부정하기 위한 것으로 제시된다. 그리고 현상 세계의 모든 대상으로까지 확장하여 '항상하는 것'이 없다는 점을 깨닫도록 하고 그 대상에 대한 집착과 욕구를 버리도록 한다. 오온을 오취온(五取蘊)이라고 말하는 이유는 번뇌와 함께 하는 무거운 짐인 것이며, 탐욕과 괴로움에서 벗어나야 하는 것이기 때문이다.

> 여유와 원만함을 얻기 힘든 생을 낭비하지 말고,
> 마음을 수습하며 금생의 욕망을 끊으라.
> 업의 과보를 피하지 못하는 윤회의 고통을
> 생각하고 또 생각하여 이후의 욕망을 끊으라.(제4송)

> 이와 같이 수습하고 나면, 윤회의 행복함에
> 이끌리는 마음은 찰나에도 생겨나지 않으니,
> 밤낮으로 해탈을 구하는 마음을 구할 때
> 출리의 마음이 일어난다.(제5송)

붓다의 가르침을 수행하기 위해서는 그 가르침을 접하거나 들을 기회가 있어야 한다. 그런데 이러한 환경과 조건이 갖춰졌다고 하더라도 잘못된 견해에 사로잡혀 있다면 그 가르침을 받아들이지 못할 것이다.

우리의 삶은 즐거움과 행복을 추구한다. 더 많은 만족을 위해 원하는 대상과 목적을 얻으려고 한다. 우리의 욕망을 채워줄 대상은 무한하지 않고 그것을 얻기 위해 남들과 경쟁해야 하는 것이 우리의 현실이다. 우리는 현재의 안락만을 추구하며 현재의 삶이 계속 이어질 것이라고 생각하지만, 이러한 욕망 추구의 삶을 통해 얻는 만족감은 어느 순간 사라지고 바뀌게 된다. 우리가 행복의 조건이라고 생각했던 것들이 결국은 절대적이지 않다는 것을 알게 된다. 이렇게 바뀌고 변화하는 것에 따른 괴로움[壞苦]과 배고픔이나 추위, 더위, 질병 등의 육체적이고 정신적인 괴로움[苦苦], 그리고 현상 세계의 모든 것들은 인연의 화합에 따라 이뤄지기 때문에 항상하지 않는다는 것[行苦]을 불교에서는 모두 괴로움이라고 표현한다.

출리심은 현생의 안락이 자신에게 궁극적인 행복을 가져다주지 못한다는 인식에서 나온다. 생존을 위한 지금까지의 삶의 방식으로는 윤회 세계에서 벗어날 수 없다는 절박감이 여기에는 자리 잡고 있다. 출리심은 윤회하는 근본적인 원인을 끊으려는 추동 요인으로서 수행을 통해 삶의 의미를 완성시키려는 종교심으로 작용한다.

3. 죽음의 억념과 수행

『교수국왕경(敎授國王經)』에서는 우리의 삶의 과정을 다음과 같이 말한다.

> 대왕이시여! 늙음은 젊음을 파괴하는 것이며, 병은 건강을 파괴하는 것이며, 무너짐은 모든 원만함을 파괴하는 것이며, 죽음은 명근(命根)을 파괴하는 것입니다. 이런 것들로부터 빨리 벗어날 수도 없고, 힘으로 물리칠 수도 없고, 재물로 물리칠 수도 없습니다.

불교에서는 우리가 경험하는 사실들을 통해 근원적으로 문제를 해결하고자 한다. 아띠샤의 『보리도등』은 이러한 문제 해결을 위한 실천의 과정을 다음과 같이 삼사의 가르침으로 제시한다.

> 모든 방법으로 생사윤회의 안락을
> 자신의 이익을 위해 추구하는 자, 그가 하사임을 알라.
>
> 삼유(三有)의 안락을 뒤로 하고 악업으로부터 자신을 보호하고,
> 자신의 적정만을 추구하는 자, 그런 사람을 중사라고 한다.
>
> 다른 이의 모든 고통을 자신에게 속하는 고통으로 삼아서,
> 멸진시키고자 하는 자, 그런 사람은 상사이다.

일상적인 삶을 수행의 삶으로 이끌기 위해서 죽음을 사유하는 방법이 사용된다. '도차제'에서는 현세의 탐착에서 벗어나 정법을 수행하는 이유를 인간으로 태어나는 희귀함과 태어난 존재는 죽음에서 벗어날 수 없다는 점으로 말한다.

불교에서 인간은 업과 번뇌를 여의지 못하고 다시 윤회 세계를 전전하는 불안한 존재로 설명된다. 그런데 인간은 이러한 괴로움의 세계에서 벗어날 수 있는 여유와 원만함을 지녔다는 점에서 어렵고도 소중한 가능성을 지닌 존재이기도 하다. 『잡아함경(雜阿含經)』에서는 '눈 먼 거북이' 비유를 통해 인간으로 태어나는 희귀함을 다음과 같이 말한다.

> 비유해서 이 넓은 대지가 모두 큰 바다로 되었다고 하자. 무량겁동안 살아온 어떤 눈 먼 거북이가 백년에 한번 머리를 물 밖으로 내미는데, 바

다에는 나무판자가 떠있고 구멍이 하나 뚫려 있을 뿐이다…이 거북이가 백년에 한 번 머리를 내밀 때 그 구멍으로 머리를 내밀 수 있겠는가?…눈먼 거북이와 떠있는 나무는 서로 어긋날 수도 있고 서로 만날 수도 있다. 어리석은 범부가 오취를 떠돌다가 잠깐이나마 인간의 몸을 받기는 그보다도 훨씬 어렵다.

경의 가르침에 따르면, 인간은 윤회에서 벗어나는 가르침을 수행할 수 있는 원만한 조건과 능력을 갖춘 존재이다. 쫑카빠는 인간으로 태어났을 때 수행해야 하는 이유에 대해, 모든 중생은 안락을 바라고 고통을 원하지 않는다는 것, 수행을 통해 성취할 수 있는 여유와 원만함을 갖추고 있다는 것, 금생이 아니면 다시 윤회 세계에서 다시 인간으로 태어나 수행을 위한 조건을 갖추기가 어렵다는 것, 그리고 태어난 존재는 언제 죽을 지 확정되지 않았기 때문에 지금 당장 수행해야 한다는 것을 말한다.

죽음을 생각하는 수행에는 근본적인 측면에서 세 가지, 즉 반드시 죽는다는 것, 언제 죽을지 정해지지 않았다는 것, 그리고 죽음에 이르러서는 법 이외에 어느 것도 유익하지 않다는 것이 설명된다. 그리고 각각의 경우에 세 가지 원인이 있다.

첫째, 반드시 죽는다.
- 저승사자가 오는 것을 막을 수 없다.
- 수명은 줄어들지 않은 때가 없다.
- 살아가는 동안 법을 닦을 여유도 없이 반드시 죽는다.

둘째, 언제 죽는지 정해지지 않았다.

- 현 세계의 사람들의 수명은 결정되지 않았기에 언제 죽을지 정해지지 않았다.
- 죽음의 인연은 많지만, 살아갈 인연은 적다.
- 몸이 쇠약해져 언제 죽을지 정해지지 않았다.

셋째, 죽음에 이르러서 법 이외에 어느 것도 유익한 것은 없다.

- 친족과 친구들이 가슴아파하며 슬픔에 잠겨도 함께 갈 수 없다.
- 소중한 보물이 쌓여 있어도 단 한 조각 가져갈 수 없다.
- 이 몸을 받아 태어났지만 죽을 때는 모든 것을 버리게 되고, 오직 법만이 귀의의 대상이 된다.

우리는 어제도 죽지 않았기 때문에 오늘도 죽지 않을 것이며 내일도 죽지 않을 것이라고 생각한다. 이렇게 죽지 않을 것이라고 생각할 때, 우리의 마음은 그러한 쪽으로만 쏠리게 된다. 죽음에 대한 억념은 이러한 점을 경계한다. 그리고 업과 번뇌 때문에 받은 몸이라는 사실을 늘 생각하도록 하고 무상을 사유하라고 말한다.

죽음을 통하여 우리는 '나'라고 하는 것과 '나의 것'이라고 하는 것들에 대한 무상함을 체득한다. 자신에게 속한 것들 가운데 나와 함께 죽음을 맞이할 것은 없다는 것을 알게 되었을 때, 법 이외에 할 것은 없다는 생각을 하게 된다.

불교의 가르침은 죽음을 사유함으로써 "정법을 수행해야 한다."는 결단을 제시하고, 언제 죽을지 정해지지 않았다는 법칙을 통해 "지금 당장 수행해야 한다."는 점을 말하고, 법 이외에 유익한 것은 없다는 법칙을 통해 "정법에 의지해야 한다."는 점을 제시한다. 도차제 수행에서 말하는 점은 결국 죽음에 대한 사유를 통해 현재의 안락을 위한 삶의 방식을 성찰하도록 하는 것이다.

4. 보리심을 일으킴

『본생론(本生論)』에서,

> 선과 불선의 제업(諸業)을 하다 보니
> 사람들은 버릇이 되어버리네.
> 일부러 이렇게 하는 것은 아니지만
> 내세에는 이것들이 꿈과 같으리.

라고 말하고 있듯이, 아무리 선업을 쌓고 공덕을 짓더라도 인간은 윤회세계에서 벗어날 수 없다. 내세에 있을 여러 상황들에 대해서 생각하지 않고 현생에만 얽매인다면, 악취(惡趣)에서 벗어나 선취(善趣)에 태어나는 환경을 누릴 수 없게 된다. 하사도의 가르침은 선법(善法)을 닦아 악취에 태어나는 원인을 끊는 것으로서, 삼악취의 고통을 싫어하여 선취에 태어나기를 바라는 것이다.

그런데 세간의 선법을 닦는 것은 현상 세계에서와 마찬가지로 일시적인 안락만을 안겨줄 뿐이다. 아무리 좋은 곳에 태어나더라도 그곳에 영원히 머물 수는 없으며 윤회 세계를 전전하게 된다. 불법은 그러한 삶에서 완전히 벗어나는 해탈의 길을 제시한다. 인간의 몸이 무상하다는 것을 통해 현생과 내생의 안락을 구하는 삶으로부터 궁극적인 삶을 위한 종교적 삶의 길을 지향하도록 한다. 이것이 중사도의 가르침이다.

윤회는 업과 번뇌에 따른 것이기 때문에 그 근본적인 원인을 끊기 위한 수행을 해야 한다. 자신이 윤회 세계를 전전하는 고통을 알기 때문에 남의 고통을 자신의 고통으로 느끼게 되고 일체 중생에게로 그 마음을 확대한다. 상사도의 수행은 이러한 마음을 배양하여 일체 중생을 구제하겠다는 보리심을 일으키는 것이다.

> 출리심 또한 보리심을 일으켜
> 지니지 못한다면 무상보리라는
> 원만한 안락의 원인이 될 수 없으니,
> 지혜로운 이들은 수승한 보리심을 일으켜야 한다.(제6송)

출리심은 정법의 가르침으로 이끈다는 점에서 해탈의 원인으로 작용하지만 그것만으로는 일체지(一切智)를 얻을 수 없다. 자신의 해탈을 이루고자 하는 성문과 연각 또한 출리의 마음을 일으키기 때문이다. 『보리도차제』에서 "대승의 문으로 들어가는 것은 오직 보리심일 뿐"이라고 쫑카빠가 단언하듯이, 대승의 수승함은 보리심의 발현에 있다.

> 격류하는 네 줄기의 강물에 휩쓸린
> 풀기 힘든 속박은 단단히 조여 오고,

아집의 철망 안에 갇혀
무명의 암흑에 완전히 덮였다.(제7송)

끝없는 윤회 세계에 태어나고 또 태어나
삼고(三苦)로 끊임없이 고통을 받네.
지금 이와 같이 되어버린 어머니들의
상황을 생각하여 수승한 마음을 일으키기를.(제8송)

태어난 모든 존재는 생로병사라는 네 줄기 강물에 휩쓸려 살아가면서 윤회 세계를 전전한다. 대승의 보살은 그러한 괴로움에서 벗어나고자 하는 마음을 남에게로 확장시킨다. 마치 울부짖는 어린 새를 놔두고 어미새가 차마 떠나지 못하듯이, 수많은 과거 전생 가운데 나의 어머니였을 중생들을 두고서 나만의 열반을 구하지 않는 것이다. 이러한 마음이 바로 보리심이다.

티벳불교에서 보리심을 증장시키는 방법은 두 가지 전승을 통해서 이뤄진다. 모든 유정을 자신의 어머니로 생각하여 점차 모든 중생들에게까지 확장시켜 나아가는 아띠샤의 전승과 나의 고통을 미루어 남의 고통을 헤아리는 샨띠데바(Śāntideva, 寂天)의 전승이다.

아띠샤의 전승은 모든 유정을 자신의 어머니로 생각하는 것에서 출발한다. 그 은혜를 기억함으로써 은혜를 갚겠다는 마음이 생기고, 자심(慈心)과 비심(悲心)이 일어나고, 점차 중생 구제의 무거운 짐을 바로 자신이 지겠다고 다짐하며 대승의 마음을 일으키는 것이다. 이러한 마음은 모든 유정들이 윤회에 떨어져 고통을 경험하는 것을 차마 견디지 못하는 마음에서 나온다. 따라서 모든 중생에 대한 애증이나 차별이 없는 평등한 마음을 유지하는 것이 요구된다. 그 뒤에 어머니라고 수습하고 점차 그 마음을 확장시키는 수행을 하게 된다.

샨띠데바의 보리심 전승에 대해서는 『입보리행론(入菩提行論)』에서 다음과 같이 설명한다.

> 세간의 모든 안락, 그 모든 것은 남이 안락하기를 바라는 데서 나오네.
> 세간의 모든 고통, 그 모든 것은 자신이 안락하고자 바라는 데서 나오네.

우리 자신의 몸도 부모의 정혈을 받고 이뤄진 것이지만, 아집에 사로잡혀 '나'라는 생각이 일어난다. 따라서 남의 몸에 대해서도 자신의 것처럼 소중하게 여기는 마음을 수습하게 된다면, 자신의 안락과 남의 고통을 다르게 여기지 않게 된다. 이쪽에 의존해서 저쪽이라고 하는 구분이 있게 되듯이, 모든 것은 상대에 의지해서 안립(安立)되는 것일 뿐, 자성으로 성립하지는 않기 때문에 자타의 교환이 가능하게 된다는 논리가 여기에는 자리 잡고 있다.

대승의 보리심은 중생을 구하기 위한 마음을 일으키는 원보리심(願菩提心)과 보살의 율의를 받고 실천하는 행보리심(行菩提心)으로 설명된다. 『입보리행론』에는 이 두 가지의 보리심을 '가려고 하는 자'와 '가는 자'로 구분한다. 불교에서 율의를 수지한다는 것은 서원의 마음을 더욱 굳건히 하는 것이며 실천 윤리의 구체적인 조목을 지니는 것이다. 대승의 보살이 수지하는 보살계에 대해 『유가사지론』에서는 다음과 같이 말한다.

율의계(律儀戒), 섭선법계(攝善法戒), 요익유정계(饒益有情戒)…이 세 가지 보살의 깨끗한 계는 보살로서 세 가지 일을 할 수 있도록 하니, 율의계는 그 마음을 편안히 머무르게 하며, 섭선법계는 스스로 불법을 성숙하게 할 수 있으며, 요익유정계는 유정을 성숙하게 할 수 있다.

보살의 실천행은 자신과 남에게 모두 도움이 될 수 있는 행위를 하는 것이다. 쫑카빠는 자신의 논서 『보살정도(菩薩正道)』(Byang chub gzhung lam)에서 보살의 일은 자신을 성숙시키는 것과 중생을 성숙하도록 하는 것이라고 말한다.

그런데 불교에서 계율의 수지와 관련해서 별해탈계와 대승의 보살계의 관계를 어떻게 정립하고 이해할 것인가의 문제가 있다. 출가자는 욕망의 절제를 통해 악을 단절하는 별해탈계를 받는다. 대승의 보살은 그 자체가 죄가 되는 경우에도 중생을 위하는 마음을 전제한다면 그 행위가 용인될 수 있다. 쫑카빠는 이러한 논의에 대해 수행자의 마음이 소승에 머물러 있는 것과 자신의 욕망을 절제하기 위한 것을 구분해야 한다고 분명히 밝히고 있다.

별해탈계와 소승의 의요(意樂)를 구분하지 못한 잘못이다. 이처럼 보살율의가 생기하는 데, 소승의 의요를 버려야 한다고 해도 별해탈율의를 버릴 필요는 없으며, 대승의 율의를 구비함으로써 소승의 의요를 생기했다면 대승에는 어긋나지만 별해탈을 버리지는 않는 것이다. 별해탈율의는 두 승의 공통이기 때문이며, 의요가 별해탈율의를 버리는 원인은 아니기 때문이며, 별해탈율의를 갖춤으로써 더 높은 율의를 받는 것이 원만하게 되는 근거로 되기 때문이다.

쫑카빠의 이러한 견해는 별해탈계와 소승의 의요를 구분해야 한다는 것과 별해탈계는 보살 역시 수지해야 하는 공통적인 것임을 밝히는 것이다. 율의계는 욕망을 끊기 위한 항목이 제시된다는 점에서 금지나 부정의 방식으로 조목이 설정되어 있다. 그런데 섭선법계와 요익유정계는 적극적이고 긍정적인 방식으로 조목이 규정되어 있다.

『유가사지론』에서는 "자신을 조율하여 악을 단절하는 율의계를 먼저 받은 뒤에 섭선법계를 받으며, 신구의(身口意)로 모든 선을 적집하는 것을 통틀어 섭선법계라고 한다."고 말한다. 여기에서 선법은 대보리(大菩提)를 증득하기 위한 것으로서, 주로 육바라밀, 즉 보시(布施), 지계(持戒), 인욕(忍辱), 정진(精進), 선정(禪定), 지혜(智慧)의 바라밀을 통해 수습한다. 요익유정계는 보시(布施), 애어(愛語), 이행(利行), 동사(同事)의 실천으로서, 도움이 필요한 자, 고통으로 괴로워하는 자, 올바로 행하는 자, 방편에 어리석은 자 등 중생들에게 도움이 되는 행위의 실천을 말한다. 섭선법계는 주로 자신을 성숙하게 하는 수행이고 요익유정계는 중생을 성숙시키는 수행이다.

소승은 출리심을 내고 자신의 해탈을 목적으로 수행하지만 대승의 경우는 자리와 이타를 추구한다. 실천 윤리인 별해탈계는 자신의 증득을 위해 욕망을 억제하고 수행하는 데 한정되지만, 대승의 경우는 보리심에 바탕을 두기 때문에 중생을 구제하기 위한 보살행을 가로막는 것들을 억제하는 데 중점을 둔다. 이 차이는 위에서 설명했던 수행자의 의요에 따른 것이다. 대승의 자리이타의 정신은 세간을 벗어나고자 하는 출리심을 배제한 것이 아니다. 자신을 성숙시킨다는 것은 모든 행위를 청정하게 해야만 하며, 남을 성숙하게 하겠다는 행위에는 청정한 마음이 전제되어야만 한다. 삼취정계에서 그 순서가 율의계, 섭선법계, 요익유정계로 규정된 것은 이러한 근거에 따른다.

쫑카빠의 주장처럼, 자신의 해탈만을 추구한다는 것과 자신의 욕망을 조절하고 악을 끊는다는 것은 구분되어야 한다. 대승과 소승의 구분은 보리심의 발현을 기준으로 한다. 별해탈계가 자신의 해탈만이 아니라 중생구제를 위한 것이고 그 행위가 자신의 욕망이 배제된 상태에서 중생을 이롭게 하려는 마음에서 발현된 것이라면, 보살계를 수지하는 데 모순되지 않게 된다. 율의계는 의요의 차원인가 행위의 차원인가에 따라 성문의 별해탈계가 될 수도 있고 대승 보살계의 일부가 될 수도 있는 것이다.

5. 공성의 지혜

실제의 지혜를 갖추지 못하면
출리심과 보리심을 수습하더라도,
윤회의 근본을 끊을 수가 없으니
연기법을 통달하도록 노력하라.(제9송)

윤회와 열반의 일체법의
어떤 인과도 속임이 없다는 것을 보면서,
뜻을 둔 경계 대상을 모두 없애는 자,
그는 붓다가 기뻐하는 길에 들어선다.(제10송)
현상은 연기법을 속이지 않는다는 것과
공성이라는 것을 분리해서 두 가지로 이해하여,
각각이 따로 있다고 보는 한

붓다의 밀의를 통달하지 못하는 것이다.(제11송)

때로 일어남과 멈춤이 있는 것이 아니라 동시에 있으며,
연기법은 속이지 않는다는 것을 보는 것만으로
확신하던 대상을 파악하는 방식을 깨뜨릴 때,
그때 정견에 대한 관찰을 원만하게 하는 것이다.(제12송)

또한 나타남으로 끝이 있다는 견해[有邊]를 없애고
공함으로 끝이 없다는 견해[無邊]를 없앤다.
공성이 원인과 결과로 나타나는 이치임을 안다면
극단적인 견해(邊執見)에 사로잡히지 않게 된다.(제13송)

『사백론(四百論)』에서 "연기하는 것을 보면 어리석음은 생기지 않는다." 고 말하고 있듯이, 번뇌에 따른 무명(無明)을 없애기 위해서는 연기법을 통찰할 수 있어야 한다. 무명은 무아의 실상을 알지 못하는 것이고 자아 또는 자성이 있다고 집착하는 것이다. 이것은 현상 세계가 자체적으로 성립하지는 않지만 분별이라는 것에 따라 시설되는 것일 뿐이라는 의미이기도 하다.

『양평석(量評釋)』에는 '나'와 '나의 것'이라고 하는 것에 대해 다음과 같이 말한다.

자아를 보는 자는
항상 '나'라고 집착한다.
집착하는 것에서 안락을 갈망하고

갈망은 모든 과실을 덮는다.

이익을 보는 자는 집착하여
'나의 것'이라고 하며 그것을 취한다.
따라서 나에게 집착하는 한
그는 윤회한다.

'나'라고 하는 생각에 집착하면 자신의 허물을 가리게 된다. 따라서 아집을 끊기 위해 무아를 증득하기 위한 수행을 해야 한다. 불교에서 공성에 대한 설명은 철저히 무상성의 강조에 있고, 그 설득의 논리는 속성의 변화를 통해 지속적이고 영속적인 것은 없다고 하는 실체에 대한 부정을 통해 이뤄진다. 『보만론(寶鬘論)』에서는 인간 존재의 구성 요소를 통해 이러한 점을 말한다.

사람은 지(地)가 아니고 수(水)가 아니고,
화(火)가 아니고 풍(風)이 아니고 허공(虛空)이 아니고,
식(識)이 아니고 어떤 것도 아니라면,
그 이외에 무엇이 사람이란 말인가.

사람은 육계가 화합하였기 때문에,
진실한 것이 아니다. 마찬가지로
각각의 계(界)도
화합한 것이기 때문에 진실한 것이 아니다.

개아(個我)의 여실한 관찰을 통해 '나'에 대한 본질을 인식하게 되고, 눈, 귀를 비롯한 외부 경계의 모든 사물들과 현상에 대해서도 그 특성과 상태의 실체성을 부정하게 된다. 전자는 인아집(人我執)이고 후자는 법아집(法我執)으로서, 법아집이 먼저 일어나고 인아집이 생겨나지만, 정견을 일으키기 위해서는 먼저 인무아를 증득해야 하는 것으로 설명된다. 이러한 내용을 『잡아함경』에서는 다음과 같이 말한다.

> 어리석어 가르침을 배우지 못한 범부는 지혜가 없고 미혹함 때문에 오수음에 대해 아견을 일으키고 그에 얽매이기 때문에 마음이 얽매이고 그에 집착되어 탐욕이 생겨난다.
>
> "비구여! 색은 항상하는가 무상한가?"
> "무상합니다. 세존이시여!"
> "무상한 것이라면 괴로움인가?"
> "괴로움입니다. 세존이시여!"
> [...] 세간의 모든 것에 대해 취할 것이 없게 되며, 취할 것이 없기 때문에 집착할 것이 없게 되며, 집착할 것이 없기 때문에 스스로 깨달아 열반을 증득하게 된다.

세존과 제자의 대화를 통해서도 잘 나타나지만, 세존은 오온을 통해 인간 존재를 설명하면서 그 각각에 대해 항상하는 '나'가 없음을 말한다. 그리고 오온에 대한 부정을 통하여 현상 세계의 모든 대상으로까지 항상하는 것이 없다는 점을 깨닫도록 하고 궁극적으로 모든 탐욕을 버리도록 한다.

공성을 증득하지 못한다면, 출리심과 보리심이 있다고 하더라도 번뇌와 무명에서 궁극적으로 벗어날 수 없다. 대승불교에서 말하는 복덕과 지혜의 완성은 바로 보리심과 공성의 증득을 말한다. 보리심이 없다면 공성의 지혜를 위한 수행의 힘을 얻지 못하기 때문에, 이 두 가지는 불교 수행에서 불가분의 관계에 있다고 볼 수 있다.

초기 경전에서 설명되는 열반은 번뇌의 소멸을 통해 윤회 세계에서 벗어난다는 소극적 개념으로 설명되는 것이 일반적이다. 그러나 대승에 이르게 되면, 중생 구제의 보살 사상과 함께 윤회와 열반의 관계를 재설정할 필요가 있게 된다. 『중론(中論)』에서 "생사를 떠나고서 별도로 열반이 있는 것은 아니다."라고 말하고 있듯이, 대승불교의 핵심인 중관 사상에서는 인연 화합에 따른 현상 세계뿐만 아니라 열반까지도 모두 무자성이고 공이라고 설명한다.

대승 불교의 또 다른 핵심인 유식사상에서는 실체로서의 열반을 인정하지는 않지만 그 체성에 대해서는 '적정(寂靜)'이라고 표현한다. 『대승장엄경론(大乘莊嚴經論)』에서는 '무주처열반(無住處涅槃)'을 설명하면서, 보살은 지혜와 깨달음을 얻고서 대비심으로 생사에 대해 싫어함과 벗어남을 일으키지도 않고 생사에 머무르지도 않는다고 말한다. 이러한 점은 일체법이 번뇌에 오염되어 있기는 하지만, 그 본 모습은 청정하고 일체의 분별을 떠나 있음을 말하는 것으로 이해될 수 있다. 이러한 점에서 궁극적인 목적이나 완성이라는 표현으로 열반을 정의한다면, 중생 구제를 위한 보살의 실천 과정 역시 열반의 영역에서 이해되어야 한다는 것을 알 수 있다.

6. 삼사도의 가르침과 삶의 방향

이와 같이 세 가지 주요한 길의
핵심을 스스로 여실하게 통달할 수 있을 때,
적정한 곳을 찾아 정진의 힘을 발휘하여
구경의 안락을 속히 성취하라, 제자여!(제14송)

『삼주요도』의 게송은 쫑카빠가 자신의 제자인 악왕작빠(Ngag dbang grags pa)에게 전하는 가르침이다. 원문에는 제자에 대한 애정의 마음을 'bu(아들)'라는 호칭으로 표현하고 있는데, 게송의 내용이 후학에게 전하는 가르침이란 점에서 '제자여!'라고 번역할 수 있겠다.

『삼주요도』의 세 가지 가르침 즉, 출리심, 보리심, 공성은 세간의 행복을 추구하는 범부의 삶[하사]으로부터 윤회세계에 태어나는 두려움을 깨닫게 하고[중사] 점차 남의 고통을 자신의 고통으로 여기는 대승보살의 삶[상사]이라는 측면에서 더욱 잘 이해될 수 있다. 그런데 중생을 삼사의 단계로 구분하는 것은 그 천생적인 능력이나 이해의 정도에 따라 차별하는 것이 아니라 전체적인 수행 체계에서 선후 관계로 이해되어야 한다. 『보리도차제』에서,

> 그와 같이 삼사로 설명하더라도 상사도의 차제에는 다른 두 중생[二士]의 길도 빠짐없이 포함되어 있기 때문에 그 둘은 대승이란 길의 일부이거나 갈래이다.

라고 설명하고 있듯이, 삼사도 체계에서 하사, 중사의 길은 상사의 길과 연관성에서 설명된다.

삼사도에서 욕망 추구의 삶을 상사의 길로 이끄는 가르침은 무상과 죽음에 대한 생각을 일깨우는 것에서 시작한다. 인간의 생명이 유한한다는 점을 이미 경험 속에서 알고 있지만, 오늘도 죽지 않았기 때문에 이후로도 '오늘은 죽지 않는다'라는 생각을 갖게 된다. 이러한 생각은 임종과정에서도 이어지고, 삶에서 욕망을 충족하고자 하는 안락함을 추구하며 괴로움을 없애는 방편만을 생각하게 된다.

나의 몸과 생명이 오랫동안 이어질 것이라는 전도된 희망을 갖게 되면, 재물과 명예 등에 강한 집착[貪]과 그것을 방해했거나 하고 있다는 의심이 드는 것에 대해서는 강한 진에심[瞋], 그러한 과실에 대한 어리석은 무지[痴]가 생겨난다. 그리고 교만과 질투 등 여러 마음 작용은 격한 물줄기처럼 수시로 사라지고 생겨나기를 반복한다. 『보리도차제』에서는 이러한 삶에 대해 현자와 범부는 어떻게 다르게 이해하는지를 보여준다.

> 늙음을 보고 병듦의 고통과
> 마음이 [몸과] 떠나는 죽음을 보고서,
> 賢者는 감옥과 같은 집을 버리는 데
> 세간의 범부들은 결코 탐욕을 버리지 못하는구나.

죽음과 무상에 대한 경험은 욕망 추구의 삶에 대한 반성의 계기가 된다. 도차제의 가르침은 현생에서의 삶이 끝날 수 있다는 두려움을 통해 육체만이 아닌 존재로서의 인간이라는 사실을 깨닫게 한다. 죽는다는 사실과 언제 죽을지 모른다는 점에서 출발하여 죽음에 대한 본질을 사유하도록 하는 것이다.

죽음에 대한 인식은 현재의 삶에 대한 부정적인 인식을 가져오는 것이 아니라 현재의 삶을 새롭게 인식하고 바라보게 만드는 전환의 계기가 된다. 이러한 태도는 "죽음의 실체를 인정하는 순간 삶이라는 실체를 인정하게 된다."는 생사학의 가르침과도 연결된다. 죽음을 올바르게 이해한다는 것은 인간의 삶에 대한 의미를 새롭게 부여하는 것이며 삶의 방향성을 재확인할 수 있는 계기가 된다. 『삼주요도』의 가르침은 '죽음을 향한 존재'로서의 인간은 죽을 수밖에 없다는 사실을 통하여 삶의 목적과 의의를 성찰하게 한다는 점에서 종교 완성의 길을 통한 인간 완성의 길을 제시하는 것으로 이해할 수 있을 것이다.

〈참고문헌〉

『雜阿含經』, 大正藏 2.

『瑜伽師地論』, 大正藏 30.

Atiśa, *Byang chub lam gyi sgron ma*, The Tibetan Tripitaka, sde dge edition, No. 3947.

Blo bzang grags pa'i dpal, *Lam gyi gtso bo rnam gsum*, TBRC W27312.

양정연, 「람림(Lam rim)에서의 죽음 억념과 수행」, 『(한국)선학』 31, 한국선학회, 2012.

______, 「『菩提道燈』에 나타난 보리심 연구」, 동국대학교 대학원 석사학위논문, 2002.

______, 「쫑카빠의 대승보살계사상 연구」, 동국대학교 대학원 박사학위논문, 2008.

엘리자베스 퀴블러 로스, 류시화 역, 『인생수업』, 파주: 이레, 2006.

쫑카빠, 청전 역, 『깨달음에 이르는 길』, 서울: 지영사, 2005.

ツルテイム ケサン・藤仲孝司, 『菩提道次第大論の研究』, 京都: 文榮堂書店, 2005.

ツルテイム ケサン・藤仲孝司, 『菩提道次第大論の研究Ⅱ』, 京都: UNIO, 2014.

'Gos lo gzhon nu dpal, *Deb ther sngon po(stod cha)*, 四川: 四川民族出版社, 1985.

Tshultrim Kelsang Khangkar, *rJes Tsong kha pa'i Lam rim chen mo'i lung khung gsal byed nyi ma*, Kyoto: Tibetan Buddhist Culture Association, 2001.

Tshultrim Kelsang Khangkar, *rJes Tsong kha pa'i Lam rim chen mo'i lung khung gsal byed nyi ma'i stod cha*, Kyoto: Tibetan Buddhist Culture Association, 2004.

2부

삶과 죽음에 대한 동양고전의 가르침

01 한문학에 나타난 삶과 죽음에 대한 이해

김영봉

1. 설화, 소설에 나타난 생사관

1) 『삼국유사(三國遺事)』의 「사복불언(蛇福不言)」(제4권 의해(義解) 편)

『삼국유사(三國遺事)』는 『삼국사기(三國史記)』와 함께 현재 전하고 있는 우리 고대 사적(史籍) 중에 쌍벽으로 일컬어지는 소중한 자료다. 『삼국사기』는 왕명에 의하여 문신(文臣) 학자인 김부식(金富軾)이 사관(史官)이 되어 주도적으로 저술한 정사(正史)이다. 따라서 체제가 정연하고 문예적으로도 매우 뛰어난 평가를 받는 고문(古文)의 전범(典範)이다. 이에 비하여 『삼국유사』는 승려인 일연(一然) 선사(禪師) 한 개인이 저술한 이른바 야사(野史)로서, 체제가 치밀하지 못한 측면도 보이고 한문 문장 측면에서도 다소 박잡(駁雜)한 부분도 보인다.

그러나 『삼국유사』는 『삼국사기』에서 찾아볼 수 없는 많은 값어치를 지니고 있다. 『삼국유사』는 『삼국사기』와 마찬가지로 고구려 · 신라 · 백제 삼국의 역사를 기록한 사서(史書)이지만, 그 밖에 고조선 · 기자 및 위만조선을 비롯하여 가락(駕洛) 등의 역사가 포함되어 있다. 특히 고조선(단군조선)에 관한 서술은 오늘날 우리들로 하여금 반만년의 유구한 역사를 자랑할 수 있고, 단군을 우리 민족의 시조로 받드는 배달민족의 긍지를 갖게 해 주었다. 또 사서(史書)의 성격뿐만 아니라 수많은 설화를 담고 있어 설화 문학의 보고(寶庫)이기도 하다.

『삼국유사』에는 단군 신화를 비롯한 많은 신화와 전설이 수록되어 있다. 『삼국유사』는 우리의 신화와 원형적 옛 전설의 모습을 알게 하는 거의 유일한 책이다. 더구나 우리나라 최고(最古)의 정형시가인 향가 14수가 실려 있어 국문학과 국어학 측면에서 볼 때 사서(史書) 이상의 더없이 귀한 문헌이다. 여기에 실린 「사복불언(蛇福不言)」 조에서 삶과 죽음의 문제를 어떻게 인식하고 있는지 살펴보자.

> 서울 만선북리(萬善北里)에 있는 과부가 남편도 없이 태기가 있어 아이를 낳았는데 나이 12세가 되어도 말을 못하고 일어나지 못하므로 사동(蛇童)【아래에는 사복(蛇卜)이라고도 하고, 또 사파(蛇巴)·사복(蛇伏)이라고도 썼다. 하지만 이것은 모두 사동(蛇童)을 말한다.】이라고 불렀다. 어느 날 그의 어머니가 죽었는데 그때 원효(元曉)가 고선사(高仙寺)에 있었다. 원효는 그를 보고 맞아 예를 표했으나 사복(蛇福)은 답례도 하지 않고 말했다. "그대와 내가 옛날에 경(經)을 싣고 다니던 그 암소가 이제 죽었으니 나와 함께 장사지내는 것이 어떻겠는가." 원효는 "좋다." 하고 함께 사복의 집으로 갔다. 여기에서 사복은 원효에게 포살(布薩: 일정한 날에 여덟 가지 계를 베풀어 선을 기르고 악을 없애는 불교 의식)을 행하여 계(戒)를 주게 하니, 원효는 그 시신 앞에서 빌었다. "세상에 나지 말 것이니, 그 죽는 것이 괴로우니라. 죽지 말 것이니 세상에 나는 것이 괴로우니라." 사복은 그 말이 너무 번거롭다고 하니 원효는 고쳐서 말했다. "죽는 것도 사는 것도 모두 괴로

우니라." 이에 두 사람은 상여를 메고 활리산(活里山) 동쪽 기슭으로 갔다. 원효가 말했다. "지혜 있는 범을 지혜의 숲 속에 장사지내는 것이 또한 마땅하지 않겠는가." 사복은 이에 게(偈)를 지어 말했다.

옛날 석가모니 부처님께서는	往昔釋迦牟尼佛
사라수(裟羅樹) 사이에서 열반(涅槃)하셨는데	娑羅樹間入涅槃
지금 또한 그와 같은 이가 있어	于今亦有如彼者
넓은 연화장(蓮花藏) 세계로 들어가려 하네	欲入蓮花藏界寬

말을 마치고 띠풀의 줄기를 뽑으니, 그 밑에 명랑하고 청허(淸虛)한 세계가 있는데, 칠보(七寶)로 장식한 난간에 누각이 장엄하여 인간의 세계가 아닌 것 같았다. 사복이 시신을 업고 그 속에 들어가니 갑자기 그 땅이 합쳐져 버렸다. 이것을 보고 원효는 그대로 돌아왔다.

후세 사람들이 그를 위해서 금강산(金剛山) 동남쪽에 절을 세우고 절 이름을 도량사(道場寺)라고 하였으며, 해마다 3월 14일이면 점찰회(占察會: 중생의 선악과 그 업보를 점치는 불경인 점찰경에 의한 법회)를 여는 것을 정례 의식으로 삼았다. 사복이 세상에 영험을 나타낸 것은 오직 이것뿐이다. 그런데 민간에서는 황당한 얘기를 덧붙였으니 가소로운 일이다.

찬양(讚揚)해 말한다.

잠자코 자는 용이 어찌 등한하리	淵默龍眠豈等閑
떠나면서 읊은 한 곡 복잡하지 않아라	臨行一曲沒多般
고통스런 생사가 본래 고통이 아니거니	苦兮生死元非苦

연화장 부휴의 세계 넓기도 하여라 華藏浮休世界寬

'사복이 말하지 않다.'라는 뜻을 지닌 「사복불언(蛇福不言)」은 불교적 이상향에 관한 내용을 담고 있으며, 원효 대사와도 관련된 불교 설화이다. 신분이 미천한 사복이 오히려 고승인 원효에게 전생의 내용을 알려 주고, 번잡하게 생사(生死)의 이치를 표현하는 원효의 잘못을 바로잡아 주는 것 등은 일연의 불교적 성향이 고답적인 것이 아니고 일반 대중 위주임을 알 수 있게 해 준다.

사복이 죽은 자신의 모친을 암소라고 말한 것은 일견 논리에 맞지 않아 보일 수도 있다. 그러나 이러한 표현 속에서 일연의 생사관, 또는 불교의 생사관을 엿볼 수 있다. 잘 알려져 있듯이 불교에서는 윤회(輪廻) 사상을 주장한다. 이 세상에 생명을 가지고 있는 모든 존재들은 수레바퀴가 끊임없이 구르는 것과 같이 번뇌와 업(業)에 의해서 전생(前生)에서 현세(現世)로, 다시 내세(來世)로 생사(生死) 세계를 그치지 않고 돌고 돈다고 말한다. 내세의 모습을 결정하는 요소는 현생에서 어떠한 업을 쌓느냐, 다시 말하면 '어떻게 사느냐'는 것이다. 전생에서 사복의 어머니가 원효와 사복의 경전을 싣고 다니던 암소였다는 것은 전생에 선업(善業)을 쌓은 존재였다는 것을 말한다. 경전을 싣고 다녔다는 것은 큰 선업이며 그렇기 때문에 인간으로 태어났다는 의미이다.

이 설화에서 아버지 없이 태어난 사복은 어머니가 죽자 죽은 어머니를 업고 연화장(蓮華藏) 세계로 함께 들어간다. 연화장이란 연꽃으로 만들어진 세계, 곧 불교에서의 정토(淨土: 극락)를 말한다. 석가모니가 사후에 들어간 열반(涅槃), 곧 깨달은 자만이 들어갈 수 있는 세계이다. 사복이 어머니의 시신을 업고 이 연화장으로 들어갔다는 것은, 말도 못하고 몸도 제대로 가누지 못했던 사회적 약자가 깨달음을 얻었다는 뜻이고, 아울러 장애인인 자식을 키우다 죽은 어머니 역시 극락정토에 들어갔다는 의미가 된다. 원효가 "죽는 것도 사는 것도 모두 괴로우니라."라고 한 것은 생사에 대한 불교의 이해를 함축적으로 표현한 말이다. 생사의 반복적 윤회가 괴로우니 그것을 초월해 뛰어넘으라는 뜻으로 볼 수 있다.

사복은 말도 못하고 몸도 제 구실을 못하기 때문에 오히려 악업을 쌓지 않았을 것이며, 그러한 자식을 키우는 어머니 또한 선업을 쌓은 것이다. 이런 평범한 실천 속에 연화장이라는 초월적 세계가 존재하고 있다고 말하는 것일 수도 있다. 이러한 것이 불교에서 삶과 죽음을 초월하는 방법일 것이다.

원효가 시신 앞에서 축원한 말에서는 원효의 생사관을 엿볼 수 있다. 이 작품은 표면적으로는 생사의 고해(苦海)에서 벗어나지 못하는 중생들을 향한 자비의 안타까움을 담고 있으며, 내면적으로는 그 고해에서 벗어나 해탈(解脫)하라는 깨우침이다. 불가에 '고해무변(苦海無邊), 회두시안(回頭是岸)'이라는 말이 있다. 고해는 끝이 없는데 머리만 돌리면 여기가 바로 피안(彼岸)이라는 뜻이다. 머리를 돌린다는 것은 깨달음을 얻는다는 말이다.

2) 『금오신화(金鰲新話)』 중 「만복사저포기(萬福寺樗蒲記)」

『금오신화(金鰲新話)』는 매월당(梅月堂) 김시습(金時習)이 지은 우리나라 최초의 한문 소설이다. 『금오신화』에는 「만복사저포기(萬福寺樗蒲記)」, 「이생규장전(李生窺墻傳)」, 「취유부벽정기(醉遊浮碧亭記)」, 「남염부주지(南炎浮洲志)」, 「용궁부연록(龍宮赴宴錄)」 등 5편의 단편소설이 실려 있다.

『금오신화』의 다섯 작품들은 몇 가지 유사한 점이 있다. 첫째, 주인공이 선남선녀(善男善女)라는 것인데, 이는 고전소설의 전형성(典型性)으로 지적되는 점이다. 둘째, 이야기 전개의 요소요소에 한시(漢詩)가 삽입되어 있어 서사 구조를 이끌고 있다. 이는 작품에 서정적인 성격을 농후하게 해 주고 있다. 셋째, 비현실적이고 신비로운 내용을 담고 있다는 점을 또 하나의 특징으로 들 수 있다. 물론 이는 전기소설(傳奇小說)의 일반적인 성격이기도 하다. 그런 까닭에 『금오신화』는 중국 명나라 때 전기소설인 『전등신화(剪燈新話)』나 일본의 전기소설인 『우게쓰 이야기(雨月物語)』와도 상당 부분 유사하다. 발표된 시기로 봤을 때 『전등신화』가 『금오신화』에, 『금오신화』가 『우게쓰 이야기』에 영향을 끼쳤을 것으로 생각된다.

『금오신화』는 두 가지 측면에서 주요한 논의점이 있었다. 먼저 중국의 『전등신화』를 모방한 작품인가, 아니면 독창적인 저술인가 하는 점이다. 둘째는 『금오신화』의 바탕에 깔린 사상적 기반은 무엇인가 하는 점이다. 『전등신화』의 모방작인가에 대해서 조선 중기의 학자 권문해(權文海)는 『대동운부군옥(大東韻府群玉)』이라는 책에서 일찍이 "김시습이 『전등신화』를 본받아 『금오신화』를 지었다."고 명시한 바 있다. 김시습이 『전등신화』를 읽고 감회를 담은 시 「제전등신화후(題翦燈新話後)」(『매월당시집』 제4권)를 지은 사실은 이 주장을 뒷받침한다.

전반적인 서술 양식이나 작품의 소재 등을 살펴보면 『금오신화』가 『전등신화』의 영향을 받았다는 점은 부인하기 어렵다. 구체적인 사례를 몇 가지 들어보면 「용궁부연록」과 「남염부주지」가 '몽유록(夢遊錄)' 구조를 취하고 있는데 이는 『전등신화』의 「수궁경회록(水宮慶會錄)」이나 「용당영회록(龍堂靈會錄)」 같은 작품과 흡사하다고 할 수 있다. 몽유록의 특징은 현실

세계에서 이계(異界)로의 여행이다. 「남염부주지」는 남염부주(南閻浮洲)라는 이계(異界)로, 「용궁부연록」은 용궁이라는 이계로 여행을 떠나고 있다. 또 「이생규장전」은 전반부에서는 살아 있는 남녀 간의 사랑을 다루고, 후반부에서는 산 남자와 죽은 여자의 사랑을 다룬다는 점에서 명혼소설(冥婚小說)에 해당한다고 볼 수 있는데, 이 역시 『전등신화』에 수록된 「취취전(翠翠傳)」과 같은 작품들에서도 나타나는 장르적인 특성이라고 할 수 있다.

전체적으로 『전등신화』를 모방하였지만 『금오신화』 나름대로의 독창성이 없는 것은 아니다. 두 작품 모두 현실에서는 가능하지 않은 인간과 귀신의 사랑 이야기를 그리고 있다는 점에서는 공통적이다. 하지만 『전등신화』에서는 명혼(冥婚)이라는 설정이 흥미를 유발하는 것에 지나지 않는 반면 『금오신화』에서는 철학적인 주제의식으로 확장됐다. 김시습은 명혼이라는 설정을 통해서 삶과 죽음의 문제에 대해 진지하게 탐구함은 물론이고 인간의 유한성을 극복할 수 있는 종교적인 해법을 모색하고 있는 것이다. 이는 김시습이 인간의 생사에 깊은 통찰을 보여주는 불교에 한때 귀의한 바 있고 유학자로서도 상당한 수준에 올랐기 때문에 가능한 일이다.

또 『금오신화』의 독창성 중 하나는 다섯 편의 작품 모두 우리나라의 공간을 배경으로 삼고 있다는 것이다. 우리나라 소설이니 당연하다고 생각할지 모르나, 한글 고전소설에서까지 중국을 배경으로 하는 작품이 보편적이었고, 특히 한문학에서는 우리 고유의 인명, 지명 등을 기피하는 것이 전아(典雅)하다고 생각되어졌던 전통시대의 성향을 고려하면 중요한 특성이라고 평가할 수 있다. 「만복사저포기」는 남원, 「이생규장전」과 「용궁부연록」은 송도, 「취유부벽정기」는 평양, 「남염부주지」는 경주 등이 소설의 공간적 배경이 되고 있다. 또 홍건적이나 왜구의 침입 같은 역사적 사실도 배경이 되고 있다. 「만복사저포기」에서 주인공 양생(梁生)이 부처님을 상대로 저포 놀이로 내기를 하는 장면이나, 후반부에 더 이상 장가도 들지 않고 속세를 떠나는 장면은 『삼국유사』의 「낙산이대성(洛山二大聖) 관음(觀音) · 정취(正趣), 조신(調信)」조에 나오는 '조신(調信) 설화'와 매우 닮아 있다.

『금오신화』의 사상적 바탕은 한 가지로 단정하기 어렵다. 이에 대해 율곡(栗谷) 이이(李珥)는 "행적은 불교의 승려로 살았으나 마음은 유학자였다."라고 표현한 바 있다. 「남염부주지」의 다음과 같은 대화 장면이 율곡의 그러한 생각을 뒷받침해 준다.

> 박생(朴生)이 물었다.
>
> "주공(周公)과 공자(孔子)와 석가(釋迦)는 어떤 사람들입니까?"
>
> 임금이 말하였다.
>
> "주공과 공자는 중화 문물 가운데 성인이요, 석가는 서역(西域) 간흉한 무리 중의 성인이라오. 중화의 문물이 비록 개명(開明)하였다 하더라도 성품이 잡박(雜駁)한 사람도 있고, 순수한 사람도 있으므로 주공과 공자가 그들을 통솔하였소. 서역의 간흉한 무리가 비록 어리석다고 해도 기질이 민첩한 사람도 있고, 노둔한 사람도 있으므로 석가가 그들을 일깨워주었소.
>
> 주공과 공자의 가르침은 정도(正道)로써 사도(邪道)를 물리친 것이고, 석가의 법은 사도로써 사도를 물리치는 것이오. 정도로써 사도를 물리쳤으므로 주공과 공자의 말씀은 정직하였고, 사도로써 사도를 물리친 석가의 말씀은 황탄(荒誕)하였소. 정직하므로 군자가 따르기 쉽고, 황탄하므로 소

인이 믿기 쉬운 것이오.

그러나 그 지극한 경지에 이르면 모두 군자와 소인들로 하여금 결국은 올바른 이치에 돌아가게 하려는 것이오."

위에 인용한 대화 내용에서 알 수 있듯이 김시습은 불교보다는 유교의 가르침이 훨씬 우위에 있다고 주장하고 있다. 그러나 그 사상적 배경이 어느 정도 불교에 뿌리를 두고 있다는 측면도 무시할 수는 없다. 아래 작품의 내용에서 불교적 성향을 확인할 수 있다.

「만복사저포기(萬福寺樗蒲記)」 줄거리

전라도 남원에 사는 노총각 양생(梁生)은 어느 날 만복사(萬福寺)의 불당을 찾아가서 부처님께 저포놀이를 청했다. 그가 지면 부처님에게 불공을 드릴 것이요, 부처님이 지면 그에게 아름다운 배필을 중매해 달라고 부탁하는 내기였다. 서생은 두 번 저포를 던졌다. 그 결과 서생이 이겼다. 서생은 불좌 밑에 숨어서 배필이 될 여인이 나타나기를 기다렸다. 그 때 문득 아름다운 아가씨가 나타났는데, 이 여인도 부처님 앞에서 자신의 외로운 신세를 하소연 하면서 좋은 배필을 점지해 달라고 기원하였다. 이를 본 서생이 그 여인 앞으로 뛰어나가 회포를 말하니 두 사람은 정이 통해져 하룻밤을 함께 지내게 되었다. 그런데 실은 이 여인은 인간이 아니라 왜구의 난리 통에 죽은 처녀의 환신(幻身)이었다. 이튿날 여인은 서생에게 자기가 사는 동네로 가기를 권했다. 서생은 거기서 융숭한 대접을 받았다. 사흘 뒤 그가 돌아오게 되었을 때 여인이 서생에게 신표로서 은 주발 한 개를 선사하였는데 그것은 사실은 그 여인의 무덤에 매장한 부장품이었다.

다음날 보련사에 부모님이 와서 음식을 내려줄테니 길가에서 기다리고 있다가 함께 절로 가서 인사를 드리자고 한다. 다음날 보련사에 대갓집 대열이 이어졌는데, 양생이 길가에서 주발을 들고 서 있으니 그 집 하인은 양생을 보고 그 집 죽은 외동딸이 아끼는 은 술잔이 있었다고 대감에게 말했다. 대감은 양생에게 다가가 왜 자기의 딸이 아끼는 은 술잔을 양생이 가지고 있냐고 물었다. 양생은 그동안 있었던 사연을 모두 이야기하고, 양생의 이야기를 모두 들은 주인은, 왜구의 난리 때 자기 딸이 죽었는데 개령동에 매장하고 장사를 지내지 못하다가 오늘이 대상(大祥) 날이라 보련사에 명복을 빌러 가는 길이니 딸과 같이 오라고 한다.

약속시간에 도착한 여인과 함께 양생은 같이 절 안으로 들어갔는데 양생 외 다른 이들은 아무도 여인을 볼 수 없었다. 양생은 그제야 여인이 귀신임을 알게 되고 재(齋)를 다 지낸 뒤 여인은 저승으로 돌아간다. 양생은 개령동에 있는 여인의 임시 무덤을 찾아가 장례를 치르고 집과 전답을 팔아 절에 들어가 불공을 드린다. 여인이 공중에 나타나 자신은 다른 나라에 남자에 태어났다고 하며 사라진다. 양생은 그 후 여인이 없는 세상이 무의미하게 느껴졌는지 세상을 등지고 결혼하지 않고 지리산에 들어가 약초를 캐며 살았는데 그 후로 그에 대해 아는 사람이 아무도 없었다.

「만복사저포기(萬福寺樗蒲記)」는 『금오신화』에 실려 있는 첫 번째 작품이다. 현실의 남자인 양생이 죽은 여자와 사랑을 나누는 내용으로, 이른바 '명혼소설(冥婚小說)'이다. 고전소설의 분류로는 전기소설(傳奇小說)에 해당하는데, 예로부터 전하는 인귀교환설화(人鬼交驩說話), 시애설화(屍愛說話), 명혼설화(冥婚說話) 등이 복합적으로 어우러져, 이승의 인간과 저승의 영혼이 사랑을 나눈다는 전기성(傳奇性)을 강화하고 있다. 이러한 경향은 전래 설화, 패관문학(稗官文學), 가전체(假傳體) 문학 등의 요인에다 중국 진(晉)나라 당(唐)나라 시대 유행한 전기체(傳奇體) 소설의 영향을 받아 이루어진 것으로 볼 수 있다. 외로운 처지를 한탄하며 배필을 점지해 달라고 부처님께 간절히 기도하는 발원(發願) 사상, 죽은 이의 명복을 빌며 재(齋)를 올리는 의식, 죽은 여인이 남자로 환생한다는 윤회(輪廻) 사상이 불교적인 성격을 반영한다고 볼 수 있다.

특히 유가적(儒家的) 선비의 입장을 유지하던 주인공들이 불교적(佛敎的) 인연을 통해서 만났다가 끝에 가서 죽게 되는 상황이나 '어떻게 세상을 마쳤는지 모른다'는 도가적(道家的) 모습으로 처리되는 유사점은 유(儒)·불(佛)·도(道) 3교에 두루 출입하고 통합을 지향했던 김시습의 사상 체계가 투영된 것으로 보인다.

양생이 정업(淨業)을 닦으라는 부탁을 외면한 것은, 불교에 귀의하는 것만으로는 현세의 행복을 찾을 수 없다는 유가(儒家)로서 현실적인 사고를 반영한 것으로 볼 수 있다. 또 깊은 산에 들어가 은거하는 삶을 보냈다는 것은 비록 음계(陰界) 여인과의 일시적인 인연이었지만 그것을 흥미나 장난쯤으로 가볍게 여기지 않고 진실한 사랑으로 받아들였는데 그것이 무산된 것에 대한 일종의 허망감의 반영이라고 할 수 있다.

「만복사저포기」는 이렇듯 주인공 양생과 개령동 처녀와의 비현실적이지만 애틋한 사랑에 관한 이야기를 통해 비록 환상적인 상황이긴 하지만 선남선녀(善男善女) 사이에 맺어진 아름답고도 애잔한 사랑의 인연을 절절하게 드러내 보이고 있다. 이러한 픽션을 통해 봉건시대의 도덕규범과 인습이 지배하던 당시 사회에서는 이루어질 수 없었던 사랑의 결실을 보여주고, 이를 통해 간접적으로나마 고루한 봉건적 윤리의 준수만을 강요하는 당대의 사회 현실을 비판하고 있다.

작자인 김시습은 실제로 저포놀이를 좋아해서 자주 놀이를 했다고 하며, 20~30대에는 혼자 산을 돌아다니며 37세까지 결혼을 하지 않고 독신의 삶을 살았다. 이런 과정에 그 자신이 여인과의 사랑을 간절하게 원했을 것이며, 그 자신도 저포놀이로 내기라도 해서 짝을 구했으면 하는 절실한 소망을 가지고 있었다고 판단할 수도 있다. 작자는 자신의 삶과 크게 어긋나고 있는 현실 세계를 전기적(傳奇的)인 방법으로라도 극복하고 싶었는지 모른다.

비명(非命)에 죽은 여인과 사랑을 갈구하는 청년의 기이한 인연을 다루면서, 한이 맺힌 혼령이 저승으로 가지 못하고 구천을 떠돈다는, 즉 이승과 저승의 중간적인 세계에서 머문다는 것은 우리 민속에서 전통적으로 인식해 왔던 무속적 생사관이기도 하다.

2. 제문(祭文), 묘도문(墓道文)에 나타난 생사관

1) 제문(祭文)

제문(祭文)은 한문학의 전통 문체 분류로 보면 이른바 '애제류(哀祭類)'에 속한다. 기존의 연구에서는 애제류 문장의 특징을 대략 다음 세 가지로 압축하여 설명하기도 한다.

첫째, 애제문은 특정 대상을 향해 추모의 말을 전하는 글이다. 애제문은 글의 대상자가 생전에 작자와 매우 친밀한 관계에 있던 망인(亡人)이거나 초월적 존재인 신을 그 대상으로 한다. 둘째, 애제문은 문예문이 아니라 과거 전통시대의 실생활에서 매우 긴요하게 필요했던 실용적인 글이다. 제사라고 하는 중요한 의식(儀式)을 치르는 과정에 지어지기 때문에 지극히 실용적인 목적을 가지고 있다. 끝으로, 애제문은 실용문이면서도 서정성(抒情性)을 겸비하고 있는 글이다. 이 서정성은, 주제나 내용 면에서 애제문과 가장 유사한 장르인 비지(碑誌), 전장문(傳狀文)과 구별되는 측면이기도 하다.

비지와 전장은 죽은 사람을 대상으로 한다는 점에서 상당 부분 애제문과 비슷한 성격이 있지만, 대상자의 실제 행적을 위주로 서술하는 장르로서 죽은 사람의 생전 행적을 비교적 객관적으로 기술하여 후세에 널리 알리는 데 목적이 있다. 반면 애제문의 경우는 서사(敍事) 부분이 추도(追悼)라고 하는 감정 표현의 기능과 맞물려 있다. 따라서 애제문에서의 행적 기술은 사실의 전달보다는 칭송을 극대화할 수 있는 방향으로 개괄화(概括化), 전형화(典型化)하는 경향이 강하다.

애제문 양식은 크게 두 가지 종류로 나뉜다. 신과의 의사소통을 주기능으로 하는 제축문(祭祝文) 양식과 인간의 죽음에 대한 애도에 중점을 둔 애도문(哀悼文) 양식이 그것이다. 제축문은 하늘·땅·산천 등 초월적 존재를 대상으로 하여 인간의 중대사를 보고하거나, 어려움을 토로하는 의식에 사용되었던 글이다. 애도문은 상장(喪葬) 의례 과정에서 망인에게 애도의 정을 표할 목적으로 지어지던 글이다.

중국에서는 제축문과 애도문이 함께 공존하다 차차 제문으로 일원화되어간 반면, 우리나라의 애제문은 출발부터 제문이 주축이 되었다. 제문은 하늘에서 비가 내리기를 기원하고 재액(災厄)을 예방하는 내용을 담은 기도문에서 유래하였다. 그러다가 중세 이후부터 망자의 죽음을 슬퍼하고 생전의 언행을 칭송하는 제문이 등장하기 시작했다. 제축문에서는 생사관이 개입할 여지가 없는 반면, 애도문은 삶과 죽음의 문제를 직간접적으로 토로하는 경우가 많다.

우리나라의 경우 신라 경덕왕 때 승려인 월명사(月明師)가 지은 10구체 향가 「제망매가(祭亡妹歌)」를 제문의 원형으로 보고 있다.

「제망매가(祭亡妹歌)」(현대어역)

삶과 죽음의 길은
여기(이승) 있으매 머뭇거리고
'나는 간다'는 말도
다 하지 못하고 갔는가

어느 가을 이른 바람에
여기 저기 떨어지는 나뭇잎처럼
한 가지에서 나고서도
가는 곳을 모르겠구나

아아, 극락세계에서 만나볼 나는
불도를 닦으며 기다리겠노라

「제망매가」는 첫째 단락에서는 요절(夭折)한 누이에 대한 인간적인 안타까움을 노래하였고, 둘째 단락에서는 '죽음=낙엽', '형제=같은 가지에 난

잎사귀'와 같은 적절한 비유를 통해 애틋한 혈육의 정을 구체화시키고 있다. 셋째 단락에는 인간적인 슬픔과 고뇌를 종교적인 숭고함으로 제어하여 승화시키는 차원 높은 정신세계가 잘 나타나 있다. 죽은 누이에 대한 애절한 심정을 내세(來世)에서 다시 만날 기약(불교의 윤회사상)으로 극복한 선인들의 드높은 정신세계는, 이기적이고 충동적인 현대인의 행동 양식을 되돌아보게 하기에 충분한 작품으로 불교의 숭고한 신앙을 바탕으로 서정성이 뛰어나며 비유와 상징이 두드러진 작품으로 평가받고 있다.

또 혹자는 "이 작품은 제전이라는 의식적 배경을 도외시한다면 순수한 서정시로서의 자질을 가지게 된다. 죽음과 삶이 혼용된 인간세계에 있어서 죽음과 삶의 갈등을 항상 겪어야만 하는 인간, 그가 느끼고 있는 삶에 대한 허무감 등은 인간이 넘지 못할 하나의 불가피한 상황으로 이것의 인식과 생각을 시로 표현한 것이다. 이 노래는 제의식에서 죽은 자의 명복을 빌기 위한 것이며 나아가 극락왕생을 천도한 노래로 일종의 축(祝)과 같은 것이다. 그러나 그런 의식적 형태에만 얽매이지 않고 누이의 죽음을 계기로 하여 죽음에 대한 인식과 그것에서 느끼는 정서를 표현한 개성적인 서정시이기도 하다. 적절한 시어의 선택과 표현법으로 죽음에 대한 서정을 담고 있다."라고 설명한다.

이 작품은 둘째 단락, 즉 제5행과 8행 사이의 비유에 표현상의 묘미가 있고 문학성이 뛰어난 것으로 평가된다. 같은 부모에게서 태어난 남매 사이에 있어서의 죽음을 한 가지에 났다가 떨어져 흩어지는 낙엽에, 젊은 나이에 죽는 것을 덧없이 부는 바람에 떨어진 잎으로 비유하여 요절의 슬픔과 허무를 감각적으로 기가 막히게 구체화하고 있다. 그리고 그 죽음을 통해서 인생의 무상함을 깨닫고 불도를 닦아 이미 극락세계에 가 있을 누이를 만나겠다는 불교 사상을 바탕으로 누이와의 사별을 통해 그 슬픔을 종교적으로 승화시키고 있는데, 이 점은 만해 한용운의 '님의 침묵'에서도 발견되는 이미지와 닮아 있다.

「제망매가」는 넓은 의미에서 제문으로 분류할 수 있지만 한문학에서 말하는 정격(正格)의 제문은 아니다. 우리나라의 정통 제문은 신라말 최치원(崔致遠)의 작품에서도 보이지만, 본격적으로 문헌상에 남아 있는 것은 고려 말엽부터다. 현재 『동문선(東文選)』에 수록된 고려시대의 제문은 모두 37편으로, 이규보(李奎報)의 「제처문(祭妻文)」, 최해(崔瀣)의 「대권일재제모문(代權一齋祭母文)」 등이 있다. 그러나 제문이 질적으로나 양적으로나 풍성하게 지어지는 시기는 주자학(朱子學)의 도입과 함께 주자의 가례(家禮)가 보편화되기 시작하는 조선 전기부터라고 할 수 있다. 집안에 조상을 모시는 사당(祠堂)의 설치가 제도화되고 가례의 준수에 따른 유교식 상례(喪禮), 제례(祭禮)가 철저하게 시행되면서 유교 사상의 예속화(禮俗化)가 정착되고, 이에 따라 생전에 친분이 있던 망인(亡人)에 대해 깊은 애도의 마음을 담은 제문이 활발하게 지어졌던 것이다.

정격의 제문은 서두와 본문, 결어로 이루어져 있다. 서두에는 언제 누구를 위해 제사가 거행되고 있는지를 밝힌다. 흔히 "유세차(維歲次) 모년(某年) 모월(某月) 모일(某日)"로 시작한다. 본문은 죽은 이에 대한 회고의 내용이 주를 이루는데, 망자의 성품과 행적을 칭송하고 죽음을 애도한다. 결어는 술을 한 잔 올려 신명(神明)이 제물을 받는 흠향이 이루어지기를 권하는 '상향(尙饗)'을 고하는 것으로 끝을 맺는다.

일반적으로 제문은 망자(亡者)를 대상으로 하기 때문에 망자에 대한 추모의 정과 함께 필연적으로 생사에 대한 생각이 반영되는 경우가 많다.

제문은 작자와 망자의 관계에 따라 다양한 내용이 남아 있는데, 죽음이라는 현실적인 문제를 유교적 이념으로 이해하려 하였고 해결하려 하였다. 군자다운 삶을 산 선비, 부덕(婦德)을 완수한 여성 등 이른바 '모범적인 삶'을 그려내었으며, 이들 삶에 대한 칭송을 통해 죽음을 수용하고 슬픔을 승화하려 하였다. 그러나 사랑하는 사람을 잃은 슬픔은 여전히 그 자리에 있었고, 제문의 작가들은 이념과 정서의 갈등을 행간 속에 숨기기도 하고 은밀히 드러내기도 하면서 역설과 반어 등의 수사적인 방식을 통해 완곡히 표현해 내기도 하였다. 조선 후기 선비의 표상인 이덕무(李德懋)가 죽은 친구를 제사 지내며 지은 제문에서 그의 생사관을 들여다보기로 한다.

「제우인문(祭友人文)」 〈이덕무(李德懋)〉

저 부처님의 깨우침에 "인생의 사생(死生)이 포말(泡沫)과 파초(芭蕉) 같다."고 하였으니, 변멸(變滅)하는 것이 그와 같다는 말이오. 그러나 포말은 잘 꺼지면서도 계속해 일어날 줄 알고, 파초는 묵은 뿌리가 있어 피어오를 듯이 생기를 머금고 있지만, 이제 그대의 포말은 한번 꺼짐으로 그만이요, 그대의 파초는 다시 푸르기 어렵구려. 가버리면 돌아오지 못하는데 자식조차 두지 못하였구려. 하나의 혈육도 전하지 못하였으니 이에 끝나고 말았네. 후사가 있다면 완연히 그대를 닮았을 것이라, 내가 수시로 가서 안아보고 그대를 생각하며 기뻐할 것인데, 묵적(墨蹟)이 담긴 두어 장 종이 조각만 상자에 남아 있으니, 그대가 생각나 와서 읽을 적에는 내 정신만 산만하겠구려. 그대의 안부를 얼마 전에 입속으로 중얼거리면서 편지를 써 붓을 뗄 때 곧 만나볼 것 같더니 홀연 바랄 수 없게 되었구려.

동문(東門) 동녘 5리(里) 주위에 서리에 취한 단풍이 붉게 물들었으니, 술을 따르며 놀자고 기약한 것이 아직 한 달도 채 못 되었는데 그대가 어찌하여 이렇게 되었단 말인가. 단풍잎에는 아직 아름다운 빛이 남아 있고 술잔에는 아직 술구더기 새롭거늘, 그대만이 홀로 세상을 잊어 듣지도 보지도 못하는구려.

명신(名臣)의 후예에 착한 선비가 태어났으니, 품행이 자상하고 단정하며 용모가 아름다웠소. 사우(士友)들은 진심으로 흠모하며 은연히 그대에게 의지하여, 오래도록 보중(保重)하고 길이 복록을 누리기를 기대하였는데, 자식이 없이 요절하고 이름도 사적에 실리지 못하였구려. 붉은 명정(銘旌)에 초라하게 말사(末仕)를 썼는데, 시월의 추운 겨울이라 상여는 머무르지 않는구려. 제문을 잡고 곡하며 그대를 금수(錦水)로 보내거니, 어두운 저승길에 그대여 귀를 기울여 들으시게.

유학자인 이덕무는 일반적인 상황이라면 슬픔을 극복하고 승화시킬 수도 있을 불교의 생사관을 인용하여, 그것으로도 극복되지 못하는 슬픔을 대비적으로 강조하고 있다. 포말(泡沫)은 물거품이니 허망함의 흔한 비유이다. 파초(芭蕉)는 잎자루가 양파처럼 겹겹이 나선형으로 싸여 있는 특성 때문에 채택된 비유이다. 벗기고 벗기면 끝내는 아무것도 남지 않게 되니 공허한 것이라는 뜻이다.

제문 중에서도 죽은 부인에 대한 '제망실문(祭亡室文)'은 감정의 표현이 더없이 애절하다. 조선시대 대부분의 사대부들이 그랬듯이 가부장제도 아래에서 남편은 가정사에 등한하고 부인이 살림을 도맡아 하면서 온갖 고생을 감당하였다. 생전에는 자상한 감정을 드러내는 것을 체통 없는 일로 생각하여 부인에게 다정한 말 한마디 잘 하지 않는다. 그러나 아내가 죽고 나면 부인을 애도하는 제문이나 도망시(悼亡詩)에서 현대인들도 흉내 내기 어려울 정도로 부인에 대한 미안함과 안타까움, 죄책감 등을 적나라하게 쏟아 내었다. 뒤늦은 후회 때문에 자신의 과오를 반성하면서 자책하는 내용도 부지기수다.

제망실문에서 죽은 부인은 거의 예외 없이 지극히 효성스럽고 순종적인 삶을 살다간 이상적인 여성으로 표현된다. 당시 남성 위주의 봉건 사회에서 가족 구성원들이 바라던 '규범적' 여성으로 미화된 망인의 삶의 이면에는 오히려 당사자에게는 '가혹한 삶'이 있었음을 발견하게 되는 아이러니가 있다. 그래도 부부 사이의 특별한 인연과 추억을 회상하는 내용은 작가의 진실된 경험에서 나온 개성 있는 면모를 보인다. 아내와 동고동락하며 함께 했던 '과거'는 아내의 빈자리를 느끼며 살아갈 '현재'와 대비되면서 그리움과 상실감이 극대화된다. 그러한 감정은 아내가 죽음에 임박했을 때의 장면을 묘사하는 부분에서 더욱 고조된다. 임종의 순간을 구체적으로 묘사하면서 망자에 대한 애틋한 마음과 살아남은 자신의 슬픔을 간곡하게 표출하는 작가는, 곧 뒤이어 자신도 저승에 따라가 망자와 재회할 것을 다짐하면서 삶과 죽음의 경계를 허물고자 한다. 사별한 부인 남양 홍씨(南陽洪氏)에 대한 김원행(金元行)의 다음과 같은 제문도 전형적인 특성을 보여준다.

「죽은 아내에 대한 제문[祭亡室文]」〈김원행(金元行)〉

숭정(崇禎) 세 번째 정해년(1767, 영조43) 3월 23일에 죽은 아내 홍씨(洪氏)

의 영구를 장차 석실(石室)의 언덕으로 이끌고 가서 묻으려고 하는데, 그 하루 전에 남편 안동 김원행이 조전(祖奠)을 행하는 차에 의례적인 축문을 대신하여 다음과 같이 고한다.

아아! 당신이 우리 실(室)에 머무는 것도 오늘 저녁뿐이니, 당신은 장차 이곳을 버리고 어디로 가려 하오? 만사가 이 지경에 이르렀으니 오히려 다시 무슨 말을 하겠소?

나와 당신은 오십 년 동안 곤궁함을 함께한 의리가 있는 데다 환난을 같이하여 잊을 수 없는 은혜가 있고, 더욱이 당신의 인자하고 효성스러우며 정숙하고 명석한 자질과 훌륭하게 보좌하고 주선하는 재간은 또 나의 뜻에 하나라도 흡족하지 않은 것이 없었으니, 비록 규문(閨門) 안의 좋은 붕우(朋友)라고 이르더라도 괜찮을 것이오.

다만 나의 곤궁함으로 인하여 당신이 그 누를 입어 반평생 질고에 시달려 하루도 편안할 날이 없다가 갑자기 오늘과 같은 지경에 이르렀으니, 아아, 어찌 비통하지 않겠소? 어찌 비통하지 않겠소? 앞으로 나의 여생이 얼마나 남았는지 헤아릴 수 없지만, 즐겁게 지내는 날이 하루도 없으리라고 확신하오. 당신 역시 필시 나를 돌아보며 나를 애처롭게 여기리라.

비록 그렇기는 하지만, 당신이 평소 말하기를, “부디 제가 먼저 죽어서 부자(夫子)께서 손수 조성한 무덤에 잘 묻혀서 적막한 빈산에 버려지지 않음으로써 저의 혼백(魂魄)으로 하여금 의지할 데가 있도록 하는 것이 바로 저의 소원입니다.” 하였는데, 내가 이 말을 잊은 적이 없었소. 지금 당신이 죽은 뒤에 시신에 염습(斂襲)하는 일부터 관 속에 기물(器物)을 넣는 일까지 내가 모두 몸소 행하였으니, 아마도 유감이 적을 것이오.

게다가 당신의 무덤을 선산(先山)에 조성하여 우리 조부 문간공(文簡公)의 묘가 그 오른쪽에 있고, 우리 아이 이직(履直)의 묘가 그 아래에 있으며,

우리 선고비(先考妣)의 무덤도 같은 기슭에 이장(移葬)할 계획이니, 당신의 소원에 부합한다고 하겠소. 예전에 아들을 잃고 애통하였던 당신이 이제부터는 다시 평소처럼 그 아들을 슬하에 두게 되었으니, 사후에 앎이 있다면 장차 즐겁지 않겠소? 아아! 과연 그러하겠소?

당신이 죽은 뒤로 나 역시 병을 앓고 있으니, 이른바 "슬퍼할 시간이 얼마 되지 않는다[悲不幾時]."는 말과 같은 처지라오. 이렇게 영원히 이별하는 상황에서 차마 한마디 말도 하지 않을 수 없었지만, 병든 몸을 애써 일으켜 장례를 주관하느라 나의 애통한 심정을 남김없이 토로할 겨를이 없었소.

당신의 어짊은 끝내 나의 글에서 드러내지 않아서는 안 되니, 조만간 일이 안정되고 정신이 좋아지면 한번 붓을 잡고 당신의 행적을 영원히 전할 수 있는 글을 지으려고 하오. 과연 내 뜻을 이룰 수 있을지 모르겠소.

아아, 애통하오! 부디 흠향하시오.

제문은 가족이나 친지의 죽음으로 인해 짓게 되는 실용문으로, 형식적으로는 망자에게 바치는 글이다. 따라서 망자의 삶을 회고하고 혼백을 위로하며 명복을 비는 내용이 주를 이룬다. 그러나 제문의 대상자인 망자는 사실상 들을 수 없으니 실제로는 살아남은 사람들을 위해서 지은 것이라고 할 수 있다. 일차적으로는 망자의 친족일 것이고 다음으로는 제문을 지은 당사자를 위한 것이다. 다시 말해서 제문은 살아남은 사람을 위한 위로, 위안의 글인 셈이다. 제사의 기능 자체가 표면적으로는 사자(死者)의 귀신(鬼神)을 위한 것이지만 내면적으로는 생자의 복을 기원하기 위한 측면이 있는 것과 마찬가지다.

2) 묘도문(墓道文)

묘도문(墓道文)은 한문 문체 중 묘비문(墓碑文), 묘갈문(墓碣文), 묘지문(墓誌文) 등 죽은 이의 행적과 함께 공덕을 기리거나 추모하는 글을 말한다. 비석 등에 글을 새겨서 무덤 곁에 설치하기 때문에 '묘도(墓道)'라는 용어를 쓴 것인데, 묘비와 묘갈은 땅 위에 세우는 것으로 묘포(墓表, 墓標)라고 통칭할 수 있으며, 묘지(墓誌)는 땅 속에 묻는 것이다. 묘표 · 묘지는 설치물 자체를 가리키면서 거기에 새긴 글을 의미하는 용어로 쓰이기도 한다. 비(碑)는 머리 부분이 네모난 형식이고 갈(碣)은 둥근 형식인데 이는 석물(石物)로 세웠을 때의 구분이며 문체로서는 아무런 차이가 없다. 그래서 문체로서 언급할 때는 이 둘을 구분하지 않고 비갈(碑碣)로 통칭하기도 한다.

묘도문은 묘도문자(墓道文字)라고도 하며 이와 가장 가까운 말로는 신후문자(身後文字)가 있는데 옛 문헌에서의 용례는 묘도문자에 비해서 극히 적은 편이다. 신후문자는 글자대로의 의미만 본다면 묘비 · 묘갈 · 묘지 뿐만 아니라 행장(行狀)을 비롯하여 제문(祭文), 애사(哀辭), 조문(弔文), 뇌(誄) 등 '애제류(哀祭類)'까지 포함할 수 있다.

묘도문자는 흔히 '묘비명(墓碑銘)', '묘갈명(墓碣銘)', '묘지명(墓誌銘)' 등 '명(銘)'이라는 접미사가 붙는다. 이는 원래 돌이나 금속에 '새긴다'는 뜻 때문에 붙은 글자이지만, 후대에는 하나의 형식 요건을 가리키게 되었다. 즉 고인의 행적과 추모의 내용을 운문(韻文)으로 지은 글을 말한다. 이는 일종의 송찬(頌讚)이다. 우리가 일반적으로 흔히 접하게 되는 대부분의 묘도문자는 먼저 긴 산문 형식의 글이 서술되고 나서 맨 끝에 '명왈(銘曰)'이라는 말과 함께 운문이 놓이게 된다. 이 끝 부분의 운문이 명이고 앞부분의 산문은 이 명을 이끄는 서문(序文)이다. 그래서 묘도문자의 제목에 흔히 '○○

○○명(銘) 병서(幷序)'라고 되어 있다. 이 명이 본문인 셈이지만 대부분 서문이 길고 명은 부록처럼 짧게 붙어 있는 경우가 많다. 명은 후대에는 4언(四言)의 운문이 일반적으로 형식으로 자리 잡았는데, 글자 수에 제한이 있는 것은 아니다.

그 형식을 보면 대개는 서문과 명문을 다 갖추고 있지만 아예 명문은 생략하고 서문만으로 된 것도 있다. 이때는 '비명'이라는 표현은 맞지 않고 그냥 비문이라고만 해야 할 것이다. 반대로 서문이 결여되고 명문만 있는 글은 흔하지 않다.

묘도문은 남의 일을 기록하는 것이기 때문에 객관적 사실만을 쓰는 것이 원칙이겠으나, 거기에 자신의 생각을 곁들일 수도 있다. 서사증(徐師曾)은 『문체명변(文體明辯)』에서 「묘지명(墓誌銘)」의 성격에 대해 설명하면서 정체(正體)와 변체(變體) 두 가지로 나누었다. 오직 사실만을 그대로 서술하는 것을 정체라고 하였고 사실을 서술하고서 거기에 자신의 의론을 덧붙이는 것을 변체라고 하였다. 묘도문은 거의 대부분 제3자가 객관적인 입장에서 짓기 때문에 감정 위주인 제문보다는 훨씬 이성적이다. 여기에 사자(死者)를 추모하면서 사자의 생전의 인생관이 서술될 수도 있고 작자의 사생관이 개입할 수도 있다. 그 면모는 대상과 작자에 따라 다양하게 나타난다.

다산(茶山) 정약용(丁若鏞)이 어린 아들을 잃고 지은 묘지문(墓誌文)에서는 다음과 같이 삶과 죽음에 대해 토로하였다.

「농아의 광지[農兒壙志]」(『여유당전서(與猶堂全書)』 제1집 시문집 묘표)

농아(農兒)는 곡산(谷山)에서 잉태하여 기미년(정조 23, 1799) 12월 2일에 태어났다가 임술년(1802, 순조 2) 11월 30일에 죽었다. 홍역이 천연두가 되었고, 천연두가 종기로 되었던 것이다. 나는 강진(康津)의 적소(謫所)에서 글을 지어 그 애 형에게 보내, 그 애의 무덤에서 곡(哭)하고 알리게 하였다. 농아를 곡하는 글은 이렇다.

네가 세상에 태어났다가 죽은 것이 겨우 세 돌일 뿐인데, 나와 헤어져 산 것이 2년이나 된다. 사람이 60년을 산다고 할 때, 40년 동안이나 부모와 헤어져 산 것이니, 이야말로 슬픈 일이라 하겠다. 네가 태어났을 때 나의 근심이 깊어 너를 농(農)이라고 이름지었다. 얼마 후 집안의 화(禍)가 근심하던 대로 닥쳤기에 너에게 농사를 지으며 살게 하려 한 것뿐이니, 이것이 죽는 것보다 낫기 때문이었다. 나는 죽으면 기꺼이 황령(黃嶺)을 넘어 열수(洌水)를 건너갈 수 있을 것이니, 이것이 내가 죽는 것이 사는 것보다 나은 것이다. 나는 죽는 것이 사는 것보다 나은데 살아 있고, 너는 사는 것이 죽는 것보다 나은데 죽었으니, 이것은 내가 어찌할 수 없는 것이다. 만약 내가 네 곁에 있었다고 하더라도 반드시 네가 살 수는 없었겠지만, 네 어미에 편지에,

"애가 '아버지가 돌아오시면 나의 홍역이 곧 낫고, 아버지가 돌아오시면 천연두가 곧 나을 것이다.'고 했습니다."

하였는데, 이것은 네가 사정을 헤아리지 못해서 이런 말을 한 것이다. 그렇지만 너는 내가 돌아오는 것으로 마음의 의지를 삼으려 한 것인데 너의 소원을 이루지 못했으니, 정말 슬픈 일이다.

신유년(1801, 순조 1) 겨울에 과천(果川)의 점사(店舍)에서 너의 어미가 너를 안고 나를 전송할 때, 너의 어미가 나를 가리키며 '너의 아버지이시

다.'라고 하니, 네가 따라서 나를 가리키며 '나의 아버지다.'라고 했으나, 너는 아버지가 아버지인 줄을 실은 알지 못했던 것이다. 참으로 슬픈 일이다. 이웃사람이 집으로 떠나갈 때, 소라껍질 2매(枚)를 보내며 너에게 주라고 하였더니, 네 어미의 편지에,

"애가 강진에서 사람이 올 때마다 소라껍질을 찾다가 받지 못하면 풀이 꺾이곤 하였는데, 그 애가 죽어갈 무렵에 소라껍질이 도착했습니다."

했으니, 참 슬픈 일이다.

네 모습은 깎아놓은 듯이 빼어난데, 코 왼쪽에 조그마한 검은 사마귀가 있고, 웃을 적에는 양쪽 송곳니가 뾰족하게 드러난다. 아아, 나는 오로지 네 모습만이 생각나서 거짓 없이 너에게 고하노라.

(중략)

아아, 내가 하늘에 죄를 지어 잔혹함이 이와 같으니, 어찌할 것인가.

아들은 아직 어리기 때문에 농사나 지으며 살더라도 죽는 것보다는 낫다는 말, 자신은 죽으면 고향으로 돌아갈 수 있을 것이니 사는 것보다 죽는 것이 낫다는 말에서 다산의 생사에 대한 대비적인 생각을 읽을 수 있다. "나는 죽는 것이 사는 것보다 나은데 살아 있고, 너는 사는 것이 죽는 것보다 나은데 죽었으니, 이것은 내가 어찌할 수 없는 것이다."라고 토로하는 장면에서는 깊은 회한과 체념이 드러난다.

3. 만시(輓詩), 도망시(悼亡詩)에 나타난 생사관

1) 만시(輓詩)

만시(輓詩)란 죽은 사람을 애도하는 시이다. 그 대상은 친족인 부모님과 형제자매 그리고 부인과 자녀일 수도 있고, 친구일 수도 있다. 더 나아가 군왕일 수도 있고 지인들일 수도 있으며, 심지어는 자기가 부리던 노비가 대상일 수도 있다. 이처럼 만시의 대상은 신분의 고하를 막론하고 평등한 위치에서 그들의 죽음을 슬퍼한 것이다. 이것이 또한 만시가 지닌 특징이기도하다. 살아서는 신분의 차별로 질곡의 삶을 살았을 계층도 죽어서는 똑같은 대우를 받기 때문이다. 만시는 상대방과 대화하듯이 업적을 기리거나 부족한 부분에 대해 애도하는 것으로, 마치 그 사람을 앞에 두고 대화하듯이 하는 형식이다. 따라서 상대방과의 친밀도에 따라 관계망이 설정되는 시이다. 그래서 망자가 누구냐에 따라 만시의 번역도 평어와 경어의 방법으로 나누어 해석하여야 한다.

만시는 일반 한시와 달리 인물의 죽음이라는 절대적 상황 앞에서 유자들이 추구하고 구현하고자 했던 이상적인 삶의 면모를 정리해 보여 준다는 점에서 유자들의 세계관과 내면 의식을 이해할 수 있는 매우 중요한 자료가 된다. 만시는 죽은 사람을 위한 시이면서 산 사람과의 마지막을 정리하는 시이기도 하다. 죽음이라는 의식과 함께 함으로써 흔하게 창작되는 성질의 시도 아니다. 그러면서 망자에 대한 예를 표시해야 하는 시이기도 하다. 그런 면에서 만시는 그 망자에 대한 칭양(稱揚)과 애도(哀悼)라는 기본적인 구성이 있다.

만시는 중국 진(秦)나라 말기, 또는 한(漢)나라 초기 제왕(齊王) 전횡(田橫)

의 죽음을 노래한 「해로(薤露)」와 「호리(蒿里)」로부터 시작하여, 위진남북조 시대 문인 반악(潘岳)의 「도망시(悼亡詩)」와 당(唐)나라 원진(元稹)의 도망시, 그리고 두보(杜甫)와 백거이(白居易)의 도붕시(悼朋詩), 자식의 죽음을 소재로 한 송(宋)나라 유극장(劉克莊)과 원(元)나라 왕기(王沂)·송경(宋褧), 그리고 명(明)나라 이동양(李東陽) 등의 곡자시(哭子詩)가 유명하다.

우리나라의 만시 창작의 전통은 고려시대부터 시작되었다. 현전하는 작품으로는 김부식(金富軾)의 만시를 시작으로 수많은 문인들이 만시를 지었다. 조선시대에 들어와서는 만장의 의례가 활성화되면서 수없이 많은 만시가 지어졌고, 16세기 이후 성리학이 정착되면서 유자들의 만시 창작은 당연시되었다. 일부 연구자들은 만시가 의례적 수사로 표현된 상투적이면서 형식적인 시창작에 머물면서 대동소이한 내용으로 치장되고 인위적이었다고 주장하기도 하는데, 이는 반드시 그런 것은 아니다. 실상을 살펴보면 작가에 따라서 다양하고 진정어린 수사 기법을 통해서 참신한 내용의 작품을 얼마든지 많이 남기고 있다. 수준 높은 문인들은 망자를 마지막 보내면서 한 글자도 소홀히 다루지 않고 추모의 정을 담아내었다. 이는 결국 망자와 작자의 친소(親疏) 관계에 따라 그 진정성이 달라질 수밖에 없는 것이다.

「만분서(挽汾西)」 〈이명한(李明漢)〉

남매간에 서로 따라 부모님께 절을 하면	兄弟相隨拜父母
저 세상도 이 세상과 되레 차이 없으리라	地中還似世間無
그대 가면 내 소식을 자세하게 전해주오	君歸細報吾消息
고운 누이 그대 보면 꼭 내 소식 물을 테니	令妹逢君必問吾

분서(汾西) 박미(朴瀰, 1592~1645)는 이명한(李明漢, 1595~1645)의 손위 처남이다. 이명한의 아내가 박미의 누이동생인데 작품의 정황을 보면 누이가 먼저 세상을 떠났다(1637년 卒). 그래서 오빠가 세상을 떠나니 저승에서 남매가 나란히 부모님께 절을 하게 될 것이라는 말이다. 그 장면은 생전에 이승에서 부모님이 살아 계셨을 때 나란히 절을 하던 상황이 재현된다. 그러니 저승이나 이승이나 차이가 없을 것이라는 말이며, 이는 망자(亡者)에 대한 더없는 위로이다.

그런데 이 작품의 더 큰 묘미는 후반부에 있다. 그대가 저승에 가거든 먼저 가 있던 그대의 누이, 즉 자신의 아내에게 자신의 안부를 전해 달라는 것이다. 틀림없이 이 세상에 남아 있는 내가 걱정되어 나의 안부를 물을 것이기 때문이라는 것이다. 죽은 처남을 애도하면서 사실은 먼저 세상을 떠난 아내에 대한 그리움을 더 절실하게 표현하고 있다.

만시가 모두 슬픔만 노래한 것은 아니었다. 절제된 지성으로 슬픔을 안으로 삭이면서 망자에 대한 차원 높은 추모를 한 경우도 있다. 당대 최고 수준의 문인인 혜환(惠寰) 이용휴(李用休)가 요절한 천재 이언진(李彦瑱)을 추모한 시는 다음과 같다.

「이우상만(李虞裳挽)」 〈이용휴(李用休)〉

오색 빛깔 찬란한 비범한 새가	五色非常鳥
우연히도 용마루에 앉아 있다가	偶集屋之脊
뭇사람들 다투어 달려가 보니	衆人爭來看
놀라 날아 홀연히도 자취 감췄네.	驚起忽無跡

남들은 다 자식으로 대를 잇지만	他人以子傳
우상(虞裳)만은 자식으로 잇지 않으니	虞裳不以子
혈기로는 계승 끝날 때가 있지만	血氣有時盡
명성으론 끝날 때가 없을 것이네.	聲名無窮已

총 10수의 연작시 중 제2수와 제10수이다. 제2수에서는 죽음을 죽음으로 표현하지 않고 속인들을 피해서 날아가 버렸다고 하였다. 구체적인 표현은 없지만 선화(仙化)한 것으로 묘사한 것이다. 이런 차원에서는 죽음은 전혀 슬픔의 대상이 아니다. 그러나 작자의 마음에 슬픔이 없는 것이 아니다. 절제된 표현 속에 오히려 가슴 속 깊이 더 큰 슬픔을 갈무리하고 있다. 제10수에서도 죽음을 역설적으로 미화시켰다. 자식 없이 요절한 사람이라 일반적으로는 그 점을 더 애도해야 하지만, 자식보다 더 중요한 요소가 망자를 후세에 드러내 줄 것이라는 말로 그의 재능을 위로하고 있다.

죽음에 대한 위로의 시는 사대부들 간에만 공유한 것은 아니었다. 하층민들에게도 따뜻한 인간애의 눈길을 보내기도 하였다.

「수봉만(壽鳳挽)」 〈남극관(南克寬)〉

이십 년 간 인간 세상 재미있게 다니다가	廿年遊戱人間世
하루 저녁 저 하늘로 돌아가서 쉬게 되니	一夕歸休太極天
이번 길에 혹시라도 왕백 귀신 만나거든	此路若逢王伯鬼
그대 이제 구름 안개 총괄한다 말하게나	爲言君牧總雲煙

1, 2구는 천상병(千祥炳) 시인의 「귀천(歸天)」을 연상하게 하는 표현이다.

수봉(壽鳳)은 집안 아저씨의 종이었는데도 시에서는 그를 온전한 인격체로 대우하고 있다. 죽음을 생의 마감으로 여기지 않고 저 하늘 세상에서 새로운 안식을 찾는 귀휴(歸休)로 표현하고 있다. 거기에서 더 나아가, 이 세상에서는 종의 신분으로 남들에게 부림을 당했지만, 저 세상에서는 구름과 안개를 총괄하는 신선과 같은 존재가 되어 남들에게 우러름을 받는 존재가 되라고 축원하고 있다. 생과 사를 초월하면서, 오히려 사의 세계를 생의 세계보다 우위에 놓고 표현함으로써 죽음을 승화시키고 있다.

2) 도망시(悼亡詩)

만시(輓詩) 중에서도 특히 죽은 아내를 위한 만시를 특정해서 도망시(悼亡詩)라고 한다. 따라서 도망시는 넓은 범위로는 만시에 속한다. 그러나 만시가 주로 주인공이 세상을 떠난 바로 당시이거나 그다지 먼 시일이 지나지 않았을 때 짓는 것임에 반해 도망시(悼亡詩)는 시기에 구애되지 않고 언제든지 지을 수 있다는 차이가 있다. 또 도망시는 글자대로의 의미는 '죽은 사람에 대한 애도의 시'라는 뜻이어서 대상이 누구나 해당될 수 있지만 한문학의 전통에서 관습상 '세상을 떠난 아내에 대한 애도의 시'라는 특정 범위로 제한되는 경우가 일반적이다. 이는 《한어대사전(漢語大詞典)》에서 '도망(悼亡)'을 다음과 같이 풀이한 것에서도 확인된다.

> 【悼亡】悼念亡者. 晉潘岳因妻死, 作「悼亡」詩三首, 後因稱喪妻爲悼亡.
>
> 【도망(悼亡)】죽은 사람을 애도하며 생각하는 것. 진(晉)나라의 반악(潘岳)이 아내가 죽자 「도망(悼亡)」시 3수를 지은 일로 인하여 후대에는 아내를 잃은 것을 '도망(悼亡)'이라고 하였다.

그러나 당(唐)나라 온정균(溫庭筠)은 「화우인도망(和友人悼亡)」에서 친한 가희(歌姬)를 애도하였고, 백거이(白居易)는 「위설대도망(爲薛台悼亡)」에서 지인(知人)을 애도하였고, 명말(明末) 상경란(商景蘭)은 「도망(悼亡)」에서 남편 기표(祁彪)를 애도하는 등 도망(悼亡)의 대상이 반드시 아내에 한정된 것만은 아니다.

도망시는 앞에서 살펴본 죽은 아내에 대한 제문과 내면적 슬픔의 정서는 궤를 같이 한다. 그러나 제문은 산문으로서 직설적이고 설명적이며 장황한 반면, 도망시는 훨씬 절제되고 은유적이다. 널리 알려진 추사(秋史) 김정희(金正喜)의 도망시 「유배지에서 아내의 죽음을 애도하며[配所挽妻喪]」를 보기로 한다.

어떡하면 매파(媒婆) 잡아 저승에다 소송하여	那將月老訟冥司
내세에는 우리 부부 처지 바꿔 태어나서	來世夫妻易地爲
천 리 밖에 나는 죽고 그대 몸은 살아남아	我死君生千里外
그대에게 내 슬픈 맘 알 수 있게 하여볼까.	使君知我此心悲

옛 선조들은 대체로 자기 부인에 대해서 다정다감하지 못하고 권위적이었던 것으로 생각하기 쉽다. 특히 "마누라가 죽으면 뒷간에 가서 웃는다."는 고약한 속담이 있기도 하지만 이는 어디까지나 우스개 성격이 크다. 속담이 항상 옳은 것은 아니고 인간사의 한 측면만 반영하는 경우도 많다. 예를 들어 "형만한 아우 없다."고 하여 형을 중시하는 말이 있지만 "나중 난 뿔이 우뚝하다."고 하여 아우에게 높은 점수를 주기도 한다.

옛 사람들도 자기 부인에 대해서 깊은 애정을 가지고 존중한 경우가 얼마든지 있었다. 그래서 많은 문인들이 부인이 죽으면 그 아픔을 시로 풀어내었다. 추사(秋史) 김정희도 냉철한 학자였지만 부인이 먼저 죽자 슬픈 감정을 억제하지 못하였다. 월하노인(月下老人: 중매장이)의 힘으로 부부가 되었다가 부인이 먼저 죽었으니 그에게 원망의 화살을 돌렸다. 그래서 그를 저승에 데려다가 소송을 하여 내세에는 부인과 자기가 남녀를 바꾸어 부부가 되게 해 달라는 것이다. 지금 상황처럼 부인이 된 자기가 먼저 죽으면 남편이 된 아내는 짝을 잃은 현재의 내 슬픔이 어떤지 알 수 있을 것이다. 물론 부인에게 그런 슬픔을 안겨주고 싶은 것은 아니다. 나의 아픔이 얼마나 큰지 직접 경험해보지 않고는 도저히 알 수 없으리라는 역설이다. 부인의 영혼이 있다면 자신을 향한 그 큰 애정에 적이 위로가 될 것이다.

추사의 도망시는 부인에 대한 제문(祭文)인 「애서문(哀逝文)」과 표리를 이루니 함께 읽어보면 그의 심정을 더욱 절실하게 느낄 수 있다.

「도망(悼亡)」 〈신위(申緯)〉

내 자신은 지루하게 잠시 좀 더 살겠지만	我自支離且小留
부인께선 싫은 세상 온갖 걱정 없겠구려	夫人厭世百無憂
백발 다 된 천진스런 시집 따라 온 여종은	癡情白髮轎前婢
상식(上食) 때면 한참 동안 곡 그치지 못한다오	上食移時哭未休

자하(紫霞) 신위(申緯, 1769~1845)가 죽은 아내를 위해 지은 도망시(悼亡詩) 6수 연작시 중 제2수이다. 1, 2구에서 이승과 저승에 대한 대비적 표현으로 죽은 아내를 위로하고 있다. 이 세상에 살아 있는 자신은 오히려 지루한

삶을 사는 것이라 잠시 더 머물다 곧 당신을 뒤따라 갈 것이라는 암시이다. 그러나 이 싫증나는 세상을 떠난 당신은 이제 온갖 시름 걱정 따위는 없을 것이라는 위로이다. 생과 사에 대한 일반인들의 인식을 뒤바꾸어 표현함으로서 죽음에 대한 안타까움을 희석시키고 부인에 대한 위로를 하고 있다. 그러나 제문에서도 지적했듯이 역시 살아남은 자신에 대한 위로의 기능이 더 크다고 할 수 있다.

3, 4구는 시집 올 때 몸종으로 따라온 여종을 등장시켜 자신의 슬픔을 간접적으로 드러내고 있다. 시집올 때 따라온 여종이 백발이 다 되었으니 자신들도 이미 노년에 접어들었음은 당연하다. 백발 다 된 여종이 조석(朝夕)으로 올리는 상식(上食) 때마다 한참 동안 곡을 멈추지 못한다고 한 것은, 아직도 천진스러운 마음으로 주인을 향한 충심(衷心)을 간직하고 있는 여종을 내세워 부인을 위로하는 표현이다. 그러나 그 내면은 역시 자신도 부인을 위해서 울고 싶지만 당시의 예법상 그럴 수 없는 처지가 안타까워 여종의 행동으로 자신의 심정을 대신하는 장치이기도 하다.

4. 절명시(絶命詩), 열반송(涅槃頌)에 나타난 생사관

절명시나 열반송은 자신의 죽음을 예상하고 스스로의 삶을 정리하거나 애도하는 작품이다. 여기에는 자신의 일생이 어떠했는지에 대한 성찰과 죽음 앞에 놓인 자신의 생각이 들어 있어 생사관을 알 수 있는 경우가 많다.

세상을 뜨기 전에 마지막으로 남긴 시를 절명시(絶命詩), 임명시(臨命詩),

임형시(臨刑詩), 사세시(辭世詩), 필명시(畢命詩), 자만시(自輓詩)라고 한다. 병으로 인해 회복이 불가능할 때나, 스스로 순절(殉節)을 결심하며 결행하기 전, 또는 정치적인 이유로 처형되기 전에 쓴 작품들로, 모두 죽음을 돌이킬 수 없을 때 전하는 마지막 전언(傳言)인 셈이다. 노쇠하여 죽음을 맞이할 때의 작품은 자신의 일생을 성찰하면서 천명에 순응하는 태도를 보이는 예가 많다. 매천(梅泉) 황현(黃玹)처럼 대의(大義)를 위해서 순절할 때는 죽음이 일종의 현실도피 기능을 하게 된다. 따라서 시국에 대한 울분도 있지만 어느 정도 무기력함을 드러내기도 한다. 성삼문(成三問)처럼 정치적인 이유로 처형되는 경우는 자신의 억울함을 충분(忠憤)으로 드러내기도 하고 체념으로 죽음을 받아들이기도 한다. 어느 경우건, 공자가 "새가 죽으려 할 때는 울음소리가 애처롭고, 사람이 죽으려 할 때는 그의 말이 선하다.[鳥之將死其鳴也哀, 人之將死其言也善.]"라고 한 것처럼, 본성으로 돌아가 진정어린 심사를 전하는 것이다. 그래서 누군가의 마지막 말은 예사롭지 않으며 사람들에게 큰 울림을 줄 수밖에 없다.

매천의 절명시와 성삼문의 절명시를 대비해 본다.

「절명시(絶命詩)」(4수 중 제4수) 〈황현(黃玹)〉

새 짐승도 슬피 울고 바다 산도 찡그리니	鳥獸哀鳴海岳嚬
무궁화 꽃 우리나라 이미 운명 다했도다.	槿花世界已沈淪
가을 등 앞 책을 덮고 천고 역사 돌아보니	秋燈掩卷懷千古
인간 세상 식자 노릇 정말 하기 어려워라.	難作人間識字人

「임사부절명(臨死賦絶命)」 〈성삼문(成三問)〉

북 울리며 사람 목숨 재촉을 하고	擊鼓催人命

돌아보니 해는 점차 지려하는데	回首日欲斜
황천길엔 주막 하나 없을 것이니	黃天無一店
오늘 밤은 누구 집에 묵어야 하나.	今夜宿誰家

고승들이 입적할 때 수행을 통한 깨달음을 전하는 마지막 말이나 글을 열반송(涅槃頌)이라고 한다. 다른 말로는 열반게(涅槃偈), 열반송(涅槃頌), 임종게(臨終偈), 입적게(入寂偈)라고도 한다. 통상 육신의 허망함, 대자유를 얻은 해방감, 삶의 부질없음 등의 내용을 담고 있다.

보통 열반송은 이승에서의 가치나 인연에 전혀 연연하지 않고, 종교적 신념을 깔고 있으므로 절명시와는 별도의 각도에서 볼 필요도 있다. 그런 측면에서 오도송(悟道頌)과 동질성도 있으며 이들은 폭넓게 선시(禪詩)로 분류된다. 특히 열반송은 마지막 죽음의 순간까지 득도를 추구하는 구도자의 자세를 보이기도 하고, 한편으로는 평생 수도자의 삶을 살고도 그것이 진정성 있는 것이 되지 못했다는 자기반성을 드러내기도 한다.

현대의 고승으로 알려졌던 성철(性徹) 스님의 열반송을 보자.

평생토록 중생 남녀 무리들을 속이면서	生平欺誑男女群
하늘 가득 지은 죄업 수미산을 능가하니	彌天罪業過須彌
산 채 지옥 떨어져서 한스러움 많더라도	活陷阿鼻恨萬端
둥근 해는 빛 뿜으며 푸른 산에 걸리리라.	一輪吐紅掛碧山

선시(禪詩)는 흔히 역설(逆說), 추상(抽象) 등의 수사 기교가 동원되기 때문에 문맥 그대로 이해해서는 안 된다. 타 종교에서 이 열반송을 가지고 성

철 스님이 지옥에 떨어졌다고 왜곡하는 사례가 있는데, 이는 선시(禪詩)에 대해서뿐만 아니라 일반 한시(漢詩)에 대해서도 전혀 알지 못하는 몰이해(沒理解)에서 비롯한 것이다. 이는 철저한 자성(自省)의 시이며, 자신은 아비지옥에 떨어져 희생이 되더라도 열반의 세계를 희망하고 목도할 것을 묘사한 장엄한 감동의 장면이다. 중생을 깨우치는 부처의 광명이 푸른 산에 걸려서 사바세계를 찬란하게 비춰 줄 것이라는 것이 이 시의 주제이다. 삶과 죽음은 이미 초월하여 논의의 대상도 되지 않는다.

5. 마무리하는 말

잘 살기와 잘 죽기, 어떻게 사는 것이 잘 사는 것이고 어떻게 죽는 것이 잘 죽는 것인가. 결론적으로, 잘 죽는 것은 잘 사는데 달려 있을 것이다. 잘 산다는 것은 '어떻게 살 것인가'의 문제다. 현대 사회에서는 거의 대부분의 사람들이 부와 명예, 지위, 권력 등 유무형의 물질적 욕망을 채우는 것을 잘 산다는 기준으로 삼고 있다. 한때는 "부자되세요"가 최고의 덕담으로 유행한 적이 있다. 그러나 부자가 잘사는 기준이 될 수는 없다. 굴지의 재벌들이 온갖 사회 문제나 가정 문제로 불행한 나락에 떨어지는 사례를 무수히 볼 수 있다. 가끔 세계 각국의 행복지수라는 것이 발표된다. 그때마다 윗자리를 차지하는 것은 경제 수준이 낮은 국가나 이름도 낯선 오지(奧地)의 나라들인 경우가 많다. '행복'에 관한 여러 연구 결과들을 보면 그 공통된 결론은 경제적 풍요가 행복을 보장하지 못한다는 것이다.

이 글에서는 이러한 잘 사는 것과 잘 죽는 것에 대해 옛 선인들은 어떠한 태도를 견지하였으며, 그러한 태도를 어떻게 글로 표현하였는지, 그 차원 높은 지성의 세계를 구체적 작품을 통해 탐색해 보았다.

전통 시대에는 이른바 오복(五福)이라는 것이 잘 살기의 대표적인 항목으로 꼽혔다. '오복'은 흔한 일상용어로 쓰였지만 구체적인 내용은 『서경(書經)』, 「홍범(弘範)」 편에 출전을 둔 것으로, 단순하지 않다.

오복은 첫째가 수(壽)인데, 장수(長壽)는 동서고금을 막론하고 인간의 오랜 소망이었다. 둘째가 부(富)인데, 인간 생활의 기본적 3대 요소인 의식주(衣食住)를 풍족하게 누리며 살기를 바라는 소망이다. 셋째가 강녕(康寧)인데, 생로병사(生老病死)의 인생 역정(歷程)에서 늙고 병들면 수(壽)나 부(富)가 큰 의미가 없기 때문이다. 넷째가 유호덕(攸好德)인데, 덕을 좋아한다는 뜻은 오래 살고 풍족하고 몸마저 건강하면 그 다음에는 이웃이나 다른 사람을 위하여 보람 있는 덕을 베풀라는 것으로, 선을 권하고 악을 미워하는 성선설(性善說)을 바탕으로 하고 있다. 마지막 다섯째가 고종명(考終命)인데, 가톨릭에서 말하는 선종(善終)과 유사한 개념으로, 모든 사회적인 소망을 달성하고 남을 위하여 덕을 베푼 뒤에는 천명에 따라 편안히 일생을 마치기를 바라는 소망이 담겨 있다.

오복에 유호덕(攸好德)과 고종명(考終命)이 들어 있다는 것은 의미심장하다. 유호덕은 물질적인 풍요만을 복의 기준으로 삼지는 않았다는 것을 보여주고, 고종명은 잘 죽는 것에 대한 소중함을 일깨워준다.

유명한 잠언집(箴言集)인 『채근담(菜根譚)』에는 "죽을 때에 마음을 동요하지 않으려면 모름지기 살았을 때 사물을 잘 간파하여야 한다.[死時不動心, 須生時事物看得破.]"라고 하였다. 역시 잘 죽는 것은 잘 사는 데에 달려 있다는 말이다.

〈참고문헌〉

『금오신화(金鰲新話)』
『매월당집(梅月堂集)』
『삼국유사(三國遺事)』
『서경(書經)』
『완당전집(阮堂全集)』
『채근담(菜根譚)』
『탄만집(歎數集)』
김광태 역, 『국역 미호집』, 민족문화추진회, 2013.
김도련 역, 『국역 다산시문집』, 민족문화추진회, 1985.
성백효 외 역, 『국역 청장관전서』, 민족문화추진회, 1979.
신해진, 『떠난 사람에 대한 그리움의 미학, 애제문』, 보고사, 2012.
유초하 외, 『한국인의 생사관』, 태학사, 2008.
이은영, 『예(禮)와 정(情)의 조화와 변주』, 역락, 2013.
임정기 외, 『국역 매천집』, 민족문화추진회, 2010.
전송열, 『옛 사람들의 눈물』, 글항아리, 2008.

02 양한(兩漢) · 위진남북조(魏晉南北朝) 시기 고전을 통해 본 삶과 죽음을 마주하는 태도

이진용

1. 『회남자(淮南子)』에 드러난 삶과 죽음의 이해

『회남자』는 한대(漢代) 초기 회남 지역의 제후였던 회남왕 유안(劉安)의 주도 아래 여러 빈객들이 공동으로 저술한 집단 저작이라고 알려졌다. 『회남자』의 형성에 대한 또 다른 관점으로 『회남자』 성립 2단계설이 있는데, 먼저 여러 학자들이 모여 토론과 논의를 한 뒤 토론과정에서 제시된 내용들을 유안이 종합적으로 정리했을 것이라는 설이다. 이처럼 『회남자』 형성에 있어 유안이 직접 저술에 참여했다는 점은 부인할 수 없으며, 그가 주도적이고 실질적 저술의 담당자이었는지의 여부에서만 이견이 생긴다. 따라서 『회남자』는 회남왕 유안의 직접적인 참여와 더불어 당시 다양한 학문적 전통을 지닌 다수의 지식인들의 공동저술이라고 할 수 있다. 회남왕 유안은 회남국이라는 제후국의 제후였던 만큼 그가 다양한 학문적 맥락을 지닌 지식인들을 초빙하여 『회남자』를 저술한 목적은 일차적으로 정치적 측면에서 엿볼 수 있다. 그리고 그의 저술 동기는 제후국으로서의 회남국을 정치적으로 잘 경영하는 정치적 목적과 함께, 전체 한나라의 통일된 통치이념을 제공하는데 있다고 할 수 있다. 더불어 『회남자』의 저술 동기에 대해 천도(天道)를 기틀 짓고 인사(人事)를 아우른다는 언급에서도 드러나듯이, 통치자가 천도와 인사를 두루 잘 살핌으로써 한나라의 통치 체제를 공고히 하는데 그 목적이 있다.

『회남자』는 첫 편인 「원도(原道)」 편으로부터 시작해 마지막 편인 「요략(要略)」까지 총 21편으로 구성되어 있다. 『회남자』가 세상에 나온 뒤 반고의 『한서』, 「예문지」에서는 이 텍스트가 다양한 사상과 내용을 계통 없이 하나로 묶어놓은 잡서라고 평가한다. 그리고 이러한 평가이래로 현대에 이르기까지 다수의 학자들이 『회남자』를 잡가로 분류하고 잡서로 규정하는 부정적 평가가 주를 이루고 있다. 그럼에도 불구하고 '잡가' 또는 '잡서'라는 규정이 이 문헌을 긍정적이고 높은 가치를 부여하는 쪽으로 이해할 수도 있는 맥락을 제공하기도 한다. 즉 정치적 맥락에서 복잡한 사회정치 상황을 풀어나가기 위해서는 다양한 정치이론을 종합적으로 적용한다는 측면을 비롯해, 선진시기의 노자와 장자 중심의 도가에서 황로학 중심의 도가로의 변화 및 제자백가 사상의 적극적 수용 및 변용 등이 바로 잡가와 잡서에 대한 긍정적 평가의 근거로 자리할 수 있다.

회남왕 유안을 중심으로 『회남자』 집필에 참여한 학자는 고유(高誘)의 『회남자』, 「서목(敍目)」에 따르면 대략 10여명 정도로 알려져 있다. 이들은 유학자를 비롯해 도가계열의 학자 내지는 황로학(黃老學)에 정통한 학자로, 회남왕 유안의 언급대로 도가계열의 학자들에는 방사(方士)와 술사(術士) 등 신선술과 연단술에 정통한 학자들이 참여한 것으로 생각된다. 따라서 삶과 죽음에 대한 관점에서도 일정부분 도가와 유가의 논의를 비롯해 당시 유행했던 신선술과 연단술에 대한 맥락에서의 관점 또한 녹아들어 있다고 볼 수 있다.

인간을 비롯한 자연계의 사물은 모두 생겨남과 소멸, 또는 태어남과 죽음이라는 일정한 순환의 틀을 지니는 유한자이다. 유한자로서 우리는 이 세상에 태어나 생명을 부여받고 살아가는 과정에서 삶과 죽음의 연속을 이끄는 근원적인 힘은 과연 무엇이며, 우리가 살아가는 이 세상 그리고 우리 자신을 비롯한 갖가지 사물은 어떻게 형성되어 존재하고 결국 소멸의 길로 가는지를 궁금해 한다. 이러한 근원적 질문에 대해 중국 한나라 시기부터 학문적 접근을 통해 여러 유효한 답이 정립되기 시작했다. 이를 학술계에서는 우주론 또는 우주생성론이라고 부르는데, 『회남자』의 우주론은 「천문훈(天文訓)」에서 다음과 같이 설명한다.

> "하늘과 땅이 아직 형성되지 않았을 때는, 단지 어지럽게 뒤엉킨 기운만 무성할 뿐 아무런 형상도 존재하지 않았다. 그러므로 이때를 '태소(太昭)'라고 말한다. 도는 허확(虛霩)에서 시작되는데, 허확은 우주를 낳고 우주는 기를 낳는다. 기에는 일정한 구분이 있으니, 맑고 가벼운 기운은 위로 얇게 퍼져 하늘이 되었고, 탁하고 무거운 기운은 아래로 가라앉아 땅이 되었다. 맑고 은미한 기운은 하나로 합치기 쉽고 무겁고 탁한 기운은 응결되기 어렵다. 때문에 하늘이 먼저 이루어지고 땅은 나중에 안정되었다. 땅과 하늘의 정기가 집적되어 음양이 되었고, 음양의 정기가 어느 한쪽으로 치우침으로써 사계절의 현상이 나타나게 되었으며, 사계절의 정기가 분산되면서 만물이 형성되었다."

이 구절에서 『회남자』의 작자는 명확하게 우리가 살아가는 세상과 모든 사물은 특정한 생성의 근원으로부터 형성되었다는 입장을 피력한다. 생성의 근원자는 '태소', '도' 등의 이름을 갖는데, 흥미로운 점은 이러한 생성의 근원자가 직접적으로 한순간에 모든 것을 만들어내는 것이 아니라, 몇몇 생성의 과정과 단계를 거쳐 그 결과를 도출한다고 보는 것이다. 상상의 나래를 펼쳐보자. 만약 구체적인 사물이 아직 형성되기 이전의 상태가 어떠한지에 대해 상상해보라고 한다면, 아무 것도 없는 데에서 점차적으로 하나둘씩 생겨났다는 답이 나올 수 있다. 그런데 다시 어떻게 아무 것도 없는 데에서 무엇인가가 생겨날 수 있을까라고 한다면, 누군가는 아무 것도 없는 것이 우리와 같은 구체적 사물이 없다는 것일 뿐 무엇인가를 만들어 낼 수 있는 근원적 힘은 응축되어 있을 것이라는 답을 줄 수도 있다. 바로 이러한 생각을 바탕으로 『회남자』에서는 아직 구체적인 무엇으로 나누어지기 이전의 아주 큰 혼연일체의 덩어리로서 기(氣)를 상정하고, 이러한 근원의 상태로부터 시공간이 생기는데, 기의 점차적인 분화를 통해 맑고 밝은 기는 하늘을 이루고, 무겁고 탁한 기는 땅을 이룬다고 주장한다. 그리고 하늘과 땅의 정기가 쌓이고 뭉쳐서 각각 양기와 음기를 이루고, 이 두 기의 상호 배합에 따라 사계절의 변화가 생기며, 이로부터 마침내 만물이 형성된다는 하나의 가설을 세우게 된다. 이러한 관점은 다음 「전언훈(詮言訓)」 구절에서 보다 명확해진다.

"천지가 분화하지 않은 채 뒤섞여 하나의 덩어리로 있어 아직 사물을 만들어 이루지 못한 상태를 '태일(太一)'이라고 한다. 만물은 모두 이 태일에서 나왔으나 그 만들어진 모습은 각기 달라서 새도 되고 물고기도 되며 짐승도 되니, 이것을 만물로 나누어진다고 한다. 성향은 종류로써 구별되고 사물은 무리로써 나뉜다. 본성과 운명은 각기 다르나 모두 유(有)에서 형성되었다. 서로 떨어진 뒤 통하지 못하고 만물로 나누어졌으니, 아무도 그 근본에 미치지 못한다. 그러므로 움직이는 것을 생(生)이라 하고 죽은 것을 궁(窮)이라 한다."

여기서 『회남자』는 생성의 근원자로 '태일'이라는 또 다른 개념을 제시한다. 태일 또한 앞의 태소, 도와 같이 생성의 근원이라는 의미를 지니며 이로부터 만물이 형성된다. 그런데 경험세계의 만물은 모두 동일한 속성이나 형질을 지니지 않으며, 다만 갖가지 서로 다른 속성을 지닌 사물은 공통된 성향에 따라 무리 또는 부류로 분류할 수 있을 뿐이다. 그리고 모든 사물은 유한자로서 삶과 죽음의 순환을 겪게 된다. 그렇다면 이상의 관점에서 『회남자』는 삶과 죽음의 문제를 어떻게 바라보고 이해하고자 했을까? 그 이해의 단초를 「정신훈(精神訓)」의 다음 구절에서 확인할 수 있다.

"나를 태어나게 한다 해도 그것을 억지로 멈추게 할 필요가 없고, 나를 죽인다 해도 그것을 억지로 말릴 필요가 없다. …단지 나의 천성에 따라 거기에 편안히 머물 뿐이다. 나는 살아 있을 때는 7척 정도의 형체로 존재하고, 죽으면 한 개의 관에 담긴 흙으로 존재한다. 나는 살아있을 때는 형체를 지닌 일반사물과 같지만, 죽으면 한낱 무형의 사물로 사라진다. 그렇다면 내가 살아있다고 해서 사물이 더 늘어나는 것이 아니고, 죽는다고 해서 흙이 더 많아지는 것도 아니다."

삶과 죽음의 문제에서 『회남자』의 기본 입장은 노자와 장자의 관점과 별다른 차이가 없는 듯이 보인다. 즉 현실의 삶 속에서 나의 생명을 지나치게 강조하고 추구하고자 할 때 드러나는 불합리하고 부조리한 현상에 주목하여, 삶과 죽음을 동일시하는 기본 관점을 견지하는 것이다. 따라서 삶과 죽음의 순환 과정에서 나는 태어나거나 죽는 사실에 집착할 필요도 없고, 그에 대한 고정관념을 가져서도 안 되는 것이다. 이러한 관점은 다음 「정신훈(精神訓)」의 내용에서처럼 나 자신에게만 적용되는 것이 아니라 다른 사람이나 사물과 마주할 때에도 똑같이 적용된다.

"세상에서 나 또한 하나의 사물인데, 세상은 내가 있어야만 세상 사물이 온전하게 갖추어지게 되는가? 아니면 내가 없어도 세상 사물은 온전히 갖추어지는가? 나 역시 하나의 사물이고 일반 사물 역시 하나의 사물이다. 이처럼 동등한 사물과 사물의 관계에 있으면서 또 어찌 서로 '사물'이라고 무시할 수 있는가? 그렇다면 나를 태어나게 한다고 해서 이 세상에 무슨 '더함'이 있고, 나를 죽인다고 해서 무슨 '덜어냄'이 있겠는가? 무릇 조물주는 나를 단지 하나의 기왓장처럼 여겨 내게 특별히 간섭하는 바가 없다. 침을 맞거나 뜸을 뜨면서 오래 살고자 발버둥치는 것이 미혹된 것이 아닌 줄 어찌 알겠는가? 또한 스스로 목을 매어 자살하는 것이 오히려 복이 될지 어찌 알겠는가? 혹시 살아있는 것이 고역이고, 죽는 것이 곧 휴식일 수도 있지 않겠는가? 천하는 넓고도 넓으니 누가 그 궁극을 알겠는가!"

『회남자』는 이처럼 삶과 죽음을 동일하게 보는 입장과 함께 만물을 하나로 바라보는 관점에서 이 세상과 사물을 이해하고자 한다. 그리고 이미 삶과 죽음을 동일하게 바라보는 관점을 지닌 이상, 우리는 불필요하게 삶과 죽음 가운데 어느 하나에 가치나 의미를 부여할 필요가 없을 뿐 아니라,

삶과 죽음을 동일하게 생각해야 한다. 이러한 관점에 따라 『회남자』는 조물주가 사물을 만들어내는 것은 도공이 흙을 빚어 그릇을 만드는 것과 같으며, 도공이 땅에서 흙을 채취해 만든 항아리나 땅에 남아 있는 흙이나 모두 다르지 않고, 그릇이 깨져 다시 땅으로 돌아간 흙도 항아리로 변해 있는 흙과 다르지 않다고 비유한다. 더불어 생명을 부여받아 삶의 현장에서 생명활동을 영위할 때는 마땅히 삶 그 자체를 힘써야 한다고 강조한다.

한편 『회남자』는 인간의 생명활동에서 우리의 정신과 육체가 과연 어떠한 작용을 펼쳐나가는지에 대한 질문에 답을 주고자 한다. 여기서는 정신과 육체의 관계설정이라는 근원적 질문에 대한 해명이 뒤따르며, 이는 「정신훈(精神訓)」의 구절에서 확인할 수 있다.

> "육체가 소멸해 죽더라도 정신은 일찍이 변화하지 않는 것이니, 변화하지 않음으로써 변화에 대응하기에, 육체는 천만번 변화해도 그 정신은 조금도 변하지 않는다. 변화하는 것은 다시 원래의 무형으로 복귀하지만, 변화하지 않는 것은 천지와 함께 영원히 존재한다."

고대로부터 중국의 지식인들은 우리의 몸을 구성하는 육체와 정신의 상호 관계에 대한 다양한 해법을 제시하였다. 특히 양자의 관계설정에서 어느 쪽이 우월한지, 보다 근원적이고 우월한 쪽을 설정했다면 다른 쪽과는 어떠한 상호 작용을 펼치는지, 그리고 우리의 생명활동이 존속되는 한에서 양자는 어떠한 작용을 하고 죽음 이후에는 정신과 육체가 어떠한 길을 걷게 되는지 등의 문제를 해명하려 했다. 이점에서 『회남자』는 명확하게 정신의 육체에 대한 이론적 우월성을 주장하며, 이러한 논의는 흥미롭게도 정신의 영원함을 강조하는 맥락으로 발전하게 된다.

> "곤륜산(崑崙山) 언덕에서 또 위로 두 배 더 올라가면 양풍산(涼風山)이 있는데, 그곳에 올라가면 죽지 않게 된다. 또 거기서 위로 두 배 더 올라가면 현포산(縣圃山)이 있는데, 그곳에 올라가면 신령해져 바람과 비를 부릴 수 있게 된다. 또 거기서 위로 두 배 더 올라가면 하늘의 꼭대기인데, 그곳에 올라가면 신(神)이 된다. 이곳이 바로 태제(太帝)가 거처하는 곳이다."

『회남자』, 「지형훈(墬形訓)」에서는 육체가 소멸하더라도 정신은 영원하다는 관점에 이어서, 죽음 이후 우리가 도달할 수 있는 특정한 경지에 대한 설명을 이어나간다. 중국 황화강의 발원지로 믿어지는 성산인 곤륜산으로부터 양풍산, 현포산, 그리고 상천으로의 상승을 통해 인간은 결국 육체는 소멸하더라도 그의 정신은 또 다른 경지에서 영원한 삶을 영위할 수 있다는 결론에 이른다. 이는 양한시기에 점차적으로 삶과 죽음의 문제를 바라보는 시각의 변화가 생기게 되었음을 반증한다. 이러한 관점은 다음의 논의에서 확인해기로 한다.

2. 『노자도덕경하상공장구(老子道德經河上公章句)』에 드러난 삶과 죽음의 문제

한나라는 건국 초기에 황로학의 무위의 정치술을 바탕으로 태평지세를 이루게 되었으나, 한무제가 동중서의 건의를 받아 '독존유술(獨尊儒術)'의 정책을 시행하며 도가는 점차 학술계의 중심에서 멀어지게 되었다. 이점에서 결국 도가사상의 내적 변화, 즉 현실정치 중심의 담론에서 개인의 생명에 대한 관심으로의 전환이 일어나게 된다. 그리고 이는 '양생(養生)'이론에 집중된다.

『노자도덕경하상공장구』(이하 『노자하상공주』로 약칭함)는 바로 이러한 이론적 변화를 반영하는 『노자』 주석서이다. 다만 이 문헌의 저자가 누구이고 언제 저술되었는가의 문제에 대해 현재까지 학계에는 다양한 이설이 분분하다. 이 주석서의 저자에 대해서는 하상장인(河上丈人)이라는 설, 하상공(河上公)이라는 설, 앞의 양자가 동일 인물이라는 설, 다수의 저자가 참여한 공동 저서라는 설 등이 있다. 저자에 대해 이설이 분분한 만큼, 이 책이 구성된 시기에 대해서도 현재 정설은 없다. 현재까지 학계에서 논의되는 책의 성립시기에 대해서는 크게 세 가지 설이 있다. 첫째는 서한(西漢)시기에 저술되었다는 설이고, 둘째는 동한(東漢)시기의 작품이라는 설, 셋째는 위진(魏晉)시기에 저술되었다는 설이다. 이 가운데 학계에서 지지받는 설은 동한시기 작품이라는 설이다.

현재 통용되는 『노자하상공주』는 사상적 측면에서 한나라 초기 이래의 이론적 전환의 흐름을 반영하고 있다. 이 문헌의 이론적 특징은 당시 학술계에 널리 유행한 기론 중심의 세계관을 기반으로, 양생이론, 치신(治身)과 치국(治國)을 하나의 구조로 파악하는 정치사상 등에 집중된다. 특이한 점은 『노자』 전체 81장의 장 구분에 따라 주석을 달면서, 각 장의 첫머리에 제목을 달고 있다는 것이다. 『노자도덕경하상공장구』는 다양한 판본이 공존하는데, 대표적으로 도장본(道藏本), 영송본(影宋本), 고본(顧本), 강본(强本), 집주본(集注本) 등의 19종에 이른다. 원문 교감을 통해 그 본의를 정확히 파악하는데 있어 중국 현대학자 왕잡(王卡)의 학문적 기여가 매우 크다.

『노자하상공주』에서도 『회남자』와 마찬가지로 인간을 비롯한 세상 모든 사물의 생성 근원에 대한 문제로부터 출발한다. 주지하다시피 『노자하상공주』는 『노자』의 주석서로서, 『노자』 42장의 "도가 일을 낳고, 일이 이를 낳고, 이가 삼을 낳고, 삼이 만물을 낳는다"는 구절에 대한 풀이에서 『노자하상공주』의 생성과 관련된 논의를 살펴볼 수 있다.

> "도가 처음 낳은 것이 '일(一)'이다. '일'은 음과 양을 낳는다. 음양의 '이(二)'는 '삼(三)'을 낳고, 음양은 조화로운 기, 맑은 기, 탁한 기의 세 기를 낳는데, 나뉘어 하늘, 땅, 사람이 된다. '삼'은 만물을 낳는다. 하늘, 땅, 사람이 함께 만물을 낳는다. 하늘은 베풀고 땅은 화육하며 사람은 기른다."

『노자』 42장은 이 세상과 모든 사물의 형성의 과정을 개략적으로 도식화한다. 다만 여기서의 일, 이, 삼이 과연 무엇을 가리키는지를 명확하게 서술하지 않았기 때문에, 상이한 관점에 따라 다양한 해석이 공존하게 된다. 『노자하상공주』는 일은 도가 처음 낳은 것으로 이 세상에 조화와 질서를 부여하는 가장 근원적이고 정미한 기인 정기(精氣)라 한다. 이러한 정기는 자기 운동을 통해 생성의 다음 단계인 이, 즉 음과 양의 두 기운으로 분화된다. 음양은 서로 상반된 속성을 지니지만 상호 보완적으로 그 다음 단계인 삼, 즉 조화로운 기, 맑은 기, 탁한 기의 세 가지 기를 통해 하늘과 땅, 그리고 사람을 형성한다. 그리고 이러한 삼의 공동 작용에 따라 이 세상 모든 사물이 생겨나는 것이다. 『노자하상공주』는 이러한 생성의 기본 구조에 따라 우리 인간의 구조와 각 개별자 사이의 질적 차이를 다음 6장과 1장의 주석에서 구체적으로 설명한다.

"하늘은 다섯 가지 기를 사람에게 먹이니 코를 통해 들어가 심장에 쌓인다. 다섯 가지 기의 맑고 미세함은 정기 신 총명 음성(소리) 오성(五性)이 된다. … 땅은 다섯 가지 맛으로 사람에게 먹이니 입을 통해 위장에 들어가 쌓인다. 다섯 가지 맛의 혼탁함은 형체, 뼈, 살, 피, 맥, 육정(六情)이 된다."

"욕심 있는 사람이나 욕심이 없는 사람이나 모두 하늘로부터 기를 받는다. … 품부받은 기에는 두터움과 얇음이 있다. 조화롭고 윤택한 기를 얻으면 성현이 되고, 뒤섞이고 더러운 기를 얻으면 탐욕스러운 사람이 된다."

먼저 위 첫 인용문에서는 인간의 몸을 구성하는 다섯 가지 기에 대한 설명으로부터 논의를 시작한다. 지금의 과학이나 의학에 비추어 보자면 상당히 초보적이고 거칠며 사실과 부합하지 않는 측면도 있다. 그러나 고대 자연과학의 발전단계와 사유가 지니는 이론적 한계를 인정한다면, 나름대로 인간의 몸과 정신을 우주생성의 논의와 연결시켜 사유한 흔적을 발견할 수 있다. 여기서 주의할 만한 내용은 인간은 비록 동일한 근원으로부터 생성된 동일한 요소를 지닌 존재이지만 질적 차이를 지니고 있다고 주장하는 점이다. 『노자하상공주』에서는 한나라 때 유행한 기 중심의 세계관를 적극적으로 수용하여 기의 품수를 통해 인간이 구성된다는 점을 역설한다. 다만 우리를 구성하는 기는 저마다 차이가 있기 때문에, 이로부터 인간의 질적 차이를 형성한다고 본다. 흥미로운 점은 상대적으로 조화롭고 윤택한 기운을 얻으면 도덕적으로 완성된 성현과 같은 인격으로 성장할 수 있으나, 그 반대인 경우에는 탐욕스럽게 자신의 이익과 목적만을 이루려는 사람이 된다는 내용이다. 만약 우리가 생명을 부여받아 살아가는 동안 나의 생명을 잘 지키고 보듬어 안으면서 정상적인 생명활동을 영위할 수 있다면, 이는 잘 살기, 나의 생명을 온전히 마주하기라는 목표를 충실히 실천하는 것을 의미하게 된다. 그러나 정반대로 나의 생명을 해치고 좀먹는 과정에서는 도리어 잘 살기라는 목표에 대한 고민은커녕 나의 생명 그 자체를 지키지 못하는 상황이 펼쳐질 수도 있다. 다음으로 『노자하상공주』 1장 , 9장, 5장 주석에서 우리가 생명을 제대로 영위하지 못하는 원인에 대해 분석한다.

> "정욕을 없애고 내면의 조화를 지키는 것, 이것을 가리켜 도의 오묘한 문을 안다고 한다."
>
> "욕망은 오장(五藏)의 신(神)을 상하게 하고 많은 재화는 몸에 누가 된다."
>
> "사람이 정욕을 제거하고 자극적인 맛의 음식을 조절하고 오장을 깨끗이 할 수 있다면 신명이 그곳에 머문다."

우리의 생명을 해치는 원인을 엄밀히 따져 본다면, 그 원인은 나의 외부에 있는 것이 아니라 내가 외부 사물과 잘못된 관계를 맺기 때문이다. 외부세계와의 관계 설정에 문제가 생기는 이유는 우리 욕망의 구조가 잘못된 방향으로 흘러가는데 있다. 이점에서 『노자하상공주』는 적극적으로 우리의 욕망구조에 대한 이해를 펼친다. 위의 글들은 바로 우리가 잘못된 욕망구조에 따르게 되었을 때 발생하는 그릇된 현상, 그리고 이러한 욕망구조를 조절하고 때로는 제거해야만 나의 생명을 온전히 이끌어갈 수 있다는 점을 강조한다. 이로부터 『노자하상공주』 50장 주석에서 구체적으로 우리의 삶과 죽음에 대한 논의로 확장해 간다.

"'출생(出生)'이란 정욕(情欲)이 오장(五臟)으로부터 떠나면 혼(魂)이 안정되고 백(魄)이 고요해지기 때문에 살게 되는 것을 말한다. '입사(入死)'란 정욕(情欲)이 가슴 속으로 들어가면 정(精)이 수고로워지고 신(神)이 미혹되므로 죽는 것을 말한다."

우리가 태어나서 살아가고 어느 순간에 죽음이란 관문으로 접어드는 것은 기 중심의 세계관에 따르자면 기가 모이고 흩어지는 과정의 연속이다. 그런데 위 구절에서는 우리가 태어나 살고 언젠가 죽음에 드는 것이 모두 우리가 지니는 욕망에 따라 결정된다고 본다. 다시 말해서 삶과 죽음 그 자체를 내가 선택하고 결정하는 것은 아니지만, 내가 온전히 살아가기 위해서는 정욕이 나의 정신과 육체를 혼란스럽게 해서는 안 되며, 반대로 정욕에 물들어 나의 몸과 마음을 해치게 되면 어쩔 수 없이 죽음에 이르게 된다는 것이다. 이러한 입장에서 삶과 죽음의 부류를 구분하여 50장 주석에서 다음과 같이 설명한다.

"살고 죽는 부류가 각각 열 셋이 있다는 것은 아홉 구멍과 네 관절을 말한다. 그 산다는 것은 눈은 망령되이 보지 않고, 귀는 망령되이 듣지 않고, 코는 망령되이 냄새 맡지 않고, 입은 망령되이 말하지 않고, 혀는 망령되이 맛보지 않고, 손은 망령되이 쥐지 않고, 발은 망령되이 다니지 않고, 정기(精氣)는 망령되이 베풀지 않는 것이다. 그 죽는다는 것은 이와 반대되는 것이다."

우리가 생명을 온전히 마주하며 잘 살기 위한 조건은 우리의 신체 기관이 지니는 작용을 제대로 활용하는 것에 달려 있다. 만약 눈, 코, 귀, 입 등의 신체기관을 특정한 목적이나 나만을 추구하는 이기심을 이루기 위한 수단으로 쓴다면 도리어 그 본래 작용을 잃어버리고 결국은 나의 생명을 해치고 손상하여 죽음에 이르게 된다. 여기서 말하는 각각의 신체기관은 결국 우리가 자기 밖의 세계와 소통하는 연결고리로서 현실적 삶의 현장에서 하루하루 타자와 더불어 살아가는 우리가 잘못된 소통의 방식을 사용해서는 결국 나의 생명을 지켜내지 못하는 지경에 이른다는 점을 다시 강조하는 것이다. 이러한 맥락에서 『노자하상공주』 33장, 59장 주석에서는 우리의 생명을 잘 지키고 보존하는 방식을 장생(長生)의 현실적 염원을 실현하려는 방식으로 확장한다.

> "사람이 스스로 절제하고 길러서 하늘로부터 받은 정기(精氣)를 잃지 않을 수 있다면 오래도록 살 수 있다."
>
> "사람은 기로 뿌리를 삼고 정(精)으로 꽃받침을 삼을 수 있어야 하는 것이니, 나무의 뿌리가 깊지 않으면 뽑히고, 꽃받침이 든든하지 않으면 꽃이 떨어지는 것과 같다. 이것은 곧 마땅히 그 기를 깊이 간직하고 그 정을 견고하게 지켜 누설되지 않게 해야 한다는 말이다. 뿌리가 깊고 꽃받침이 든든한 것이 곧 장생의 도이다."

이처럼 『노자하상공주』는 인간이라면 누구나 잘 살기를 희망하고 죽음을 회피하려는 염원에서 출발하여 당시 일반적으로 유행하기 시작한 장생이라는 이상적 경지에 대한 논의를 이끌어낸다.

3. 혜강(嵇康)의 삶과 죽음의 이해와 양생(養生)의 관점

혜강(223-262)은 위진 교체기에 활동한 학자로 위진시대 현학(玄學)의 발전 과정에서 중요한 이론적 역할을 한 철학자로 평가받는다. 그는 당시 명사(名士)로 이름을 날리며 완적(阮籍), 산도(山濤), 상수(向秀), 완함(阮咸), 왕융(王戎), 유령(劉伶) 등과 같이 죽림(竹林)에서 유가의 도덕과 예교에 저항하며 자유로운 삶을 꿈꾸었는데, 이들 7명의 지식인을 죽림칠현(竹林七賢)라 부른다. 죽림칠현 가운데 혜강은 완적과 더불어 현실의 부조리한 정치적 상황과 타협하지 않는 강직한 성품으로 그 명성을 높였으나, 허위적인 명교(名教)를 앞세우며 전횡을 일삼던 현실 정치를 비판하다 결국 당시 사마씨 정권에 의해 그 생을 마치게 된다.

혜강은 상대적으로 죽림칠현 가운데 가장 도가적 이론 성향을 지닌 학자로 꼽힌다. 그렇다고 해서 그가 현실 정치에 대해 무관심하거나 도피하려는 모습을 보인 것만은 아니다. 오히려 때로는 올바르지 못한 정치에 대해 적극적으로 비판을 하며 새로운 도덕 및 정치규범의 정립에 힘썼고, 때로는 현실을 초탈해 개인의 생명문제에 대해 깊이 고민하며 이상향을 꿈꾸기도 했다. 따라서 그는 현실로부터의 초탈을 통해 개인의 생명을 보존하고자 하는 욕망을 지니면서도 현실의 정치적 불안정과 불의를 야기한 요인에 대해 적극적으로 비판하는 자세를 견지해 나간다. 이는 그의 철학적 문제의식을 한 문장으로 반영하고 있는 '월명교이임자연(越名教而任自然)'으로 요약될 수 있다.

역대 문헌의 기재에 따르면 혜강의 저술은 모두 15권이 있다고 전해지나, 송대(宋代) 이후로는 10권만이 전해지고 있으며, 그의 저술을 문집 형태로 모은 현존하는 가장 오랜 판본은 『혜중산집(嵇中散集)』이다(明 黃省曾, 1515). 『혜강집』에 수록된 혜강의 저술은 크게 산문과 시로 나뉘는데, 산문 가운데 특히 「양생론(養生論)」, 「답난양생론(答難養生論)」, 「성무애악론(聲無哀樂論)」, 「난자연호학론(難自然好學論)」 등이 그의 철학적 문제의식을 담고 있다. 이 가운데 양생의 문제를 중심으로 죽림칠현의 상수와 논쟁을 벌인 「양생론」, 「답양생론」이 그의 생명관과 삶과 죽음의 입장을 파악해 볼 수 있는 주요자료이다.

위진남북조 시기를 살다 간 혜강의 세상과 모든 사물의 형성에 관한 관점은 기본적으로 전 시기인 양한시기의 이론을 수용한다. 그는 「태사잠(太師箴)」과 「명단론(明胆論)」에서 이 세상은 원기(元氣)의 자기 운동과 변화로 구성된다는 기 중심의 세계관을 피력한다.

> "드넓은 태소(太素)에서 양기가 빛을 발하고 음기가 응결되니, 하늘과 땅이 조화를 이루어 인륜(人倫)이 비로소 생겨났다."
>
> "무릇 원기가 생성작용을 하면, 모든 생명을 지닌 것들은 그것을 부여받아 생겨난다."

혜강은 기본적으로 이 세상과 모든 사물의 근원을 '원기'로 이해하며, 원기로부터 모든 생명체는 생명을 부여 받아 성립되고 존재하게 된다고 본다. 그리고 이러한 생성의 흐름은 한나라 학술계에서 널리 유행한 우주만물 생성의 도식을 따른다. 즉 위 첫 구절에서 '태소'는 『회남자』에서 생성의 근원으로 상정한 '태소(太昭)', '도' 등과 동일한 함의를 지닌 개념으로, 혜강은 이러한 생성의 근원으로부터 음양과 천지의 단계를 거쳐 최종적으로 만물과 인간세상의 다양한 이치가 생겨난다고 이해한다. 그리고 우리는 생명을 부여받은 뒤 유한자로서 자신의 생명활동을 이어나가는데, 여기서 혜강은 생명의 이치를 온전히 깨닫고 지켜나가며 생명을 길러내는 방법, 즉 '양생(養生)'의 문제를 고민하며 「양생론(養生論)」에서 다음과 같이 설명한다.

> "생명의 이치[生理]를 쉽게 잃을 수 있다는 것을 깨닫고, 하나의 실수가 생명을 해친다는 것을 안다. 그러므로 본성을 닦아 정신을 지키고, 마음을 평안하게 하여 몸을 온전히 한다. 좋고 싫어함을 감정에 깃들게 하지 말고, 근심과 기쁨을 마음의 뜻에 남기지 말아야 한다."

혜강의 양생에 대한 기본 관점은 「양생론」에 명확히 드러난다. 생명활동을 지속하는 과정에서 우리는 쉽사리 생명의 기본 이치를 망각하고 때로는 자신의 생명을 경시하는 모습까지 보이기도 한다. 혜강은 이러한 문제의 원인을 감정과 욕망에서 찾는다. 그렇다고 해서 감정과 욕망을 일방적으로 부정할 수는 없다. 내가 어느 한 순간에 마주하는 외부사물과의 상호 연관성 아래 특정한 감정을 지니게 되고, 그러한 감정에 기반하여 다양한 상호 긍정적 판단과 행위를 이끌어낼 수도 있다. 또한 무엇인가를 하고 싶고 이루고 싶다는 기본적 욕망의 설정과 그 충족 과정을 통해 우리는 자신에게 필요한 모든 것을 만들어내기도 하고 스스로 발전하기도 한다. 그러나 감정과 욕망은 이와 상반되는 측면을 지니기도 한다. 특정한 감정에 휘둘려 온전한 판단이 불가능하기도 하고, 그릇된 욕망 충족에 빠져 주변과의 조화를 깨뜨리기도 한다. 이점에서 혜강은 감정과 욕망이 가져오는 폐단을 직시하고, 그 원인을 엄밀하게 분석하고자 한다. 먼저 그는 감정과 욕망이 한결같고 영원할 수 없다는 기본 입장에서 출발하여 「답난양생론(答難養生論)」에서 다음과 같이 설명한다.

> "욕구가 움직이면 근심과 걱정거리가 생기고, 지식을 움직이면 선입견[前識]이 세워진다. 선입견이 세워지면 마음을 열어젖혀 사물을 좇게 되고, 근심과 걱정거리가 생기면 근심을 더해 몸이 위태로워진다."
>
> "저 사려하지 않고 욕구하는 것은 본성의 움직임이나, 알고 난 뒤에 감응하는 것은 지식을 쓰는 것이다. 본성이 움직인다는 것은 사물을 만나 알맞게 하고 충족하면 남음을 두지 않는 것이나, 지식을 쓴다는 것은 감응하는 대로 좇아 피로해져도 그치지 않는 것이다. 그러므로 세상 사람들이 근심하는 것과 화가 말미암는 것은 항상 지식을 쓰는 데 있지 본성의 움직임에 있지 않다."

우리의 생명을 해치게 되는 원인을 엄밀히 분석해 본다면, 그 원인은 외부 사물에 있는 것이 아니라 우리가 그들과 잘못된 관계를 맺기 때문이다. 외부 사물과 잘못된 관계를 맺는 이유는 나의 지나친 욕망 충족의 결과에서 비롯된다. 따라서 문제의 해결은 욕망을 어떻게 이해하고 마주하는가에 달려있다. 이러한 입장에서 혜강은 인간의 '욕망'을 상세히 고찰해 간다. 혜강은 대상세계와 사태에 마주하여 발생하는 우리의 일상적 반응 양식과 그에 대한 충족은 우리가 거부할 수 없는 필연적 이치라고 이해한다. 다시 말해서 혜강은 '자연스러운 본능' 그 자체는 인정한다. 그러나 욕망충족의 과정에 그대로 우리를 내맡길 수 없는 것 또한 자명하다. 이러한 맥락에서 혜강은 우리가 긍정할 수 있는 욕망과 부정할 수밖에 없는 욕망을 나누어 고찰한다. 그는 우리의 욕망을 두 층위, 즉 '본성이 움직이는[性動]' 욕구와 '지식을 쓰는[智用]' 욕망으로 나누어 설명한다. '본성이 움직이는' 욕구는 그의 표현대로 내가 마주하는 대상세계와 필요충분의 관계만을 맺는 것이기 때문에 우리의 생명을 오히려 발전적 방향으로 이끌 수 있는 원동력의 역할을 한다. 그러나 '지식을 쓰는 욕망'은 장자가 경계했듯이 지식의 작용을 통해 나와 주변을 나의 목적에 맞게 재구성해 나가는 의식적이고 의도적 행위의 결과이다. 이러한 의식적이고 의도적인 행위는 감각기관의 욕구에 내맡겨 끝도 없는 충족의 길로 나 자신을 인도하게 된다. 바로 그의 표현대로 "감응하는 대로 좇아 피로해져도 그치지 않는다"는 것으로, 결국 나의 생명에 크나큰 불행을 가져오게 된다. 물론 자연스러운 본능에 따라 '본성이 움직이는' 욕구 또한 때때로 나의 생명을 해칠 수 있기 때문에, 무한한 허용은 용납될 수 없다. 따라서 지나친 욕망의 충족은 근거 없는 주관적 추측, 즉 선입견을 세우게 되고, 선입견과 나의 입장에 따라 대상세계를 끝도 없이 추구한다면 근심과 걱정이 생겨 결국 몸이 위태로워지고 생명을 해치게 된다. 이처럼 혜강은 인간의 기본적 욕망 충족 활동을 인정하지만, 지식 추구와 욕망 충족의 허용 폭을 제한하지 않는다면 결국 우리의 생명을 지킬 수 없다는 점을 명확히 밝힌다. 이러한 맥락에서 혜강은 「답난양생론(答難養生論)」에서 생명을 온전히 지키는 방법과 함께 그 결과로 마주할 수 있는 생명활동의 긍정적 측면을 다음과 같이 개략적으로 설명한다.

"생명을 기르는 데는 다섯 가지 어려움이 있다. 명예와 이익을 없앨 수 없는 것이 첫 번째 어려움이고, 기뻐하고 노여워하는 것을 제거하지 못하는 것이 두 번째 어려움이며, 귀에 좋은 소리와 여색을 버리지 못하는 것이 세 번째 어려움이고, 입에 단 음식을 끊어버리지 못하는 것이 네 번째 어려움이며, 정신과 사려가 변화하여 흩어져 버리는 것이 다섯 번째 어려움이다. 다섯 가지가 반드시 자리 잡고 있으면 비록 마음으로는 늙지 않기를 바라고, 입으로는 지극한 말을 외우며, 영험한 상등의 약을 씹고 활발한 양의 기운을 호흡하더라도, 뜻을 빙빙 돌려 어지럽히거나 그 타고난 수명을 일찍 마치게 할 수도 있다. 다섯 가지가 마음속에 있지 않다면, 미덥게 따르는 마음이 나날이 완성되고 현묘한 덕이 나날이 온전해지며, 좋은 일을 바라지 않더라도 복이 있게 되고, 수명을 구하지 않더라도 오래 살게 된다. 이것이 생명을 기르는 큰 이치의 효험이다."

혜강은 우리의 생명을 온전히 잘 지키는 것을 그 무엇보다 소중히 여긴다. 영원한 삶이나 불사(不死)의 추구는 인정하지 않지만, 자연수명의 범위 안에서 건강하게 오래도록 살아가는 것을 나의 생명을 온전히 지키는 목표로 설정한다. 따라서 이러한 목표와 상충되는 잘못된 지식과 욕망의 충족 과정을 가장 경계해야 할 것으로 여기며, 이로부터 벗어나는 방법인 '양신(養神)'을 제시한다. 흥미로운 점은 본래 '양생'의 목표를 이루기 위해서는 우리의 생명을 구성하는 두 요소 가운데 정신만을 보듬어 안는 것으로는 부족하다는 것이다. 즉 '양신(養神)'의 방법 이외에 호흡법과 복식(服食)의 방법 등 '양형(養形)'에도 주목해야 한다. 분명 우리의 생명은 혜강이 강조하듯이 정신이 육체에 우선한다고 해서 정신과 육체가 분리될 수 없으며, 따라서 '양생'에 있어서도 육체와 정신 모두를 보존하고 길러야 한다. 바로 이 점에서 혜강의 '양생'사상의 특징을 찾을 수 있으며, 자칫 소홀히

하거나 잊어버릴 수도 있는 육체 또는 '몸'의 중요성을 되살릴 수 있을 것이다.

4. 왕필(王弼)과 곽상(郭象)의 삶과 죽음의 이해

양한시기의 기 중심의 세계관과 인간의 생명에 대한 이해는 이후 중국철학의 발전적 흐름에서 또 다른 이론적 전환을 마주하게 된다. 양한시기의 기의 변화와 발전을 중심으로 하는 기화우주론(氣化宇宙論)의 세계관에서 위진남북조시기의 '현학'적 전통에 이르게 되면, 우주만물 생성의 도식으로부터 점차적으로 형이상학적 이론으로 탈바꿈하게 된다. 이러한 이론적 변화의 중심에는 왕필과 곽상이 자리하며, 이들 모두 '유(有)'와 '무(無)' 개념에 대한 이해와 상관관계 설정을 각자의 철학적 근거로 삼고 있다.

왕필(226-249)은 위진현학의 발전에서 '귀무론(貴無論)'으로 대표되는 이론을 정립한 뛰어난 학자로 평가받는다. 왕필은 18세에 『노자』에 주석을 하고, 22-24세 사이에 『주역』의 주석을 하였다. 따라서 『노자주』와 『주역주』를 통해 그의 철학사상의 이론적 특징을 전반적으로 이해할 수 있다. 왕필이 살았던 시대는 한말에서 삼국시대로 이행되는 격변기로, 그는 현실의 문제를 직시하고 이러한 문제를 일으키는 근원에 대한 탐구를 진행하며 자신의 철학적 토대를 공고히 했다. 그는 당시 사회문제의 근원적 해결을 위해 단순히 비판이나 부정의 입장만을 견지하지 않고 새로운 제도와 질서의 확립에 힘을 기울였다. 즉 말단이 가져오는 폐단을 온전히 해소하는 동시에 말단이 지니는 사회적 공능 또한 인정하는 입장에서 현실사회를 지탱하는 근간으로서의 명교(名敎)의 근원과 근거 문제에 골몰하여 무(無)를 근본으로 하는 철학체계를 수립하였다. 왕필의 저작인 『노자주』와 『주역주』는 중국 현대학자인 루우렬(樓宇烈)의 교석작업을 통해 합본으로 발간된 『왕필집교석』, 그리고 한글 번역본으로 임채우의 『노자왕필주』, 『주역왕필주』가 대표성을 지닌다.

곽상(252-312)은 위진현학 발전에서 숭유론(崇有論) 또는 독화설(獨化說)로 대표되는 이론을 정립한 학자이다. 곽상의 주요 활동은 서진 왕조 중기와 후기인데, 역사서의 기재에 따르면 그는 관직을 맡아서 권세를 전횡하였기 때문에, 사람들에게 조롱과 비웃음을 당했다고 전해진다. 이는 비록 정치적 맥락에서의 부정적 평가 내용 중심이지만, 곽상은 다른 현학자들보다 더욱 적극적으로 현실정치에 몸을 담고 자신의 이상을 실현하고자 애썼다고 볼 수 있다. 이러한 그의 정치적 입장은 철학체계의 기본 맥락에 있어서도 당시 위진현학의 중요한 시대과제에 반영되고 있다. 즉 위진현학의 주요 이론과제라 할 수 있는 자연과 명교의 관계 문제에 있어 명교는 자연에 근본을 두어야 한다는 왕필의 입장과 달리, 자연과 명교의 상이한 가치체계가 상보적 관계로 설정될 수 있다고 주장한다. 이는 명교의 가치를 분명히 강조하는 입장이 반영된 결과라 할 수 있다. 또한 곽상은 선진시기 노자와 장자철학에 대한 새로운 이해를 바탕으로 '독화(獨化)', '자생(自生)'의 이론을 정립하였고, 이를 통해 독특한 세계관 및 사회관을 체계적으로 구축하였다. 곽상의 저작은 『장자주』를 비롯해 『논어은(論語隱)』, 『노자주』 등의 문헌기록을 통해 확인할 수 있지만, 현재는 『장자주』만이 남아있다. 그의 『장자주』는 곽경번(郭慶藩)이 편찬한 『장자집석(莊子集釋)』(北京, 中華書局, 1989)이 대표성을 지닌다.

먼저 세상과 삶과 죽음의 문제에 대한 왕필의 관점을 살펴보자. 왕필은 앞선 시기인 양한시기의 우주생성론의 관점에서 벗어나 유무의 개념을 중심으로 세계와 만물을 이해하고자 한다. 그는 『노자』 1장 주석에서 다음과 같이 설명한다.

> "무릇 유는 모두 무에서 시작하기 때문에 아직 드러나지 않고 이름이 없는 때가 만물의 시작이 된다. 형체가 드러나고 이름이 있는 때에 이르러서는 그것을 자라게 하고, 길러주고, 형체를 드러나게 해주고, 완성시켜 주니 (유명은) 그 어미가 된다."
>
> "도가 무형과 무명으로 만물을 시작시키고 이루어주면, 만물은 그것에 의해 시작하고 이루어지되 그렇게 되는 까닭을 알지 못하는 현묘하고 또 현묘하다는 것이다."

왕필에 따르면 '유'는 모든 존재 즉 만물을, '무'는 '유'의 근거와 원리를 가리킨다. 노자철학에서의 '도' 개념은 왕필에게서 '무'로 규정되고, 이러한 '무'는 모든 사물이 비롯되는 근거이자 동시에 모든 사물이 존재하는 근본원리로서 작동한다. 따라서 '무'는 만물의 시작을 이루어주는 동시에 모든 생명체의 생명활동을 가능하게 해주는 원리가 된다. 그리고 왕필은 '무'를 생성의 근원이자 존재의 원리로 삼는 모든 사물은 결국 자신의 근원이자 근거인 '무'를 근본으로 삼아야 할 뿐 아니라, 자신의 생명을 온전히 지키기 위해서 반드시 '무'의 상태를 회복해야 한다고 역설한다. 이러한 입장에서 왕필은 50장 주석에서 보다 구체적으로 우리가 생명을 마주하는 방식에 대해 논의를 펼친다.

"백성들은 지나치게 잘 살려고 하다가 도리어 살지 못할 곳으로 가고 만다. 섭생을 잘하는 이는 삶을 살려고만 하지 않기 때문에 죽을 곳이 없다. 창칼보다 해로운 도구가 없고, 외뿔소나 호랑이보다 위험한 짐승이 없다. 그런데 창칼로 하여금 그 날 끝으로 찌를 곳이 없게 하고, 호랑이나 외뿔소로 하여금 그 발톱과 뿔로 할퀼 곳을 없게 하니, 이는 참으로 욕심이 그 몸을 얽어매지 않게 한 때문으로 어찌 죽을 곳이 있겠는가! 저 독충들은 연못이 얕다고 여겨 그 속에 구멍을 뚫고, 송골매는 산이 낮다고 여겨 그 위에 둥지를 얹으니, 주살이 닿지 못하고 그물을 씌우지 못하여 죽을 곳이 없는 곳에 거처한다고 할 수 있다. 그러나 마침내 달콤한 미끼에 걸려서 사지에 빠져버리니 너무 잘 살려고 했기 때문이 아니겠는가? 그러므로 사물이 구하는 것 때문에 근본을 떠나지 않고, 욕심으로 인해 참모습을 더럽히지 않으면, 비록 전쟁터에 들어가더라도 해를 받지 않으며 세상을 돌아다녀도 다치지 않을 수 있다. 이런 점에서 갓난아이야말로 참으로 본받아 귀하게 여길 만하다."

우리는 생명활동을 하는 과정에서 나의 생명을 잘 보듬어 안고 지키려고 애쓴다. 그러나 때로는 도리어 나의 생명을 해치고 어그러뜨리는 잘못된 결과를 마주하기도 한다. 왕필은 지나치게 나의 생명을 잘 유지하고 존속하려는 의도와 목적에서 그 원인을 찾는다. 즉 생명을 잘 지키는 자는 결코 잘 살려는 데에 자신의 모든 것을 집중하지 않는 것이다. 왕필 또한 이전시기 학자들과 마찬가지로 생명을 해치는 원인을 우리의 욕망 구조에서 찾는다. 목숨을 부지하기 어려운 위험한 상황에 처하더라도 지나친 욕심을 부리지 않고, 외물을 추구하더라도 근본을 저버리지 않는다면 나의 생명을 지키며 온전한 생명활동을 할 수 있다고 강조한다. 왕필은 이러한 모습이 마치 아직 욕망충족을 위해 자신을 해치지 않는 갓난아이의 모습과 같다고 비유하며, 본래상태의 회복을 요청한다. 그리고 본래상태의 회복은 이 세계의 본래적 질서라 할 수 있는 '도'의 상태를 제대로 인식하고 그에 따라 자신이 처한 상황에 맞게 살아가는데 달려 있다고 강조한다.

왕필의 '무'를 중심으로 세계관을 주장한 것과 달리 곽상은 '무'는 존재하지 않는 것으로 파악한다. 존재하지 않는 '무'는 '유'의 생성의 근원이 될 수 없기 때문에 '유'는 결국 어떠한 이유 없이 저절로 생겨난다는 '자생(自生)'의 관점을 「제물론주(齊物論注)」에서 주장한다.

> "무는 이미 없음이니 유를 낳을 수 없다. 유가 아직 생겨나기 이전은 또한 생겨남이 될 수 없다. 그렇다면 생겨남을 생겨나게 하는 것은 무엇인가? 홀로 저절로 생겨날 뿐이다. 자생일 뿐이니 내가 생한 것이 아니다. 나는 이미 남을 생할 수 없고, 남도 나를 생할 수 없으니, 나는 저절로 그러한 것이다."
>
> "모든 존재의 양태가 각기 달라 조물주 같은 것이 이렇게 시키는 것 같기도 하다. 그래서 실제로 조물주의 자취를 추적해 보면 또한 찾을 수가 없으니, 이것은 물이 모두 자연이어서 물을 이렇게 저렇게 시키는 것이 없음을 알 수 있다."

곽상은 생성의 근원이나 그로부터 구체적 사물이 형성되는 방식에 대해 큰 관심을 두지 않았다. 특히 왕필이 세계와 존재의 근거로서 설정한 '무'는 단지 상대적인 결핍으로서의 의미만을 지니기 때문에 결코 '무'가 생성의 근원이나 존재의 근거가 될 수 없다고 주장한다. 따라서 곽상의 철학에서는 그 어떤 조물자가 설정될 수 없는 것이며, 이 세상 모든 사물은 저절로 생겨날 뿐이다. 이처럼 곽상은 생성의 근원이나 방식에 대한 이론적 탐구보다는 저절로 생겨난 사물이 어떠한 방식으로 존재하고 소멸에 이르는지에 자신의 문제의식을 집중시킨다. 그리고 생성의 근원이나 존재 근거 자체를 특정 개념으로 규정하지 않기 때문에, 모든 사물은 독자적으로 생존과 변화의 길을 걷는다는 의미의 '독화(獨化)'를 「지북유주(知北遊注)」에서 다음과 같이 주장한다.

> "만약 몸이 너의 소유라고 하면 선악과 삶과 죽음이 너로부터 말미암아 제어될 것이다. 이제 기가 모이면 생겨나는 것인데, 너는 그것을 막을 수 없다. 또 기가 흩어지면 죽는 것인데, 너는 그것을 막을 수도 없다. 천지자연이 맡겨서 기를 맺히게 하여 저절로 이루어지는 것일 뿐이지 너의 소유가 아니다."

우리는 존재와 삶의 근거가 나의 외부 또는 내 안에 독자적으로 자리하여 나의 삶과 죽음까지도 제어한다고 믿는다. 여기서 곽상은 삶과 죽음은 단지 기가 자기운동을 통해 저절로 모이고 흩어지는 과정의 연속이라 주장하고, 삶과 죽음이 연속되는 것은 모두 저절로 그러한 것으로 그 어떤 궁극적 원인이 없는 것으로 이해한다. 우리는 사실 세계에서 경험적으로 생성과 소멸의 현상은 파악할 수 있다. 특정한 사물이 어느 시점에 생겨나고 때로는 소멸하는 것은 우리 주변에서 흔히 경험할 수 있는 사실이다. 곽상은 이러한 연속의 과정을 기의 모임과 흩어짐으로 파악하는 것 자체는 우리가 경험세계의 현상을 바탕으로 그렇게 규정할 뿐이라고 본다. 곽상은 이점을 「경상초주(庚桑楚注)」에서 다음과 같이 상세히 설명한다.

“삶과 죽음이 들고 나는 것은 모두 홀연히 저절로 그러하여 억지로 해서 되는 것이 없다. 그러니 모이고 흩어지며 숨어들고 드러나는 것이 있으므로 들고 난다는 이름이 있는 것이다. 다만 이름이 있을 뿐이지, 결국은 들고 나는 것은 없는 것이니, 문이 어디에 있겠는가? 그러므로 무로써 문을 삼는 것이다. 무로써 문을 삼는 것은 바로 문이 없다는 것이다.”

결국 곽상에게서 삶과 죽음은 기의 모임과 흩어짐의 연속과정으로 이해된다. 따라서 곽상의 관점에 따른다면, 우리는 삶과 죽음 그 자체를 깊이 고민하고 탐색하기보다는 삶의 연속에서 우리가 과연 어떻게 살아갈지의 문제, 즉 저마다 다르게 지니고 있는 개별적 속성을 이해하고 만족하며 살아가는 방식에 대한 답을 모색하는 것이 그 무엇보다 중요하다.

5. 신멸불멸론(神滅不滅論)의 삶과 죽음의 문제

고대 중국철학으로부터 전개된 육체와 정신의 관계 문제는 중국철학의 발전 흐름에서 정신이 소멸하는 것인지의 문제를 중심으로 이론적 논쟁이 전개되는 양상을 보이기 시작한다. 이러한 흐름은 중국사상계에 불교가 전래된 이후 보다 전면적인 쟁점으로 자리하게 된다. 즉 불교의 수용에서 외래 사상에 대한 격렬한 이론적 저항과 함께, 정신의 본질과 그 소멸과 불멸이 논의 중심주제로 등장하여 논쟁의 쟁점을 이루게 되며, 이로부터 이른바 '신멸불멸'의 논쟁이 시작된다.

중국역사에서 한나라 말기부터 위진남북조시기에 걸쳐 중국철학과 불교 사이의 '신멸불멸' 논쟁을 살펴볼 수 있는 주요 자료는 양(梁) 나라 때 승우(僧祐)가 편찬한 『홍명집(弘明集)』을 비롯한 불교 경전에 집중된다. 특히 『홍명집』은 유교와 도교의 불교에 대한 이론적 비판을 불교 입장에서 해명하고 이론적으로 옹호하고자 하는 저술 동기를 지닌 만큼, 신멸불멸 논쟁의 주요 맥락을 파악할 수 있는 가치 있는 자료라 할 수 있다. 『홍명집』은 동국대학교 동국역경원에 한글 번역본이 있다(한글대장경 278 사전부 18, 2010).

불교의 초기 수용단계라 할 수 있는 한말위진시기의 불교에 대한 중국 사상계의 이해는 먼저 모융(牟融, 165?-251?)과 혜원(慧遠, 334-416)에게서 시작된다. 먼저 모융은 『홍명집(弘明集)』, 『모자이혹론(牟子理惑論)』에서 정신이 소멸하는지의 문제를 다음과 같이 설명한다.

> "도를 얻었다면 비록 신체는 죽더라도 정신(영혼)은 천당으로 가지만, 악한 일을 행하였다면 죽은 뒤에 영혼은 그 재앙을 받게 된다."
>
> "묻기를: 불도에서는 '사람이 죽으면 반드시 다시 태어난다[更生]'고 하는데, 나는 이 말이 사실이라고 믿을 수 없다. 모자(牟子)가 대답하기를: 사람이 임종할 때 가족들이 지붕 위에 올라가 그 사람의 이름을 부른다. 이미 죽었는데 또 누구를 부르는 것인가? 어떤 사람이 답하기를: 혼백(魂魄)을 부르는 것이다. 모자가 말하기를: 정신이 돌아오면 소생하지만, 돌아오지 않으면 영혼은 어디로 가는가? 답하기를: 귀신이 된다. 모자가 말하기를: 그렇다. 정신은 본래 불멸하고, 신체만 썩을 뿐이다. 비유하자면 신

체는 오곡의 뿌리, 잎과 같고 영혼[魂神]은 오곡의 씨앗과 같은 것이다. 뿌리와 잎은 나오면 반드시 시들지만, 씨앗에 어찌 끝이 있겠는가? 도를 체득한 사람도 신체는 소멸해 버릴 뿐이다."

위 인용문에서처럼 모융은 정신과 영혼의 불멸을 주장하는데, 이는 '신불멸'의 입장에서 '신멸불멸' 논쟁에 불을 지핀 것이라 할 수 있다. 그는 명백하게 인간이 죽더라도 정신은 영원하고 육체만이 소멸한다는 입장을 견지한다. 혜원은 『홍명집(弘明集)』, 『사문불경왕자론(沙門不敬王者論)』에서 모융의 관점을 이어받아 더욱 철저히 '신불멸'의 입장을 끌고 나간다.

"실제로 불이 땔감에 전해지는 것은 마치 정신이 육체에 전해지는 것과 같고, 불이 다른 땔감에 전해지는 것은 마치 정신이 다른 육체에 전해지는 것과 같다. 처음의 땔감은 다음의 땔감이 아니므로 손으로 땔감을 태워가는 기술의 교묘함을 알게 된다. 처음의 육체는 다음의 새로운 육체가 아니므로 정(情)과 수(數)의 작용이 심원함을 알게 된다. 그런데 미혹한 사람은 육체가 하나의 생으로 소멸한다고 보고 정신과 정(情)이 다함께 사라진다고 생각한다. 그러나 이것은 불이 하나의 땔감으로 다하며, 한 시기가 끝나면 모두 사라진다고 보는 것과 같다."

혜원은 불과 땔감의 비유를 통해 정신은 육체의 차원을 뛰어넘는 것으로 육체가 다해도 정신은 소멸하지 않는다는 '형진신불멸(形盡神不滅)'을 주장한다. 이처럼 정신과 영혼의 불멸을 중심으로 하는 이해 방식은 중국사상과 불교사상 사이의 논쟁을 촉발하는 사상사적 역할을 하였다. 불교계의 이러한 이해방식에 대해 하승천(何承天, 370-447)은 『홍명집(弘明集)』, 「답종거사서석균선난(答宗居士書釋均善難)」에서 신멸론의 관점을 제기한다.

> "육체와 영혼이 서로 의지하는 것에 대하여 옛날 사람은 장작과 불로써 비유했습니다. 장작이 거의 다 타면 불은 미약해지고, 그것이 다 연소하게 되면 불도 소멸됩니다. 비록 영혼에 오묘함이 있다고 해도 어찌 홀로 전해질 수 있겠습니까?"

하승천은 앞선 신불멸의 주장에서 비유로 든 땔감과 불의 관계를 통해 신멸론의 입장을 전개한다. 신멸론은 인간이 죽게 되면 우리의 육체 뿐 아니라 정신 또한 흩어져 소멸한다는 입장으로 정리할 수 있다. 이에 대해 혜원의 제자인 종병(宗炳, 375-443)은 『명불론(明佛論)』에서 다시 신멸론을 반박하며 신불멸의 입장을 개진한다.

> "만약 형체가 생기면 곧 정신이 생기고, 형체가 죽으면 곧 정신이 죽는 것이라고 한다면, 마땅히 형체가 해를 입으면 정신도 손상되고, 형체가 병이 들면 정신도 흐트러져야 할 것이다. [그렇다면] 어찌 육신이 [병들어] 썩어가고 있을 때나 [죽었는가를 확인하기 위해 코에] 솜을 대어 보는 임종의 때에 정신과 마음[神意]이 평온하고 온전한 경우가 있을 수 있겠는가? [공자께서] '들창 너머로 손을 잡으셨다'고 하는 [염백우의] 이야기는 병이 극심한 경우였다. 그런데도 [염백우가] 덕행의 주인이었음은 변하지 않았으니, 이것이 곧 [정신이] 불멸한다는 증거일 것이다."

남북조시기에 이르러 신멸불멸의 논쟁은 더욱 심화되는 과정을 거치게 되며, 당시 유학자인 범진(范縝, 450-515)은 『신멸론(神滅論)』을 저술하여 중국 철학의 입장에서 불교의 관점과 이론을 적극적으로 비판한다. 이는 다음의 『홍명집(弘明集)』, 9권의 내용에서 확인할 수 있다.

> "정신은 곧 신체이고, 신체는 곧 정신이다. 그렇기 때문에 신체가 존재하면 정신도 존재하고, 신체가 사라지면 정신도 소멸한다."
>
> "정신[神]의 재질[質]에 대한 관계는 날카로움의 칼날에 대한 관계와 같고, 신체[形]의 기능[用]에 대한 관계는 '칼날'의 '날카로움'에 대한 관계와 같다. 날카로움이라는 이름은 칼날을 가리키는 것이 아니고, 칼날이라는 이름은 날카로움을 말하는 것이 아니다. 그러나 날카로움을 버리고서는 칼날도 없을 것이고, 칼날을 버리고서는 날카로움도 없을 것이니, 칼날이 없는데 날카로움은 여전히 존재한다는 말을 들어본 적이 없다. 그러니 어찌 신체가 없으면서 정신은 존재할 수 있겠는가?"

이러한 논쟁의 발단은 사실 윤회와 영혼의 불멸 여부를 둘러싸고 신멸, 신불멸의 논쟁이 전개된 것이라 이해할 수 있다. 즉 윤회의 주체로서 '신(神)', 즉 영혼의 문제가 그 무엇보다 중요한 화두로 자리하게 된 것으로 이해할 수 있다. 내세에 관해 확실한 이론적 맥락과 믿음을 갖지 못했던 중국의 지식인들은 불교의 윤회사상이 전래되었을 때, 윤회를 결정하는 업의 상속 문제와 윤회의 주체를 이해하는데 많은 어려움을 겪었다. 따라서 중국 철학의 전통적 이론 체계의 입장 아래 불교를 이해하는 과정에서 초래된 논쟁 가운데 하나가 바로 사후 영혼의 존재 여부를 둘러싸고 벌어진 신멸불멸의 논쟁이다.

사실 불교의 윤회설은 본래 영혼의 실체를 주장하는 인도의 전통적 윤회설인 '유아론적 윤회설'에 대한 비판으로서 부처가 새롭게 정립한 '무아론적 윤회설'이다. 그런데 이 점에 대한 정확한 이해가 없었던 중국 지식인들은 불교의 윤회설을 수용하는 과정에서 도리어 '유아론적 윤회설'의 맥락을 중심으로 정신(영혼)의 불멸을 근거로 윤회의 당위성을 주장하는 입장과 정신(영혼)의 소멸을 근거로 윤회를 부정했던 입장의 대립을 이루게 된 것이다. 따라서 신멸불멸 논쟁은 불교 윤회설에 대한 중국 지식인들의 오해에서 비롯된 하나의 철학적 논쟁이라 할 수 있다.

그러나 이러한 논쟁은 역설적으로 중국철학사 발전의 흐름에서 상당한 이론적 공헌을 하게 되었다. 기존 중국 고대철학에서 정신과 육체의 관계 문제에서 정신의 우월성을 주장했던 입장이 정신(영혼))의 유무문제를 둘러싸고 격렬하게 전개된 논쟁을 통해 정신과 육체의 이론을 논리적, 형이상학적으로 보다 고차원적 의미를 갖는 차원으로 상승시키게 된 것이다. 즉 땔감과 불, 촛불과 불 등의 비유를 통해 그 비유가 지니는 논리적 결합 등에 대한 사고를 전개했으며, 체용의 맥락에서 정신과 육체의 일원적 특징을 주장하는 이론으로 발전하게 된 점이 구체적 사례라 할 수 있다. 또한 정신에 비해 물질 또는 육체의 우월성을 주장하는 이론적 단초가 발견되고, 불교계에서는 중국불교의 가장 특징적 이론이라 할 수 있는 '불성론(佛性論)'의 성립에 지대한 영향을 미쳤다.

〈참고문헌〉

이석명 옮김, 『회남자』, 소명출판, 2010.
이석명 옮김, 『노자도덕경하상공장구』, 소명출판, 2005.
한흥섭 옮김, 『혜강집』, 소명출판, 2006.
임채우 옮김, 『노자의 왕필주』, 한길사, 2010.
곽경번(郭慶藩) 撰, 『장자집석(莊子集釋)』, 중화서국(中華書局), 1989.
장계환 옮김, 『홍명집』, 동국역경원, 2001.
박동인, 「『회남자』의 생사관과 자아관」, 『유학연구』 제33집, 충남대학교 유학연구소, 2015.
이진용, 「『회남자』의 우주생성론 고찰」, 『가톨릭철학』 제18호, 가톨릭철학회, 2012.
서대원, 「왕필과 곽상의 자연관과 사회관 연구」, 『철학사상』 14호, 서울대학교 철학사상연구소, 2002.
조윤호, 「정신에 대한 중국불교계의 이해」, 『범한철학』 제61집, 범한철학회, 2011.
윤종갑, 「중국 불교와 장송의례」, 『동아시아불교문화』 제23집, 동아시아불교문화학회, 2015.

03 송명 이학가(理學家)들의 생사관

한정길

사람이 살아가면서 겪는 커다란 일들이 있다. 그 가운데 가장 큰 일은 죽음을 대면하는 일이다. 마음을 주었던 것과 영원한 작별을 고하는 일에는 슬픔이 동반한다. 게다가 자신의 죽음을 대면하는 경우에는 불안과 공포까지도 함께 밀려온다. 죽음에 깃든 슬픔과 불안 및 공포를 어떻게 떨쳐버릴 수 있을까?

산 사람 가운데 '죽음'을 직접 경험한 사람은 없다. 죽은 자도 말이 없다. 죽음 이후의 세계는 우리가 알 수도 없고, 다룰 수도 없다. 우리가 관여할 수 있는 것은 오직 '죽음' 이전의 세계이다. 따라서 '죽음'의 문제는 어떻게 죽을 것인가의 문제이고, 그것은 어떻게 살 것인가의 문제 가운데 포함된다.

우리는 자기 소멸에 대한 슬픔과 두려움을 극복하는 방법을 죽은 이들로부터 들을 수는 없을지라도, 죽음을 편안하게 받아들인 사람들이 들려주는 이야기를 참고할 수는 있을 것이다. 이 글은 송명 이학가들이 삶과 죽음을 어떻게 이해했고, 또 생사의 관문을 어떻게 돌파하려고 했는지를 살펴본 것이다. 이를 통해 죽음의 불안과 공포를 극복하고, 보다 잘 살 수 있는 지혜를 함께 탐색해보고자 한다.

우리의 삶은 자연 · 신 · 사회 · 역사와의 감응체계 속에서 이루어진다.

인간은 자연환경의 변화를 느끼고 그에 적절히 반응할 뿐만 아니라, 신의 명령을 듣고 그에 순종하며, 다른 사람들이 보내는 신호를 살펴서 그에 순리에 맞게 대응하며, 자신의 삶에 대한 역사적인 평가를 의식하면서 살아간다. 철학은 이 감응체계에 대한 하나의 성찰 작업이다. 생사문제도 이 감응체계 속에서 다룰 수 있다. 이 글에서는 이학가들의 생사관을 자연, 신적 존재인 하늘의 명령, 인간이 따라야 할 도리와의 관계 속에서 조명하고자 한다.

1. 기화유행(氣化流行)의 세계와 '삶과 죽음'

1) 기(氣)의 본체와 취산(聚散) 작용 및 생사

동양철학의 가장 기본적인 세계관은 기론(氣論)이다. 동양의 철인들은 이 세계를 기가 끊임없이 유행하면서 만물을 변화 육성시키는 것으로 이해한다. 만물의 생장과 소멸도 기화 유행의 한 과정으로 이해되고, 인간의 생사문제도 기의 모임과 흩어짐(聚散)으로 설명된다.

중국철학에서 기의 취산으로 생사를 설명한 최초의 문헌자료는 『장자』이다. 장자는 「지북유(知北遊)」에서 "삶이란 죽음이 뒤따르고, 죽음은 삶의 시작이니, 그 주재자를 누가 알겠는가! 사람이 태어남은 기가 모이기 때문이다. 기가 모이면 삶이 되고, 흩어지면 죽음이 된다."고 말한 바 있다. 이학가 가운데 삶과 죽음을 기의 취산으로 설명한 대표적인 인물은 장재(張載)이다. 그는 『정몽(正蒙)』, 「태화편(太和篇)」에서 일체의 존재와 변화 및 생사를 '기'를 가지고 설명한다.

크게 비어서 형체가 없는 것은 기의 본체이고, 그것이 모이고 흩어짐은 변화가 일시적으로 드러난 형체(客形)일 따름이다. ……천지의 기운은 비록 모이고 흩어지고 쳐서 빼앗는 것이 다양하지만 그 이치는 순조로우며 거짓되지 않다. 기라는 것은 흩어져서 형체가 없는 상태가 되면 바로 나의 본체를 얻게 되고, 모여서 형상이 있게 되더라도 나의 변함없는 모습을 잃지 않는다. 태허는 기가 없을 수 없고, 기는 모여서 만물이 되지 않을 수 없으며, 만물은 흩어져서 태허가 되지 않을 수 없다. 이에 따라 출입하는 것은 모두 부득이하여 그런 것이다. 그래서 성인은 그 사이에서 도를 다하고 양체(兩體)를 겸하여 빠뜨리지 않는 사람이니, 신(神)을 보존함이 지극하다. 저 적멸을 말하는 자는 가서 돌아올 줄 모르고, 생(生)을 따라 유(有)에 집착하는 자는 사물이 되어 변화하지 않으니, 이 둘은 차이가 있지만 도를 잃어버렸다는 것을 말하자면 다름이 없다.

장재 기철학의 제1명제는 '태허가 바로 기(太虛卽氣)'라는 것이다. 태허는 지극히 커서 밖이 없는 거대한 우주공간이다. 그러나 크게 비어있다고 해서 아무것도 없는 것이 아니다. 그 안에는 기가 가득 차 있다. 그러나 그 기는 형체가 없어서 감각적으로 지각할 수 없다. 장재는 이러한 상태가 바로 기의 본래 상태라고 본다. 그런데 태허에 가득 차 있는 기는 끊임없이 꿈틀거리면서 움직인다. 그 가운데 가볍고 맑고 따뜻한 것은 위로 올라가고, 무겁고 탁하고 차가운 것은 아래로 내려가서 서로 다른 두 가지 대립적인 세력으로 나뉜다. 이것이 바로 음기와 양기이다. 이 음양의 두 기운이 감응하고 서로 응취하여 만물이 된다. 인간 존재도 기가 모여 뭉쳐서 이루어진다. 그리고 죽음은 이 뭉쳤던 기운이 흩어지는 것이다. 이처럼 장재는 기의 취산으로 생사를 설명한다. 세상에 등장한 모든 생명 개체들은 기가 모여서 이루어진 일시적인 존재이다. 그것은 흩어져서 무형의 상태로 돌아가지 않을 수 없다. 이것이 바로 자연의 변화원리이다. 그런데 불교와 도교는 이것을 모르고 적멸의 세계로 돌아가려고 하거나, 이 세상에서 오래 살려고 한다. 죽음의 두려움을 극복하는 방법은 이 취산작용이 자연의 변화원리임을 자각하고 그에 순리대로 응하는 것이다.

주희(朱熹)도 『주자어류』에서 장재를 이어서 기의 취산으로 생사를 설명한다.

> 노자는 그 몸을 보전하고자 하는 생각이 많고, 석가는 또 그 몸을 완전히 도외시하고 불생불멸하는 존재가 따로 있다고 스스로 말한다. 구양수가 '노자는 생을 탐하고 석가는 죽음을 두려워한다'고 하였는데, 그 말이 역시 옳다. 기가 응취하면 태어나고, 기가 흩어지면 죽거니와 그것에 순응하면 그만인데, 석가와 노자는 모두 그것을 어긴 자들이다.

주자는 기의 자연스러운 변화에 순응함으로써 생사문제를 해결하고자 하였다. 그리고 기론에 토대를 두고, 도가와 불교의 생사관을 비판한다. 노자는 '장생구시(長生久視)'를 지향한다. 건강하게 오래 살고자 하는 것이다. 여기까지는 크게 문제가 되지 않을 듯하다. 그러나 도가 생사관의 문제는 그들이 '생명을 온전히 누리는 것(全生)'에 최고의 가치를 부여한다는 점이다. 도가에서는 삶은 그 자체로 향유되어야지 그 무엇의 수단으로 간주되어서는 안 된다고 본다. 이 때문에 도가에서는 인의(仁義)나 충효 등의 가치를 실현하기 위해서 헌신하는 것을 허용하지 않는다. 공동체를 개인

보다 우선시하는 유가의 입장에서 도가의 이러한 태도는 개인의 생명을 지나치게 탐한 것이라고 비판하지 않을 수 없었다. 불교에서는 윤회로부터 벗어나 적멸의 세계에 들어가고자 한다. 생사윤회의 고리로부터 벗어나고자 한 것은 삶을 고통으로 여긴 것일 뿐만 아니라 죽음까지도 두려워하여 피한 것이라고 하겠다.

주희는 『주자어류』에서 삶과 죽음을 기의 취산으로 설명하고, 그것을 구체적으로 '혼(魂)'과 '백(魄)'이 뭉쳤다 흩어지는 것으로 이해한다.

> 사람이 태어나는 것은 정기가 모인 것이다. 사람은 많은 기를 지니고 있지만 반드시 소진할 때가 있다. 소진하면 혼의 기운은 하늘로 돌아가고, 형체인 백은 땅으로 돌아가 죽게 된다. 사람은 죽을 즈음에 열기가 위로 올라가는데 그것은 이른바 혼이라는 것이 상승하는 것이며, 하체가 점점 차가워지는데 그것은 이른바 백이라는 것이 하강하는 것이다. 이것이 삶이 있으면 반드시 죽음이 있고, 시작이 있으면 반드시 마침이 있는 까닭이다.

정신적인 기운인 '혼'은 하늘로부터 받은 것이고, 육체적인 기운인 '백'은 땅으로부터 받은 것이다. 생명의 탄생이란 바로 이 두 기운이 뭉쳐서 엉기는 것이고, 죽음이란 이 두 기운이 흩어져 본래 왔던 곳으로 돌아가는 것이다. 혼은 하늘에서 왔기에 하늘로 돌아가고, 백은 땅에서 왔기에 땅으로 돌아간다.

2) 동일혈족간의 기의 유통과 제사

『주자어류』에 나타난 주희의 혼백관에 따르면 사람이 죽은 뒤에는 그의 '혼'도 역시 '백'과 더불어 흩어져 없어진다. 그런데 혼백이 흩어지는 데 걸리는 시간은 저마다 다르다.

용지(用之)가 말했다. "사람이 천지와 산천에 기도하는 것은 나의 있음으로 저것의 있음에 감응하는 것입니다. 자손이 선조에게 제사를 지내는 것은 나의 있음으로 저것의 없음에 감응하는 것입니다." 주희가 말했다. "천신과 지신의 기운은 항상 굴신하여 그치지 않지만, 사람 귀신의 기운은 흩어져서 남겨지는 것이 없다. 그런데 기운이 흩어지는 데에는 오래 걸리고 빨리 흩어지는 차이가 있다. 사람 가운데 그 죽음에 복종하지 않는 자는 이미 죽었어도 그 기운은 흩어지지 않고 도깨비가 된다. 예를 들어 사람이 흉사한 경우나 또 스님이나 도사들 가운데 이미 죽었는데도 흩어지지 않는 경우가 많다. (스님이나 도사들은 정신을 힘써 기르기에 응취하여 흩어지지 않는다) 그러나 성현은 죽음을 편안하게 여기는데, 어찌 흩어지지 않고 신선이나 귀신이 되는 것이 있겠는가! 황제나 요순이 죽어서 신령스러운 귀신이 되었다는 말은 듣지 못했다."

사람이 죽게 되면 그 기운은 흩어지게 된다. 그런데 그 기운이 흩어지는 데 걸리는 시간은 사람들마다 차이가 있다. 흉사한 경우처럼 죽음에 승복하지 않는 이들의 기운은 잘 흩어지지 않는다. 또 평소에 정신을 기르는데 힘쓴 스님이나 도사들의 경우도 그 기운이 잘 흩어지지 않는다. 중요한 것은 죽음을 편안하게 받아들이는 것이다. 유가의 성현들은 죽음을 편안히 받아들이기에 죽으면 그 기운도 자연스럽게 흩어진다. 이 때문에 유가의 성현 가운데 신령스러운 귀신이 된 경우는 없다. 이처럼 혼백이 흩어지는 것이 자연스러운 것이라면 조상신에게 제사를 지낼 필요가 없는가? 이에 대해 주자는 『주자어류』에서 다음과 같이 설명한다.

> 사람이 죽으면 끝내는 흩어질지라도, 곧바로 다 흩어지지는 않는다. 그러므로 제사에 감격(感格)하는 이치가 있다. 선조 가운데 세대의 차이가 먼 경우에 그 기가 있는지 없는지는 알 수 없다. 그러나 제사를 받드는 사람은 그의 자손이기에 필경은 단지 하나의 기라서 감통하는 이치가 있다. 그러나 이미 흩어진 것이 다시 모이지는 않는다. 석씨는 도리어 사람은 죽어서 귀신이 되고, 귀신은 다시 사람이 된다고 한다. 이와 같다면 천지 사이에는 항상 수많은 사람이 오고 가는 것이라서, 다시 조화가 낳고 낳는 과정을 거치지 않으니 기필코 이러한 이치는 없다.

동일 혈족 간에는 기운이 서로 통한다. 이 때문에 조상신에게 제사하면 감격하는 이치가 있다. 여기에는 내가 죽더라도 나의 기운은 자손들에게 전해진다는 생각이 내재되어 있다. 자손들에게로 내 기운이 전해진다면 나는 죽어도 죽지 않은 것이다. 이것도 죽음의 두려움을 극복하는 하나의 방법일 수 있다.

그런데 생사를 기의 취산으로 설명한다고 해서 생사의 관문을 넘어설 수 있는 것은 아니다. 뿐만 아니라, 그것을 통해서는 어떻게 사는 것이 좋은 삶이고, 어떻게 죽는 것이 좋은 죽음인지 알 수 없다. 그럼 생사의 관문을 어떻게 넘어설 수 있는가? 도대체 어떤 삶이 좋은 삶인가? 이학가들은 신적 존재인 천과의 관계 속에서 인간 존재를 성찰함으로써 그에 답변하고자 한다.

2. 하늘의 명령과 개체 생명의 삶과 죽음

유학에서는 개체 생명의 삶과 죽음의 문제를 '하늘의 명령(天命)'과의 관계 속에서 이해한다. 여기에서는 이학가들이 선진유학에서 계발한 '천명'을 어떻게 이해했고, 그에 대응하는 방법을 어떻게 발전시켰는지를 알아보고자 한다.

1) '사생유명(死生有命)'의 '명'과 '수신(修身)'

공자는 일찍이 "죽음과 삶에는 명이 있고, 부유함과 귀함은 하늘에 달려 있다(『논어』, 「안연」)."고 말한 바 있다. 이때의 명은 맹자가 "부르지 않았는데도 이른다(『맹자』, 「만장상」)."고 하고, 장자가 "그 이유를 알 수 없는데도 그러한 것(『장자』, 「달생」)"이라고 말한 것이다. 주자는 이러한 명에 대해 그것은 우리가 관여하여 옮기거나 바꿀 수 있는 것이 아니므로, '순응하여 받아들일 수밖에 없다(『논어집주』, 「안연」).'고 말한다. 이와 달리 우리에게는 또 하나의 명, 즉 『중용』에서 말하는 '천명지성'의 명이 있다. 주자는 전자를 기와 관련된 '명'으로, 후자를 리와 관련된 '명'으로 구분한다. '죽음과 삶에 명이 있다'는 것은 '기명(氣命)'이고, '천명지위성'의 명은 '리명(理命)'이다. 기명은 많고 적음과 두텁고 엷음의 차이가 있다. 그것은 사람이 처음 태어날 때 부여받은 것으로, 구한다고 해서 구해질 수 있는 것이 아니다. 그것은 받아들일 수밖에 없다. 그럼 그것을 어떻게 편안하게 받아들일 수 있을까? 이에 대한 하나의 해법을 『맹자』에서 발견할 수 있다.

맹자는 "요절하거나 장수하거나 의심을 품지 않고 자신을 닦아서 명을 기다리는 것이 명을 세우는 것이다(『맹자』, 「진심상」)."라고 말한다. 맹자는 '명'에 대응하기 위해서 '수신'을 요구하고 있다. 이 점은 유가 생사관의 주요 특징이라고 하겠다. 그럼 '요절과 장수에 마음이 흔들리지 않는다'는 것은 무엇을 의미하는가? '명'에 대처하는데 왜 '수신'을 요구하는가? '수신'은 구체적으로 어떻게 하라는 것인가? 이에 대해 주자와 왕양명의 생각을 들어보도록 하자.

주자는 『주자어류』에서 "'요절하거나 장수하거나 의심을 품지 않는다'는 것은 삶과 죽음을 내 마음의 기쁨과 슬픔으로 여기지 않는다는 뜻이다."라고 말하고, 자신을 닦아 기다린다는 것을 다음과 같이 풀이한다.

> 경지가 '요절하거나 장수하거나 의심을 품지 않고 자신을 닦아서 기다리는 것이 명을 세우는 방법이다.'는 의미에 대해 물었다. (주자가) 대답했다. "이미 요절하거나 장수하는 것 때문에 그 마음을 분열시키지 않고, 또 모름지기 자신을 닦아서 기다려야 비로소 이 명을 세울 수 있다. 자신이 백 년 동안 세상에 산다면 백 년 동안 매사가 마땅하도록 해야 하고, 자신이 하루 동안 세상에 있다면 하루 동안 또 매사가 마땅하도록 해야 한다. 이미 일찍 죽고 오래 사는 것 때문에 그 마음을 동요시키지 않을지라도, 잠시라도 도리에 어긋난 일을 해서도 안 된다. 예컨대 석씨가 인륜을 끊어버리는 짓을 하는 것도 역시 '요절하거나 장수하거나 의심을 품지

> 않는다'는 것이라고 말할 수 있다. 그러나 '자신을 닦아서 기다린다'는 한 단락에 대해서는 전혀 이해하지 못한다. 그 때문에 하는 일이 모두 두뇌가 없고 임금도 없고 아비도 없어서 사람이 지켜야 할 커다란 윤리를 어지럽힌다."

요절과 장수에 마음이 흔들리지 않으려면 자신을 닦는 수신이 요구된다. 수신은 살아있는 동안에 항상 의로움을 실천하는 것이다. 하루를 산다면 하루 동안 마땅히 해야 할 일을 하고, 백년을 산다면 백 년 동안 마땅히 해야 할 일을 한다. 의로움이란 고상한 것이 아니다. 일상생활 속에서 사람으로서 마땅히 해야 할 바의 도리이다. 부모에게 효도하고, 형제간에 우애 있게 지내고, 친구와 신의를 지키며, 불의에 항거하는 등의 것이 의로움이다. 이 의로운 행위를 하나하나 해나가는 과정에서 '호연지기(浩然之氣)'가 생긴다. 호연지기가 가슴 속에 충만해지면 부귀 · 빈천 · 위협과 무력에도 흔들리지 않을 수 있고, 나아가서는 죽음 앞에서도 떳떳할 수 있다. 주희가 '수신이사(修身以俟)'의 '수신'을 일상생활에서 의리를 충실히 실천하는 것으로 이해했다면, 왕수인은 『전습록』에서 인욕을 제거하여 심체를 막힘없이 유행하게 하는 마음공부로 풀이한다.

> (『맹자』의) "요절하거나 장수하거나 의심을 품지 않는다"는 것에 대해 물었다. 선생께서 말씀하셨다. "학문 공부가 일체의 명성이나 이익, 기호 등을 거의 모두 벗어던질 수 있다고 하더라도 여전히 생사에 관한 생각이 조금이라도 마음에 걸려 있다면, (마음의) 전체에 아직도 풀리지 않은 부분이 있는 것이다. 사람의 생사에 대한 생각은 본래 개체 생명의 뿌리로부

터 나오는 것이기 때문에 제거하기가 쉽지 않다. 만약 이곳에서 간파하여 꿰뚫어 나갈 수 있다면 이 마음의 전체가 막힘없이 유행할 것이니, 바로 이것이 본성을 다 실현하여 천명에 이르는 학문이다."

우리의 내면에는 본성 실현을 가로막는 여러 가지 장애 요인이 있다. 대표적인 것이 명예 · 이익 · 기호 등의 사욕이다. 이것들도 물론 떨쳐버리기 쉽지는 않지만, 그보다 훨씬 제거하기 어려운 것이 바로 생사에 대한 관념이다. 그것은 개체 생명에 뿌리를 내리고 있다. 삶과 죽음에 대한 생각은 자신의 사사로운 육체를 중심으로 이루어지기 때문에, 천지만물을 한 몸으로 여기는 본심이 막힘없이 드러나는데 장애 요인이 된다. 따라서 자기 본성을 실현하고 천명에 이르기 위해서는 개인적인 삶 자체를 위한 투쟁 역시 초월해야 한다. 이를 위해서는 천지만물을 한 몸으로 여기는 '참된 자기(眞己)'에 대한 자각이 있어야 한다.

삶과 죽음에 명이 있으니, 요절하거나 장수하거나 의심을 품지 말고 자신을 닦아서 명을 기다려라. 이 가르침은 우리에게 죽음의 문제에 얽매이지 말고 우리가 해야 할 일이 따로 있으니, 그것이 무엇인지를 찾아서 실천하라고 요구한다. 그 요구 역시 천명의 형식을 띠고 있다. 그럼 우리가 따라야 할 또 하나의 천명은 무엇인가?

2) '천명의 그침 없음'과 '문왕의 덕의 순수함'

『시경』, 「대아(大雅) · 주송(周頌)」에서는 "하늘의 명이, 아, 심원하여 그치지 않는다. 아, 드러나지 않는가. 문왕의 덕의 순수함이여!"라고 말한다. 『중용』에서는 이 구절을 해설하기를 "'하늘의 명이, 아, 심원하여 그치지 않는다'는 것은 하늘이 하늘이 되는 까닭을 말한 것이다. '문왕의 덕의 순수함이여!'라는 것은 문왕이 문이 되는 까닭을 말한 것이다."라고 말한다. 이것들은 천명의 그치지 않음과 문왕의 순수한 덕이 드러남을 찬탄한 것이다. 여기에서 특징적인 것은 천명과 문왕의 덕을 병칭하고 있다는 점이다. 그것은 문왕의 덕이 하늘과 같음을 드러내기 위해서이다. 여기에서 우리는 인간의 삶의 도리를 자연에서 발견하고자 하는 중국적 사유방식이 표현되고 있음을 볼 수 있다. 하늘의 덕을 온전히 실현하고 있는 구체적인 사례를 문왕에게서 발견하고, 문왕을 통해 제시된 삶의 도리를 본보기로 삼고자 한 것이다. 이러한 사유는 이학가들에게도 이어진다.

정호(程顥)는 『이정집』에서 '천명이 그치지 않음'과 문왕의 덕이 '순수하고 또 그치지 않음'을 다음과 같이 풀이한다.

> 공자께서 시냇가에서 말씀하셨다. "가는 것이 이와 같구나! 밤이건 낮이건 쉬지 않는다." 한나라 이래로 유학자들은 모두 이 구절의 의미를 드러내지 못했다. 이것은 사람의 마음이 순수하고 또 그치지 않음을 본 것이다. 『시경』에서 "하늘의 명이, 아, 심원하여 그치지 않는다."고 말한 것은 하늘이 하늘이 된 까닭을 말한 것이고, "아! 드러나지 않겠는가? 문왕의 덕의 순수함이여!"라고 말한 것은 문왕이 문이 된 까닭을 말한 것이다. 순수하고 또 그치지 않으니, 이것이 바로 천덕이다. 천덕이 있으면 곧 왕도를 말할 수 있다. 그 요체는 단지 홀로를 삼가는데 있다.

시냇가의 물은 밤이건 낮이건 쉬지 않고 흐른다. 이것은 하나의 자연현상이다. 여기에서 무엇을 보아내는가? 이때 세계를 이해하는 관점이 개입

한다. 정호는 물이 쉬지 않고 흐르는 데서 깊은 철학적 의미를 찾아낸다. 하나는 천명이 그치지 않고 유행한다는 사실이다. 그침 없이 유행하려면 자신이 하는 일에 충실해야 한다. 이로부터 천명은 충실하다는 점을 발견하게 된다. 또 하나는 사람의 마음이 순수하고 그치지 않는다는 사실이다. 물이 쉬지 않고 흐르는 데서 이 점을 보아내기는 쉽지 않다. 그것은 자신의 순수한 마음이 쉬지 않고 드러나고 있음을 먼저 체득했기에 가능한 일이다. 정호는 '문왕의 덕이 순수하고 그침이 없다'는 『시경』의 말에서 자신의 깨달음이 틀리지 않았음을 확인한다. 그리고 문왕이 그러한 덕을 지니고 있었기 때문에 왕도정치를 펼 수 있었음을 발견한다. 또 순수한 마음이 그치지 않고 드러나기 위해서는 '신독'의 공부가 필요하다는 것도 알게 된다.

정호가 물이 그치지 않고 흐르는 데서 사람의 마음이 순수하고 그치지 않음을 보아냈듯이, 왕수인도 『전습록』에서 '천명이 그치지 않음'을 심체의 활동이 그치지 않는 것으로 풀이한다.

> (주렴계의) "욕망이 없으므로 고요하다"의 '고요함(靜)'은 (정명도가 말한) "움직여도 안정되고 고요해도 안정된다"의 '안정(定)'의 의미로서, 그 본체를 위주로 말한 것이다. 경계하고 두려워하는 생각은 활발한 것이다. 이것은 하늘의 기틀이 쉬지 않는 곳으로서, 이른바 "하늘의 명이 아! 심원하여 그치지 않는다"는 것이니, 일단 쉬기만 하면 곧바로 죽음이다. 본체의 생각이 아닌 것은 곧 사사로운 생각이다.

왕수인은 '천명불이'를 심체의 활동이 한순간도 쉬지 않는 것으로 풀이

한다. 천명을 마음의 본체로 이해한 것이다. 이것은 순수한 천리의 마음을 한순간도 쉬지 않고 실천하면서 살아야 한다는 가르침으로 이어진다. 그것이 바로 인간답게 잘 사는 삶이다.

3. 천도와 삶의 원리

1) 천도의 생의(生意)와 인(仁)

어떻게 사는 것이 잘 사는 삶일까? 중국의 철인들은 자연에서 삶의 지침을 발견하고자 했다. 그들은 자연의 변화 가운데서 하늘의 덕이 성실하며, 만물을 지속적으로 생성해내고 있음을 보아낸다. 그리고 그것을 본받고자 했다.

공자가 "나는 아무 말도 하지 않으련다. 하늘이 무슨 말을 하겠는가! 그럼에도 사계절이 운행하고, 만물이 생겨난다(『논어』, 「양화」)."고 하고, 『주역』, 「계사전」에서 "천지의 커다란 덕성을 '생'이라고 한다", "낳고 낳는 것을 변역이라고 한다"고 하고, 『중용』에서 "천지의 도는 한 마디로 다 표현할 수 있다. 그 사물됨이 둘이 아닌지라 사물을 생성함이 헤아릴 수 없다"고 한 것은 모두 천지가 만물을 지속적으로 생성해내는 작용을 설명한 것이다. 송명이학가들은 이들을 사상 자료로 삼아 좋은 삶에 대한 자신들의 이야기를 새롭게 구성해낸다.

송대 이학의 창시자로 알려진 주돈이는 『통서(通書)』의 「순화(順化)」에서 '인간의 삶의 도리(人道)'를 자연으로부터 도출해낸다.

> 하늘은 양으로써 만물을 낳고, 음으로써 만물을 이룬다. 낳는 것은 인이고, 이루는 것은 의이다. 그러므로 성인이 위에 있으면 인으로써 만물을 기르고, 의로써 만민을 바르게 한다.

주돈이는 『근사록(近思錄)』의 「도체(道體)」에서 천지가 만물을 낳고 기르는 작용에서 인과 의라는 행위원리를 발견한다. 그리고 그것을 성인에 의해서 이루어지는 인의(仁義)의 정치원리로까지 확장한다. 자연세계에서 인도(人道)와 치도(治道)를 도출해낸 것이다. 그는 또 천지가 만물을 낳는 생명원리가 만물 가운데 두루 스며들어 있음을 보아낸다.

> 조화가 유행하여 만물을 발육하는 것이 두루두루 널리 미쳐 생명의 원리가 곳곳에 통달되어 있다. 그것을 보면 사람의 양심을 무럭무럭 자라게 한다. (이것은 곧) 주렴계가 창문 앞의 풀을 제거하지 않기에 그 이유를 물으니, "(풀도) 자신의 생각과 마찬가지이기 때문이다"라고 대답한 것이 바로 이것이다.

이는 천지가 만물을 낳는 기상을 관찰한 것이다. 천지가 만물을 낳는 생명 의지(生意)와 생명 원리(生理)는 모든 만물 가운데 두루 펼쳐져 있다. 그것은 창문 앞의 풀만이 아니라, 사람에게도 내재되어 있다. 이것을 관찰하면 생명체를 길러내고자 하는 마음, 즉 양심이 저절로 생겨난다. 주렴계가 뜰 앞의 풀을 제거하지 않은 까닭도 우주의 생명 원리가 풀과 자신에게 관통하여 흐르고 있음을 보았기 때문이다. 생리의 실현은 어떻게 사는 것이 좋은 삶인가의 물음에 대한 하나의 답변이기에 부족함이 없다.

주돈이를 이어 만물에 내재된 생명의지를 깊이 체인한 인물로 정호를 들 수 있다. 정호는 『이정집』에서 다음과 같이 말한다.

> "하늘과 땅의 커다란 덕을 '생'이라고 한다." "천지의 기운이 엉키어 만물이 변화하여 자라난다." "타고난 것을 생이라고 한다."(고자의 이 말은 옳다. 그러나 개의 성이 소의 성이요, 소의 성이 사람의 성이라고 말한 것은 잘못이다.) 만물이 지닌 생명 의지가 가장 볼 만하니, 이 원(元)은 모든 선 가운데서 으뜸이요, 이것이 이른바 인(仁)이다. 사람은 천지와 일물이건만 사람이 단지 스스로를 작다고 여기는 것은 무엇 때문인가?

정호 역시 만물을 생성하는 천지의 덕성이 만물 가운데 생명의지(生意)로 내재되어 있음을 직시한다. 그리고 그 생의를 인(仁)으로 규정한다. 이 생의가 천지만물과 내 몸에 두루 관통하고 있다. 이 점에서 나는 천지만물과 더불어 하나의 몸이다. 이처럼 정호는 천지의 생의가 만물에 두루 관통하고 있다는 점에서 천지만물이 하나의 몸임을 주장한다. 이러한 사유는 내가 천지만물과 더불어 하나의 몸이기 때문에 그들의 어려움과 아픔을 나의 어려움과 아픔으로 느껴서 구제해야 한다는 주장으로 이어진다. 다른 사람, 다른 존재물과 서로 공감하고 서로 도와주면서 전체의 화해를 도모하는 삶이 잘 사는 삶이라고 본 것이다.

주희는 『주자어류』에서 천지가 만물을 낳는 마음을 곧바로 사람의 마음으로 규정한다.

> "천지는 만물을 낳는 것을 마음으로 삼는다." 하늘은 땅을 포함하되 따

로 작위하는 바 없이 단지 사물을 낳을 따름이다. 고금을 통해 낳고 낳아 끝이 없다. 사람과 사물은 천지가 만물을 낳는 마음을 얻어서 자신의 마음으로 삼는다. 따라서 각각 그것을 닮았으니 본래 사물을 낳는 것으로 마음을 삼는다고 말할 필요도 없다.

"'심자'의 의미를 밝혀주십시오." 주자가 말했다. "한마디로 말하자면 '생(生)'일 따름이다. (『주역』에서) '천지의 커다란 덕을 생이라고 한다.'고 하였다. 사람은 천지의 기운을 받아서 태어났기 때문에 이 마음이 반드시 어질다. 어질면 낳게 된다."

인은 하나의 생리이니, 만약 인하지 않으면 곧 죽게 된다.

주자는 사람이 천지의 기운을 받아서 태어났기 때문에 역시 천지가 만물을 낳는 마음을 얻어서 자신의 마음으로 삼는다고 본다. 그 마음이 바로 인이다. 그것은 하나의 '생명 원리(生理)'이기 때문에 인하지 않으면 곧 죽게 된다. 이 때문에 살고자 한다면 인을 실천하지 않을 수 없다. 인이 삶을 유지하는데 필수적인 덕목으로 이해된 것이다. 이 인의 생의가 일상생활에서 드러나는 것이 바로 인륜이다. 인은 사람에게서 인륜과 생명의 원리로 작용하고 있다.

왕수인은 천도의 운행 가운데서 마음의 운행을 보아낸다. 『왕양명전집』의 「석음설(惜陰說)」과 『전습록』에서는 그에 대해 다음과 같이 말한다.

천도의 운행은 한 순간도 멈춤이 없다. 내 마음의 양지의 운행도 한순간도 멈춤이 없다.

천지 사이에 활발한 것이 이 리가 아님이 없으니, 그것이 바로 내 양지가 쉬지 않고 유행하는 것이다.

왕수인도 역시 천도를 잠시도 쉬지 않고 운행하면서 만물을 지속적으로 생성하는 활동체로 본다. 양명학의 특징은 천도의 운행을 양지의 유행으로 이해한 점이다. 양지는 하나의 발광체이다. 그것은 항상 자신의 밝은 빛을 환하게 드러내어 시비선악을 분별하고, 사물에 감통하여 그와 더불어 하나가 된다. 이 양지의 빛 아래 만물은 하나가 된다. 양명학에서는 이 양지를 실현하며 사는 것을 좋은 삶이라고 여긴다.

2) 천지만물일체설과 삶의 원리

생사의 관문을 뚫고 좋은 삶을 살기 위해서는 공동체 속에서 자신의 지위를 살펴볼 필요가 있다. 맹자는 일찍이 "만물이 모두 나에게 갖추어져 있다. 내 몸에 돌이켜 정성스러우면 즐거움이 이보다 큰 것이 없다. 힘써 다른 사람의 마음을 헤아려 실천한다면 인을 구함이 이보다 가까운 것이 없다(『맹자』, 「진심하」)."고 하여 천지만물의 이치가 자신에게 갖추어져 있음을 말한 바 있다. 이학가들은 맹자의 이러한 사유를 발전시켜서 '천지만물일체설'을 제시한다.

천지만물일체설로부터 유가적인 삶의 원리를 제시한 중요한 인물로 장재를 들 수 있다. 그는 그의 주요 저작인 『정몽』에서 다음과 같이 말한다.

하늘을 아버지라 하고, 땅을 어머니라 한다. 나 이렇게 조그마한 존재이지만 혼연히 그 가운데 있다. 그러므로 천지에 가득 찬 것은 내가 그것을

> 몸으로 삼고, 천지를 거느리는 것은 내가 그것을 성으로 삼는다. 백성들은 나와 동포이고, 만물은 나의 친구이다. 임금은 우리 부모의 맏아들이고, 대신은 맏아들의 집사이다. 나이 든 사람을 높이는 것은 내 집안 어른을 어른 대접하는 것이요, 고아와 약한 자들을 자애롭게 대하는 것은 내 집의 어린이를 어린이로 대우하는 것이다. 성인은 자식 가운에서 부모와 덕이 합치된 자이고, 현인은 자식 가운데서 빼어난 자이다. 세상의 피로하고 병든 자, 외롭고 홀몸인 자, 홀아비, 과부들은 모두 우리 형제 가운데서 고난에 빠져도 하소연할 곳 없는 자들이다. '이에 하늘의 뜻을 지킨다'는 것은 자식으로서의 공경이요, '즐거워하고 또 근심하지 않는다'는 것은 효에 순수한 것이다. ……변화를 알면 하늘의 일을 잘 이어받을 수 있고, 신묘함을 궁구하면 하늘의 뜻을 잘 계승할 수 있다. ……부유함, 높은 지위, 복과 은택은 나의 삶을 넉넉하게 하는 것이요, 가난과 낮은 지위, 근심과 슬픔은 너를 옥으로 여겨 완성시켜 주는 것이다. 살아있을 때는 일에 따르고, 죽어서는 내 편안하리라.

이 글은 장재가 자신이 거처하던 곳의 서쪽에 새겨둔 글이라고 하여 「서명」으로도 불린다. 이 글에서 그는 천지간에 존재하는 개물들의 관계, 그리고 사회 속에서 개인의 지위 및 그 삶의 원리를 논한다. 그는 먼저 형체로 닫힌 개체의식을 초월하여 자신을 우주아로 확장시킨다. 이때 천지가 바로 내 부모이고, 천지에 가득 찬 기운이 바로 내 몸이며, 사람들은 혈육을 함께 나눈 나의 동포이고, 사물들은 나와 함께 더불어 사는 동반자로 인식된다. 내가 해야 할 일은 하늘의 덕(神)에 통하고 하늘의 도(化)를 알아서 그것을 본받는 것이다. 천지라는 부모를 섬기는 일은 그의 뜻을 계승하고, 그가 하는 일을 이어받는 것이다. 하늘의 뜻은 고난에 빠져도 하소연할 곳이 없는 사람들을 보호하라는 것이고, 하늘의 일은 만물을 변화 육성시키는 일이다. 부모에게 효도하고, 형제간에 우애 있게 지내며, 사회에서 고통받고 있는 사람들을 구제하는 활동을 하는 것이 바로 내가 해야 할 일이다. 부귀복택(富貴福澤)과 빈천우척(貧賤憂戚)은 내 뜻과는 무관하게 주어진다. 다행히 부유함, 높은 지위, 복과 은택이 주어지면 그것들을 내 삶을 두텁게 하는데 써야 한다. 『주역』, 「곤괘」에 '후덕재물(厚德載物)'이라는 말이 있다. '덕이 두터우면 많은 물건을 실을 수 있다'는 것이다. 내 삶이 두터우면 많은 생명들을 그 위에 실을 수 있다. '부귀복택은 내 삶을 두텁게 한다'는 것은 나에게 주어진 부귀복택을 많은 생명들을 살리는 데 쓴다는 뜻이다. 우리는 살아가면서 가난과 낮은 지위, 근심과 슬픔을 만난다. 이것들은 자칫 우리를 시험에 찌들게 할 수 있다. 그러나 그것은 우리를 단련시켜서 옥처럼 영롱하고 단단하게 만드는 계기가 될 수 있다. 어떤 상황에 부딪히건 우리는 살아있을 때 사람으로서 마땅히 해야 할 일들을 충실히 수행해야 한다. 그것이 바로 '살아있을 때는 일에 따른다'는 것이다. 우리가 해야 할 일은 여기까지다. 죽어서는 천지의 기운으로 흩어지기에 나는 편안할 것이다. 자신을 형체로 국한된 존재로 이해하지 않고, 천지의 한 부분으로 인식하는 이 경지에서는 기의 흩어짐으로 묘사되는 죽음이라는 사태는 하나의 자연스러운 과정으로 이해된다. 그리고 자신을 그 기의 흐름에 편안히 맡길 수 있게 된다.

이학가들 가운데 '천지만물일체설'을 제시한 대표적인 인물로 정호를 들 수 있다. 『이정집』에서 그는 이렇게 말한다.

의서(醫書)에서 손발이 마비된 것을 불인(不仁)이라 하는데, 이 말은 인(仁)을 가장 잘 표현했다. 인자(仁者)는 천지만물을 한 몸으로 여기므로 자기가 아닌 것이 없다. 천지만물을 모두 자기라고 생각한다면 어디엔들 미치지 못함이 있겠는가? 만약 자기의 일부가 아니라면, 저절로 자기 자신과 상관이 없게 된다. 이것은 손과 발이 불인하여 기(氣)가 관통하지 않으면 모든 것이 자기에게 속하지 않게 된 것과 같다.

인(仁)은 천지가 만물을 생성하는 생명원리로서, 어떤 사물도 빠뜨리지 않고 그 안에 두루 스며들어 있다. 사람은 다른 존재들과 달리 생명원리인 인이 자기에게 내재되어 있음을 자각할 수 있다. 사람은 천지의 마음을 자신의 마음으로 삼을 수 있는 존재인 것이다. 이 점에서 사람은 천지와 동일한 일을 할 수 있다. 천지가 만물을 낳고 길러주듯이 우리도 천지만물을 자기의 일부로 여겨서 사랑하고 아껴줄 수 있다. 이러한 마음을 지닌 사람에게는 타자와 분리되는 사적 자아가 들어설 자리가 없다. 그 마음은 형체로 닫힌 개체의식을 이미 초월해있기 때문에 죽음의 불안이나 공포도 깃들 여지가 없다.

주희도 『주자어류』에서 정호의 '천지만물일체설'을 수용한다.

여방숙이 말했다. "천지만물과 하나의 몸이 되는 것이 인입니까?" 주자가 대답했다. "사사로움을 없애는 것은 인에 앞서서 해야 할 일이고, 천지만물과 하나의 몸이 되는 것은 인을 실천한 뒤의 일이다. 오직 사사로움이 없은 뒤에야 인할 수 있고, 오직 인한 뒤에야 천지만물과 더불어 한 몸이 될 수 있다."

주희는 천지만물일체를 인을 실천한 뒤에 이루어지는 경지에서 언급한다. 사사로움이 없어진 뒤에야 인을 실천할 수 있고, 인을 실천한 뒤에야 천지만물을 한 몸으로 여길 수 있다. 따라서 천지만물을 한 몸으로 여기기 위해서는 사적 자아의식을 먼저 극복해야 한다.

정호의 천지만물일체설을 자기 철학 체계 내에서 새롭게 해석해 낸 인물로 왕수인을 꼽을 수 있다. 다음은 『전습록』의 일부이다.

> (육징이) 물었다. "정명도는 '어진 자는 천지 만물을 한 몸으로 여긴다' 고 했는데, 묵자의 겸애는 어째서 도리어 어짊(仁)이라고 말할 수 없습니까?" 선생께서 말씀하셨다. "이것도 역시 말하기가 매우 어렵다. 반드시 그대가 몸소 체인해야 한다. 인(仁)은 자연의 조화가 끊임없이 낳고 낳는(生生不息) 이치이다. 비록 퍼져서 두루 편재하여 이것 아닌 것이 없다고 하더라도, 그 유행 발생은 다만 점진적일 뿐이다. 그래서 끊임없이 생생한다. ……부자와 형제간의 사랑은 바로 사람 마음의 생의가 발단하는 곳으로 나무가 싹을 틔우는 것과 같다. 백성을 어질게 대하고 사물을 사랑하는 것은 바로 줄기가 나오고 가지와 잎이 생기는 것이다. 묵자의 겸애는 차등이 없어서 자신의 부자 형제를 길거리의 사람과 똑같이 여기니, 그것은 곧 스스로 발단처를 없애버린 것이다. 싹이 트지 않으니 그것에 뿌리가 없음을 알 수 있다. 그것은 곧 끊임없이 낳고 낳는 것이 아니다. 어떻게 그것을 인(仁)이라고 말할 수 있겠는가? 효제는 인을 행하는 근본이며, 인의 이치는 거기서부터 생겨 나온다."

인(仁)과 겸애(兼愛)의 차이를 밝히고 있다. 인과 겸애는 자타를 일체로 파악하는 보편적인 사랑이라는 점에서는 큰 차이가 없는 듯하다. 그러나 차별적인 인륜 세계를 건립하고자 했던 유가의 입장에서 본다면 무차별적인 사랑을 말하는 묵자의 겸애는 비판의 대상이 되지 않을 수 없다. 이 때문에 이학에서는 '천지 만물을 일체로 파악하는 인을 말하면서도 그것을 어떻게 겸애와 구별할 것인가'의 문제를 해결할 필요가 있었다. 주희는 인(仁)을 "마음의 덕이자, 사랑의 이치(『논어』, 「학이」, 주희주)"로 규정함으로써, 그것이 무차별적인 사랑이 아니라 이치가 있는 사랑임을 분명히 했다. 왕수인은 『전습록』에서 인(仁)은 사람 마음의 생의(生意)에 뿌리를 내리고 있으며, 점진적인 확대의 과정을 거친다고 봄으로써 묵자의 겸애와 구분한다.

> 격물치지(格物致知)로부터 평천하(平天下)에 이르기까지 단지 하나의 밝은 덕을 밝히는(明明德) 것이다. 백성을 친하게 여기는 일조차도 역시 덕을 밝히는 일이다. 밝은 덕이란 이 마음의 덕이며, 바로 어짊[仁]이다. 어진 자는 천지 만물을 한 몸으로 여긴다. 만약 하나의 사물이라도 마땅한 자리를 잃는다면, 나의 어짊에 아직 다하지 못한 부분이 있는 것이다.

왕수인이 추구하는 궁극적인 경계는 만물을 일체로 파악하는 만물일체의 경지이다. 그것은 자기의 덕성을 실현하고 만물이 각기 그 마땅한 자리를 얻게 하는 성기성물(成己成物)의 경지이다. 이러한 경계에 이를 수 있는 내면적 기초는 만물을 일체로 삼는 어진 마음(仁心)이며, 이 만물일체의 인(仁)이 바로 '명덕(明德)'이다. 만물일체의 인(仁), 즉 명덕은 인간이면 누구나 지니는 보편적인 것으로 마음의 본체이다. 이 본연의 마음을 이루는 실천 공부가 바로 '명명덕'이며, 명명덕은 뭇 사람들과 존재물들을 사랑하는 '친민(親民)'을 통해 이루어진다. 만약 하나의 사물이라도 그 마땅한 자리를 얻지 못한다면, 내 마음의 본체인 만물일체의 인(仁)이 실현되었다고 말할 수 없다. 이것은 세계에 대한 강한 도덕적 책임감과 실천 의식을 표현한 것이다.

왕수인은 정호의 만물일체설을 계승한다. 정호는 그것을 『대학』의 '명덕'과 결합시키지 않았다. 그런데 왕수인은 천지 만물을 일체로 삼는 인(仁)을 '명덕(明德)'으로 규정함으로써 『대학』을 천지만물을 일체로 여기는 어진 마음을 정치에 펼쳐서 왕도정치를 이룰 수 있는 텍스트로 이해한다. 왕수인에게 잘 사는 삶이란 천지만물을 일체로 여기는 어진 마음을 일상생활에서 실천하며 사는 것이다.

4. 인륜의 실천을 통한 본성 실현과 생사

이학가들은 사물을 낳는 천의 덕이 만물 가운데 두루 실현되고 있음에 주목한다. 만물이 지니고 있는 생명 의지(生意)에서 천의 덕을 보아낸 것이다. 그것은 인간에게도 내재되어 있다. 이학가들은 인간의 몸에 가득 찬 생명의지를 인간의 본성으로 인식한다. 그것은 인간이 공을 들여 만든 것이 아니라, 자연으로부터 선천적으로 부여받은 천명이다. 만물을 지속적으로 생성하는 천명이 사람의 마음 가운데 본성으로 내재된 것이다. 이제 사람이 해야 할 바는 본성이 내는 명령에 귀를 기울이고, 그것을 실현하는 일이다. 이 본성은 천지의 본성으로서 모든 존재자들이 공유한다. 따라서 자기의 본성 실현은 곧 사물의 본성을 실현하는 일이자, 천지의 본성을 실현하는 일이기도 하다. 그럼 사람의 마음 가운데 내재된 본성은 어떤 기능을 하는가? 우리는 그것을 어떻게 실현할 것인가? 본성실현과 생사문제는 어떻게 연관되는가?

1) 본성과 삶의 도리

『중용』에서는 “하늘이 명한 것을 본성이라고 하고, 본성을 따르는 것을 도라고 하며, 도를 닦는 것을 가르침이라고 한다.”고 말한다. 하늘의 뜻이 명령의 형식을 띠고 사람에게 본성으로 내재되어 있고, 이 본성을 따르는 것이 사람이 마땅히 따라야 할 바의 삶의 도리이며, 이 삶의 도리를 닦은 것이 가르침이라고 말한 것이다. 이제 하늘의 명령이 사람의 마음 가운데 본성으로 새겨져 있으므로, 하늘의 명령을 따르기 위해서는 자기 내면의 본성이 보내는 소리에 귀를 기울이면 된다. 그동안 자연의 말 없는 가르침을 관찰하고, 그로부터 성실하게 생의를 실천하며 살라는 가르침을 찾아냈다. 『중용』에서는 자연의 명령이 사람에게 본성으로 주어져 있음을 설파한 것이다. 이학가들은 『중용』에서 제시한 천인관계론을 따라 천명과 인간의 본성이 상통한다는 이론을 보다 정밀하게 다듬는다. 그리고 그 본성을 따르는 것이 삶의 원리라고 주장한다.

주희는 사람과 사물이 태어날 때 리와 기를 부여받는다고 본다. 기는 형체를 구성하는 것이고, 리는 건순(健順)과 오상(五常)의 덕인 본성이다. 오상의 덕성을 지님으로써 사람이라면 누구나 도덕적인 행위를 할 수 있다. 그리고 오상의 덕성에 기초한 윤리 실천은 장차 죽음의 불안과 공포를 해소하고, 죽음을 편안히 맞이하는 방법으로 제시된다. 『주자어류』에서는 그에 대해 이렇게 말한다.

성(性)에 담겨 있는 도리는 단지 인의예지이니, 곧 실리(實理)이다. 우리 유학은 '성'을 실(實)로 여기고, 불교는 '성'을 공(空)으로 여긴다.

마음에 갖추어진 성의 실질 내용은 인의예지이다. 이 인의예지는 모든 인륜적 가치를 실현하는 근원이다.

왕수인도 하늘의 명령이 사람에게 본성으로 주어졌음을 인정한다. 그런데 그는 『전습록』에서 천명-성-도-교를 동일한 것으로 이해한다.

선생께서 말씀하셨다. "'(『중용』에서) 하늘이 명령한 것을 본성이라 한다'고 했으니, 천명이 바로 본성이다. '본성을 따르는 것을 도라고 한다'고 했으니, 본성이 바로 도이다. '도를 닦는 것을 가르침이라 한다'고 했으니, 도가 바로 가르침이다." 물었다. "어떻게 도가 곧 가르침입니까?" (선생께서) 말씀하셨다. "도는 바로 양지이다. 양지는 원래 완전하여, 옳은 것은 여전히 그것이 옳다고 하고, 그른 것은 여전히 그것이 그르다고 한다. 옳고 그름이 양지에 의거하기만 한다면 더 이상 옳지 않은 곳이 없을 것이다. 이 양지가 여전히 그대의 밝은 스승이다."

양명은 '명(命)'과 '성(性)'과 '도(道)'는 모두 본원상에서 말한 것으로, '도가 곧 성이고 명이다(『전습록』, 제127조)'고 말한다. 우주의 생명 본체(天命)와 생명 본질(性) 및 그 전개(道)를 완전히 통일시킨 것이다. 이 통일체가 바로 심체(心體)이자 양지(良知)이다. 이것은 본래 완전하여 일체 시비의 준거가 된다. 그리고 이 양지를 실천하는 것이 인간이 마땅히 따라야 하는 길(道)로 제시된다.

주자학에서건 양명학에서건 본성은 곧 도덕생명의 근원이고, 그것의 실현은 의리의 실천으로 나타난다. 본성을 실현하는 일이 결코 고원한 일은 아닌 것이다. 그것은 비근하게 부모에게 효도하는 일로부터 시작된다. 『이정집』에서 정이는 이에 대해 다음과 같이 말한다.

> 물었다. "『행장』에서 '본성을 다하고 명에 이르는 것은 반드시 효제에 근본한다.'고 했는데 효제로써 어떻게 본성을 다하여 천명에 도달할 수 있는지 알지 못하겠습니다." 답했다. "후세 사람들은 성명을 다른 어떤 것이라고 말하지만 성명과 효제는 다만 같은 계통의 일이다. 효제하는 가운데 곧 본성을 다하여 천명에 도달할 수 있다. 물 뿌리고 비로 쓸고 응답하는 등의 일과 본성을 다하여 천명에 도달하는 것은 같은 계통의 일이다. 본말(本末)의 구별도 없고 정조(精粗)의 구별도 없는데 도리어 후세의 성명을 말하는 자에 의해 별도의 고원한 것으로 설명되었다. 그러므로 효제를 거론한 것은 사람에게 더욱 절실하고 가까운 것으로 말한 것이다. 그러나 오늘날 효제하는 사람이 없는 것은 아니나 본성을 다하여 천명에 도달하지 못하는 것은 '그것을 따르면서도 알지 못하는 것'이다."

이치를 궁구하고 본성을 실현하여 명에 이르는 일은 하나이다. 본성을 실현하여 명에 이르는 것은 무슨 고원한 일이 아니다. 그것은 일상생활에서 쇄소응대하고 인륜을 실천하는 일과 떨어져 있지 않다. 그리고 그 근본은 효제에 있다. 주희도 정이의 이러한 설법을 그대로 수용한다(『주자어류』 96:82).

왕수인도 부모에게 효도하고 형제간에 우애 있게 지내는 데서 사람의 양지가 드러나는 것을 쉽게 자각할 수 있다고 본다. 그리고 그 양지를 임금을 섬기고, 친구를 대하고, 백성을 사랑하고, 사물을 아끼는 데 실현할 것을 요구한다(『전습록』, 제190조). 주자학이건 양명학이건 본성실현이 일상생활에서의 의리의 실천으로 나타나고 있는 것이다.

2) 인륜 실천과정으로서의 '삶'과 그 완성으로서의 '죽음'

유학의 생사관의 또 하나의 특징은 육체생명보다 도덕생명을 더 중시한다는 점이다. 그렇다고 해서 육체 생명을 중시하지 않는 것은 아니다. 『중용』에서는 "나라에 도가 행해질 때에는 자신의 뜻을 표현하여 보탬이 되게 해야 하겠지만, 나라에 도가 행해지지 않을 때에는 침묵으로써 자신의 몸을 보전해야 할 것이니, 명철보신(明哲保身)하라는 『시경』의 말이 바로 그것이라 하겠다."고 한다. 여기서의 명철보신은 부모에게 받은 자연수명을 온전하게 보존하는 것이다. 또 『효경』, 「개종명의장(開宗明義章)」에서는 "이 몸은 모두 부모님에게서 받은 것이니 감히 다치지 않게 하는 것이 효의 시작이요, 자신의 몸을 바르게 세우고 바른 도를 행하여 이름을 후세에 드날림으로써 부모님을 드러나게 해 드리는 것이 효의 마지막이다."라고 하고, 『예기』, 「상복사제(喪服四制)에서는 "수척해지더라도 본성을 멸하지 않으며, 죽음 때문에 생명을 해치지 않는다."고 말한다. 부모로부터 받은 몸을 훼손시키지 않아야 하고, 비록 부모를 잃은 아픔을 겪느라 몸이 수척해질지라도 자신의 생명을 해쳐서는 안 된다고 경고하고 있다. 그런데 유학자들이 몸을 중시한 까닭은 육체 생명 그 자체가 소중하기 때문이 아니라, 효라는 도덕 가치를 실천하기 위함이다. 이것은 부여받은 자연수명을 온전히 누릴 것을 주장하는 도가와 비교할 때 매우 특징적이다. 도가에서는 자신의 생명을 그 무엇을 이루기 위한 수단으로 사용하는 것을 비판한다. 이와 달리 유가에서는 육체 생명을 도덕 가치를 실현하기 위한 수단으로 간주한다.

도덕생명을 육체생명보다 우선시하는 이러한 사유는 공자와 맹자에게서 두드러지게 나타난다. 공자는 "아침에 도를 들으면 저녁에 죽어도 좋다(『논어』, 「이인」).", "뜻 있는 선비와 어진 사람은 살기 위해 인을 해치는 일은 없고, 목숨을 바쳐 인을 이루는 일은 있다(『논어』, 「위령공」).", "이익 앞에서 의를 생각하고, 나라가 위태로울 때 목숨을 바치며, 오래된 약속일지라도 평소의 말을 잊지 않는다면 또한 성인이 될 수 있을 것이다(『논어』, 「헌문」)."고 말한다. 맹자는 "뜻있는 선비는 자기의 시신이 도랑에 버려지는 일을 항상 잊지 않는다(『맹자』, 「등문공하」).", "고기도 먹고 싶고 곰 발바닥도 먹고 싶지만 모두 먹을 수 없다면 고기를 버리고 곰 발바닥을 취할 것이며, 생명도 보전하고 싶고 의리도 취하고 싶지만 두 가지를 겸할 수 없을 경우 생명을 버리고 의리를 취하겠다(『맹자』, 「고자상」)."고 말한다. 이 모두는 육체생명보다 의로움을 앞세워야 함을 언급한 것이다.

이학가들도 선진유학의 이러한 정신을 계승한다. 우선 정이는 『이정집』에서 의로움을 따르는 것을 행위의 원칙으로 제시한다.

> 사람이 진실로 "아침에 도를 들으면 저녁에 죽어도 좋다"는 뜻이 있으면 하루라도 편하지 않은 곳에 안주하려고 하지 않을 것이다. 어찌 단지 하루뿐이겠는가? 잠시도 할 수 없다. 증자가 대자리를 바꾼 것도 그와 같이 해야만 편안했던 것이다. ……마음에서 체득한 것을 덕이 있다고 말하는데 이러한 사람은 힘써 노력하기를 기다리지 않는다. 그러나 학자는 모름지기 힘써야 한다. 옛사람 중에는 몸을 버리고 목숨을 잃은 자가 있었

> 는데, 만일 진실로 이해하지 못했다면 어찌 이와 같을 수 있었겠는가? 모름지기 생명은 의보다 무겁지 않고 사는 것이 죽는 것보다 편하지 않다는 것을 진실로 이해해야 한다. 그러므로 몸을 죽여 인을 이루는 것이 있는데, 이것은 단지 하나의 옳음을 성취하는 것일 따름이다.

죽고 사는 것은 중대한 일이다. 그런데 유학자들은 그보다 더 중대한 일이 있다고 생각한다. 바로 사람답게 사는 것이다. 사람답게 사는 것은 정의롭게 사는 것이다. 정의를 구현하며 살 때 마음이 편안하다. 정의롭게 산다는 것은 마음이 편안한 길을 가는 것이다. 그 길은 '그만두려고 해도 스스로 그만두지 못하는 길'이다. 이 길을 가기 위해서 어떤 경우에는 자기 목숨을 내놓아야 할 때도 있다. 그럼에도 그만둘 수 없어서 그 길을 가는 것이 유학자들의 삶이다.

주희도 『주자어류』에서 자연적 생사관을 넘어서서 인륜적 생사관을 제시한다.

> 아부가 "(공자가 말한) 아직 삶도 알지 못하는데, 어찌 죽음을 알겠는가."라는 말의 의미에 대해 물었다. 선생께서 대답하셨다. "만약 기가 모이면 태어나고, 기가 흩어지면 죽는다고 말한다면, 말하자마자 사람들이 곧 모두 이해할 수 있다. 하지만 사람의 삶에 여러 도리가 있음을 알아야 한다. 오상의 본성을 품부 받은 이래로 부자 사이에 친함이 있고, 군신 사이에 의로움이 있는 것이니, 모름지기 이 삶의 도리들을 하나하나 다 실현해야만 죽음의 도리를 모두 알 수 있다. 장재가 말한 '살아있을 때는 내 일을 따르고, 죽어서는 내 편안하리라'는 말이 바로 이런 뜻이다."

기가 유행하는 자연 세계에서 생사의 문제는 기의 취산으로 설명가능하다. 그러나 사람의 삶은 기의 취산 작용을 넘어서는 것이 있다. 인생살이에는 마땅히 실현해야 할 도리가 있는 것이다. 이 삶의 도리를 알고 실현할 때라야 삶과 죽음의 참다운 의미를 이해할 수 있다. 주희는 일상생활에서 인륜을 실천함으로써 삶의 도리를 다할 때, 죽음의 의미도 알 수 있다고 말한다. 자연적 생사관을 넘어서서 인륜적 생사관을 제시하고 있는 것이다.

주희의 인륜적 생사관은 공자의 '조문도 석사가의'와 맹자의 '사생취의'에 대한 해설에 잘 나타난다. 그는 "아침에 도를 들으면, 저녁에 죽어도 좋다"는 말의 의미에 대해, "만약 도를 들었다면, 사는 동안은 좋은 삶을 영위할 수 있고, 죽게 되면 좋게 죽을 수 있다(『주자어류』 26:86)."고 말한다. 이때의 "'도'란 사물의 당연한 이치이다. 진실로 그것을 알 수 있다면 살아서는 순조롭고 죽어서는 편안하여 다시 남은 한이 없다(『논어집주』, 「이인(里仁)」)." 사물의 당연한 이치를 알아서 그것을 실천하며 사는 것이 우리의 인생살이이다. 사람으로서 해야 할 도리를 다하고 살면 죽음도 편안히 맞이할 수 있다. 『주자어류』에서 주희는 맹자의 '사생취의(捨生取義)'도 이러한 맥락에서 풀이한다.

> 맹자가 '생명을 버리고 의를 취한다'고 하였는데, 단지 의로움이 무엇인지를 살펴서 죽어야 하는 것이 마땅하다면 모름지기 죽어야 한다. 예전 사람들은 이것을 받아들여 감당하는 것을 평범한 일로 여겼지만, 지금 사람들은 대단한 일로 여긴다.

> 사상채가 '의가 생명보다 중하다면 생을 버리고 의를 취하고, 생명이

의리보다 중하다면 의를 버리고 생을 취한다'고 하였는데, 이 설은 옳지 않다. 의는 버릴 수 있는 이치가 없다. 죽는 것이 마땅해서 죽는다면 의가 죽음에 있는 것이고, 죽는 것이 부당한데도 죽는 것은 의가 죽지 않는데 있는 것이니 어디에서라도 의가 아님이 없다.

살다 보면 삶과 죽음을 자신이 결단해야 할 경우가 있다. 이런 상황에 처했을 때 무엇을 판단 준거로 삼을 것인가? 도가에서는 이런 국면에 놓이는 것을 피하려고 한다. 그러나 유학자들은 피하지 않는다. 오히려 적극적으로 그에 대처하려고 한다. 이때 그들이 취하는 판단 준거는 오직 하나, '의'이다. 의리를 기준으로 헤아려서, 죽는 것이 의리에 맞으면 죽고, 사는 것이 의리에 맞으면 살 뿐이다. 그런데 의리에 따른 판단을 실행에 옮기는 것은 쉬운 일이 아니다. 판단을 실행에 옮기기 위해서는 일상에서 도리를 실천하는 훈련이 필요하다. 『주자어류』에서는 다음과 같이 말한다.

미도가 물었다. "죽고 사는 문제는 매우 중요한 문제입니다. 반드시 일상생활에서 비록 작은 일이라도 간과하지 않고 하나하나 이처럼 공부를 해야 죽을 때에 비로소 투철할 수 있습니다." 주자께서 대답하셨다. "그렇다."

죽고 사는 것은 매우 중요한 문제이다. 유학에서는 이 생사의 관문을 천하의 대도(大道)인 '의(義)'로 넘어서고자 한다. 그런데 생사의 관문 앞에서 의로움의 길을 가는 데는 용기가 필요하다. 어디에서 그 힘을 키울 수 있을까? 『주자어류』에서 주희는 일상생활에서 작은 일이라도 지나쳐버리지 않고 하나하나 죽고 사는 문제처럼 의로움을 실천하는 공부를 해야 죽음에 임했을 때 그 관문을 꿰뚫을 수 있다고 본다.

> 곤액(困厄)에 경중이 있고, 역량에 대소가 있다. 만약 하루 24시간을 자기를 점검하여 생각과 동작이 모두 합당해서 하늘을 우러르고 땅을 굽어보아 부끄럽지 않을 수 있다면, 불행히 도랑에 버려져 목숨을 잃을지라도 돌볼 겨를이 없을 것이니, 단지 하나의 옳음을 성취할 따름이다. 이와 같다면 가슴속이 온통 천리라서 비록 커다란 곤액을 만나더라도 목숨을 바쳐 뜻을 완수함이 있을 따름이요, 역시 다른 사람의 시비와 향배에 상관하지 않고 그 옳음을 따를 뿐이다.

살아가면서 만나는 어려움과 재앙이 다양하고, 그에 대처하는 주체의 역량에도 역시 크고 작은 차이가 있다. 그럼에도 하루 24시간 자기를 점검하여 그 생각과 행위가 도리에 합당해서 전혀 부끄러움이 없다면, 뜻하지 않게 목숨을 바쳐야 하는 상황에 처하더라도 의로움을 실천할 수 있다. 그 의로움은 자기 자신의 순수한 천리의 마음에서 나온다. 거기에는 다른 사람의 시비와 향배가 개입할 여지가 없다.

『주자어류』에서 주희는 죽음을 생리의 실현, 혹은 의로움의 완성이라는 맥락에서 이해한다.

> 사람은 하늘이 부여한 수많은 도리들을 받아서 자연스럽게 완비하여 어떤 흠결도 없다. 모름지기 이 도리들을 빠짐없이 다 발휘해야만 죽음에 이르렀을 때 비로소 생의 이치가 이미 다 실현되어 죽음에 편안하고 부끄러움이 없게 된다.

사람은 선천적으로 수많은 도리들을 부여받고 태어난다. 그것은 삶의 도리, 곧 생리이다. 살아가면서 이 생리로서의 인륜적 도리들을 다 실천하였을 때라야 죽음을 편안히 받아들일 수 있다. 이것은 죽음을 생리, 혹은 인륜적 도리의 완성이라는 맥락에서 이해한 것이다.

왕수인도 『전습록』에서 죽음을 의의 실천과정이라는 삶의 맥락 속에서 이해한다.

> 맹자는 "반드시 일삼음이 있어야 한다"고 했으니, 군자의 학문은 평생 단지 '의로움을 쌓는(集義)' 한 가지 일에 불과하다. 의로움(義)이란 마땅함(宜)이다. 마음이 그 마땅함을 얻은 것을 의로움이라고 한다. 양지를 실현할 수 있다면 마음은 그 마땅함을 얻게 된다. 그러므로 의로움을 쌓는 것도 다만 양지를 실현하는(致良知) 것일 뿐이다. 군자는 온갖 변화에 응수하는데, 마땅히 행해야 한다면 행하고, 마땅히 그쳐야 한다면 그치고, 마땅히 살아야 한다면 살고, 마땅히 죽어야 한다면 죽는다. 헤아리고 조정하는 것이 자신의 양지를 실현하여 스스로 만족하기를 구하지 않음이 없다. 그러므로 "군자는 현재의 지위에 따라서 행한다"고 하였고, "생각이 그 지위를 벗어나지 않는다"고 하였다.

상황에 따라 그에 마땅하게 대응해야 한다. 마땅하다는 것은 의로움이다. 왕수인도 의로움을 행위 원리로 삼는다. 의로움을 기준으로 살 것인지 죽을 것인지를 판단하는 것이다. 여기까지는 주자학과 다를 바 없다. 양명학은 그 의로움을 하나하나 쌓아나가는 것을 치양지의 과정으로 이해한다는 점에서 특징적이다.

『전습록』에서 왕수인은 『논어』의 '살신성인'에 대해서도 순수한 천리의 마음을 실현한 것으로 이해한다.

> (황면지가) (『논어』의) "뜻있는 선비와 어진 사람은 살기 위해 어짊[仁]을 해치는 경우가 없으며, 오히려 몸을 죽여서 어짊을 이루는 경우는 있다"는 장에 대해 물었다. 선생께서 대답하셨다. "세상 사람들은 모두 자신의 생명을 너무 중요하게 여겨서 죽는 것이 마땅한지 아닌지 묻지 않고, 자신의 뜻을 굽혀서 목숨을 온전히 보존하려고 하기 때문에 천리를 잃어버리게 되었다. 양심을 외면하고 천리를 해치는데, 무슨 짓인들 하지 못하겠는가? 만약 천리를 어겼다면 금수와 다름이 없으니, 구차하게 살아남아 세상에서 천백 년을 머물더라도 천백 년 묵은 금수에 지나지 않는다. 배우는 자는 이 점을 분명하게 알아야 한다. 비간(比干)과 용봉(龍逢)은 그것을 분명하게 알고 있었기 때문에 자신들의 어짊[仁]을 성취할 수 있었다."

뜻이 있는 선비와 어진 사람이 일반인과 다른 점이 무엇인지 언급하고 있다. 도(道)를 추구하는 과정에서 넘어야 하는 많은 관문들이 있지만, 그 가운데 가장 뚫기 어려운 것이 생사의 관문이다. 양명 자신의 말처럼, "사람의 생사에 대한 생각은 본래 개체 생명의 뿌리로부터 나오는 것이므로 제거하기가 쉽지 않다(『전습록』, 제278조)." 많은 사람들은 자신의 개체 생명을 보존하기 위해 천리를 해치며 못할 짓이 없다. 왕수인은 그것을 금수와 다를 바 없다고 말한다. '구차하게 살아남아 세상에 천백 년을 머물더라도 천백 년 묵은 금수에 지나지 않는다.' 사람답게 살기 위해서는 천리를 실현해야 한다. 왕수인에게서 천리란 사람이라면 누구나 선천적으로 지니고 있는 양지이다. 따라서 양지를 실현하면서 사는 것이 사람답게 사는 것이며, 뜻이 있는 선비와 어진 사람도 자기 내면의 양지를 실현한 것에 불과하다.

명말의 양명학자 가운데 유종주가 있다. 그는 실제로 '사생취의'한 인물이다. 그는 『명유학안』의 「충단유염대선생종주(忠端劉念臺先生宗周)」에서 삶과 죽음에 관해서 다음과 같이 말한다.

> 기세배(祁世培)가 물었다. "사람으로서 가장 중요한 삶과 죽음의 문제를 깨쳐 버리지 못하면 의로움[義]과 이로움[利]에 대해 깨끗하지 못할 것입니다." 유종주가 대답했다. "삶과 죽음으로부터 이를 간파하려고 한다면 삶과 죽음을 어떻게 깨뜨릴 수 있겠는가? 오직 의로움과 이로움에 대한 분별이 분명하고 앎이 참되다면 삶과 죽음이 무엇인지 다시 말할 것도 없다. 의로움이 마땅히 살아야 한다면 살 것이요, 의로움이 마땅히 죽어야 한다면 죽을 것이다. 눈앞에 보이는 것이 오직 의로움 하나일 뿐이니, 삶과 죽음이 있다는 것은 보이지 않는다."

기세배는 생사의 관문을 깨야 의리와 이익이 대립하는 상황에서 의리를 따를 수 있다고 여긴다. 이에 대해 유종주는 생사의 관문을 깨기 위해서는 먼저 의로움을 자기 행위의 준칙으로 삼아야 한다고 주장한다. 오직 의로움을 기준으로 죽을 것인지, 살 것인지를 판단하고 결정할 뿐이다. 유종주는 실제로 이것을 실천한 사람이다.

유종주는 명이 멸망하자 자결한다. 1645년에 남경(南京)이 함락되어 복왕(福王) 정권이 무너지자 잔존세력은 항주(杭州)에 집결하여 노왕(潞王)을 옹립한다. 그러나 옹립된 지 6일 만에 노왕은 청군에게 항복함으로써 항주 정권마저 무너지게 된다. 『명사』의 「유종주열전(劉宗周列傳)」에 다음과 같은 유종주의 말이 실려 있다.

> 북경의 변고는 자결해도 옳고 자결하지 않아도 옳으니, 몸이 시골에 있어 그래도 중흥을 기대할 수 있기 때문이다. 남경의 변고는 주상께서 그 사직을 스스로 버린 것이지만, 그래도 여전히 자결해도 옳고 자결하지 않아도 옳다. 그 뒤를 이어 흥기할 사람을 기다렸기 때문이다. 지금 우리 월(越) 지방이 또 항복하였으니 이 늙은 신하가 죽지 않고 또 무엇을 기다리겠는가? 만약 몸이 지위에 있지를 않아서 성(城)과 함께 존망을 같이 하는 것이 부당하다고 말한다면, 땅과 더불어 존망을 함께 하는 것이 어찌 부당하겠는가? 이것이 (송나라 정치가인) 강만리(江萬里)가 죽은 이유이다.

유종주는 식음을 전폐한 지 23일 만에 죽는다. 오직 의로움을 기준으로 상황을 판단하여 자신이 해야 할 바를 따른 것이다.

이와 유사한 사례를 조선에서도 발견할 수 있다. 한일합방 소식을 듣고 자신의 목숨을 바친 매천 황현이 바로 그 경우에 해당한다. 황현은 죽음에 앞서 자신의 심경을 네 편의 시로 남긴다. 다음은 『매천집』의 「절명시」에 적힌 그 마지막 두 편의 시이다.

> 금수도 슬피 울고 산하도 찡그리니 / 鳥獸哀鳴海岳嚬
> 무궁화 세상은 이미 망해 버렸다네 / 槿花世界已沉淪
> 가을 등불 아래서 책 덮고 회고해 보니 / 秋燈掩卷懷千古

인간 세상 식자 노릇 참으로 어렵구나 / 難作人間識字人

짧은 서까래만큼도 지탱한 공 없었으니 / 曾無支厦半椽功
살신성인 그뿐이지 충성은 아니라네 / 只是成仁不是忠
결국 겨우 윤곡이나 따르고 마는 것을 / 止竟僅能追尹穀
부끄럽네, 왜 그때 진동처럼 못했던고 / 當時愧不躡陳東

조선이 멸망한 상황에서 그동안 지식인으로 살아왔던 자신의 삶을 돌이켜본다. 나라가 위태로웠던 만큼 험난한 삶이었다. 그럼에도 나라를 지탱하는 데 힘이 될 만한 공적을 이룬 것이 없다. 지금 목숨을 끊는 것도 국가에 대한 충성심 때문이 아니다. 단지 나라의 멸망을 애통해하는 뜻을 식자 가운데 누군가는 드러내는 것이 옳다고 여겼기 때문이다. 그것이 바로 '살신성인'이다. 인을 구하여 인을 얻었을 따름이지, 국가를 위해 헌신한 충열지사는 아닌 것이다. 그러나 그의 죽음은 사회적, 역사적 의미를 지닌다. 이 땅에 지사(志士)와 인인(仁人)이 살아있다는 것을 만방에, 그리고 역사에 길이 남기고 있기 때문이다.

〈참고문헌〉

성백효, 『시경집전』(상 · 하), 전통문화연구회, 1993.
______, 『주역전의』(상 · 하), 전통문화연구회, 1998.
동양고전연구회, 『논어』, 지식산업사, 2001.
박성규, 『논어집주』, 소나무, 2011.
성백효, 『논어집주』, 전통문화연구회, 1990.
______, 『맹자집주』, 전통문화연구회, 2010.
______, 『대학중용집주』, 전통문화연구회, 2010.
周敦頤, 『周敦頤集』, 中華書局, 1990.
張載, 『張載集』, 北京: 中華書局, 1978.
程顥 · 程頤, 『二程集』, 臺北: 漢京文化事業有限公司, 1980.
朱熹, 『朱子語類』, 北京: 中華書局, 1981.
王守仁, 정인재 · 한정길 역, 『전습록』(상 · 하), 청계출판사, 2001.
______, 『王陽明全集』, 上海: 上海古籍出版社, 1992.
『明史』, 臺灣: 中華書局, 1966.
황현, 권경열 역, 『매천집』3, 한국고전번역원, 2010.
전남대학교 아시아문화원형연구사업단, 『동아시아의 생사관』, 전남대학교 출판부, 2009.
김우형 외, 『우리에게 귀신은 무엇인가?』, 도서출판 모시는 사람들, 2010.
조남호 외, 『한국인의 생사관』, 태학사, 2008.
임병식, 『중국 유학의 생사관 연구』, 고려대학교 대학원 박사학위논문, 2017.

동양고전
속의
삶과죽음

양수명 유학사상에서 삶의 유형과 죽음에 대한 대처방식

강중기

1. 양수명의 생애 – 근대 동아시아 지식인의 삶

21세기에도 우리는 여전히 동아시아 전통과 서구에서 태동한 현대가 길항하는 시대를 살아가고 있다. 동아시아 전통사회에서 태어난 사람이 전통사회가 거의 와해되어 가고 아주 새로운 사회가 형성되어 가는 시기, 곧 19세기 말부터 20세기에 걸치는 격동기를 어떻게 살아갔을까? 우리는 그러한 격동기 동아시아 지식인이 영위해간 삶의 한 사례로 양수명(梁漱溟, 1893-1988)의 생애를 살펴보고자 한다.

양수명은 웅십력(熊十力, 1884-1968)과 함께 현대신유학의 창시자로 평가된다. 그는 중국현대철학사에서 차지하는 학문적 위상과 영향력뿐만 아니라, 거의 한 세기에 걸친 극적인 삶으로 인하여 사람들의 주목을 받고 나아가 존경의 대상이 된 독특한 인물이다. 그는 중학(중고등학교가 통합된 과정) 졸업의 학력으로 북경대학 총장 채원배(蔡元培, 1868-1940)의 초빙을 받아 25세에 북경대학에서 강의하기 시작했으나, 사회운동에 종사하기 위해 1924년 여름 7년 만에 교수직을 사임하였다. 전통적 유자(儒者)의 이상에 따라 이론의 영역에 머물며 강단에 안주하지 않고 자신의 철학을 실현하기 위해 현실과 맞부딪친 실천적 지식인이라는 점에서 앨리토(Guy S. Alitto)는 양수명을 "최후의 유자(the Last Confucian)"라고 불렀다. "the Last Confucian"은 앨리토가 저술한 양수명 전기 *The Last Confucian – Liang Shu-ming and the Chinese Dilemma of Modernity* (University of California press, 1986)의 제목이기도 하다.

양수명은 본래 원나라 황실의 후예로서 몽고족의 핏줄을 타고났다. 그러나 명청대 500여년이 지난 후에는 주위 사람들이 그가 몽고족임을 몰랐고 자신도 자각하지 못하였으며, 수백 년 동안 한족과 혼인을 거치면서 두 혈통이 융합되었다. 그의 원적은 광서 계림이지만 증조 이래 북경으로 이주하여 거기서 나고 자랐으며, 외가도 원적은 운남 대리이지만 모친은 북방에서 태어나 자랐다. 그의 집안은 누대에 걸친 관료가문이지만, 가세가 기울어 일반 서민의 고충을 몸소 겪어야 했다. 그래서 양수명은 자신이 지역적으로 남방과 북방, 혈통상으로 한족과 몽고족, 사회계층상으로는 사대부와 일반 서민 사이의 중간에 위치하며, 이처럼 여러 방면에서 중간적 성격을 지닌 가정에서 태어나 정치와 문화의 중심지인 북경에서 성장하고 격변의 시대에 처하여 보고들은 바가 많았으므로 편벽하거나 고루하지 않고 이해의 폭이 넓을 수 있었다고 자부하였다.

한편, 양수명이 사회적인 문제에 관심을 갖고 개방적이고 진보적인 태도를 지니면서도 보수적인 사상경향을 지니게 된 데는 부친 양제(梁濟, 1859-1918)의 영향이 컸다. 앨리토가 양수명 전기에서 지적한 것처럼, 양제의 세대는 상대적으로 서구의 영향을 거의 받지 않은 전통사회에서 성장하였지만, 양제는 전통문화에 대한 공격자 내지 인습타파주의자로서의 모습을 여실히 보여준다. 양제의 그런 측면은 어린 양수명에게 당시 일반적으로 사서(四書) 같은 유학경전을 암송하게 하던 관례와 달리 세계의 인문지리 환경과 당시의 세계대세를 소개하는 『지구운언(地球韻言)』이라는 책을 학습하게 한 데서도 드러난다. 이는 당시 모택동(毛澤東, 1893-1976)이 호남의 농촌에서 전통적인 훈장의 감시와 항상 준비된 회초리를 맞으며 고전을 암송하고, 안휘의 상장촌에서는 호적(胡適, 1891-1962)이 전통적 가숙(家塾)에서 고전을 암송하고 있었던 것과 극명하게 대비된다. 『논어』 대신 알파벳을 배우며 영어 입문서의 신기함에 빠져들었던 양수명이 나중에 전통문화를 옹호하는 문화보수주의자가 되고, 전통적 방식으로 고전을 학습하던 호적은 전통문화를 비판하고 서양문화의 전반적인 수용을 주장하는 서화파(西化派)의 일원이 된 것은 참으로 아이러니컬하다.

젊은 시절 양수명은 공리주의적 인생관에 입각하여 시비선악을 이해득실에 종속시켜 인생은 오직 고통을 없애고 즐거움으로 나아가며 이익을 좇고 해를 피하려는[去苦就樂, 趨利避害] 것일 뿐이라 파악하고, 고락의 본질에 대한 탐구로 나아갔다. 그로부터 양수명은 인생이 기본적으로 고(苦)라는 인식에 도달하여, 불교의 출세간적인 사고로 나아가게 된다. 양수명이 불교에 심취하게 된 직접적 계기는 중학 졸업 이후 직접적 사회활동을 통해 갖게 된 인간사회 내지 인생에 대한 회의였다.

그는 중학시절부터 사회적 국가적 문제에 관심을 기울여 정치개혁방안에 대하여 지상논쟁을 벌이기도 하고 군사훈련을 자원하여 훈련대의 대장이 되기도 하였으며 동맹회에 가입하여 총과 폭탄을 운반하고 혁명가들의 거점이 되는 가게를 위장 운영하는 등의 비밀활동에 종사하기도 하였다. 중학 졸업 후에는 『민국보』 기자로 활동하였다. 1년 남짓 기자생활을 통해 양수명은 이른바 '지도적 인사'들의 표리부동과 권모술수를 목도하고, 그들이 말하는 혁명, 정치 등이 다 이상과 거리가 멀다는 것(량수밍의 표현을 빌면 "不過如此")을 깨닫게 된다. 이상과 거리가 먼 현실체험에서 초래된 인생에 대한 회의가 양수명으로 하여금 불교에 침잠하도록 유도한 셈이다.

이후 양수명은 현실과는 거리를 유지한 채 불교에 심취하여 불경을 연구하고 자신의 견해를 글로 발표하였다. 이때 발표한 논문 「구원결의론(究元決疑論)」이 당시 북경대학 총장 채원배의 주목을 받아 북경대학 교수로 초빙되어 다시 현실로 돌아오게 된다. 말하자면 불교에서 다시 유학으로 전향한 셈이다.

양수명은 스스로 고백하듯, 학문적으로 탁월하지는 않았지만 진지하게 고민하고 아는 만큼 실천하려고 노력한 사람이다. 따라서 대학에서의 연구와 교육, 그것도 지식의 전달에 중점이 있는 교육에만 전념할 수는 없었던 듯하다. 결국 1924년 여름 7년간의 교수생활을 청산하였다. 사임의 이유는 두 가지다. 하나는, 교육이 스승과 접하고 벗을 사귐으로써 학생의 전체적 인생태도를 발전시켜야 하는데 대학에서는 단지 지식만을 가르친다는 것이다. 또 하나는 자신이 대학에서 가르치는 동안 명예를 다투고 남을 이기려는 마음만 증대되었다는 것이다. 이후 양수명은 산동으로 가서 조주육중을 실험 운영하면서 사회활동의 길로 들어섰다.

양수명은 신중국 성립 이전까지 학술연구와 향촌건설운동에 종사하는 한편, 1940년대부터는 국민당과 공산당의 중간에서 조정을 꾀하는 제3세력 지도자로서 정치활동에 참여하였다. 1949년 신중국 성립 이후 대륙에 남아 모택동의 요청으로 농촌지역을 시찰하고 소감을 발표하기도 했는데,

1953년 회의에서 중국공산당의 노선에 대해 농민의 희생을 담보로 하는 것이라고 격렬하게 비판함으로써 혹독한 비판을 받았다. 이후 수년간 그에 대한 대대적인 비판운동이 전개되었으며, 문화혁명이 끝날 때까지 사실상의 정치적 숙청상태가 지속되었다. 문화혁명 기간에도 자신의 신념을 굽히지 않은 양수명은 1980년대에 정치적 학문적으로 복권되고, 이후 그의 전집 8권이 4년여에 걸쳐 발간되고 기념문집과 연보 및 평전 등이 잇달아 간행되는 등 중국대륙에서 양수명 연구붐이 조성되었다고 할 정도로 그에 대한 학문적 조명이 활발하게 이뤄졌다.

양수명은 학자로서 이론적 활동보다는 오히려 삶 자체가 더욱 빛을 발하는 사람이라고 할 수 있다. 근대 이래 지식인의 삶은 자신의 이론과 일정한 거리를 유지하며 직접적으로 결합되지 않는 방향으로 전개되어 왔다. 그러나 전통사회의 유가 지식인은 이론과 삶이 분리되지 않는 지행합일·언행일치를 이상으로 삼았다. 공자가 『논어』에서 강조한 '위기지학(爲己之學)'이 바로 그런 학문태도를 가리킨다. 양수명은 자신이 습득한 지식과 터득한 사상이론에 의거하여 자신의 삶을 꾸려가려는 유자의 모습을 보여준다. 그것은 동아시아 전통의 유가지식인이 현대의 거대한 조류에 부응하되 유학의 본령은 유지하면서 살아가고자 분투하는 모습이다. 유학을 학문적 이론적 연구대상으로 삼지 않고 그 이념의 실천에 충실하고자 하였던 양수명에게는 '현대신유가'보다 '최후의 유자'라는 칭호가 더 어울리는 듯하다.

"너무 피곤하다. 쉬고 싶다(我太疲倦了. 我要休息.)." 양수명이 이 세상에서 한 마지막 말이다. 근대 서양세력의 동방진출 이해 서양 근대문명의 학습과 전통문화에 대한 성찰, 사회운동의 전개와 제3세력으로서 정치활동,

항일운동과 국공내전의 경험, 중화인민공화국의 건립과 마오쩌둥과의 갈등, 문화대혁명의 시련, 그리고 개혁개방에 이르는 격동의 시대에 학문적 탐구의 끈을 놓지 않으면서 이론과 실천의 통일을 추구한 '마지막 유자'의 삶이 쉽지만은 않았음을 짐작케 한다.

2. 현대신유학 – 현대사회에서 유학의 명운

근대 중국은 서구 근대와 만나면서 미증유의 총체적 위기에 직면하게 된다. 중국문화와 외래문화의 만남이 전에 없던 일은 아니지만, 근대의 만남은 중국문화 자체의 존립을 위협하는 총체적 위기를 초래한 것이다. 단지 문화의 존립을 위태롭게 한 것이 아니라, "망국멸종(亡國滅種)의 위기"라는 표현에서 드러나듯 국가와 민족의 존망을 염려하게 하는 지경에 이르렀다.

처절한 패배로 끝난 중영전쟁(아편전쟁)이라는 상징적인 사건에서 부각된 서세동점의 국면에 대한 근대 중국의 사상적 대응은 크게 세 가지 부류로 분류된다. 마르크스주의, 자유주의, 문화보수주의가 그것이다. 세 유파는 신문화운동 기간 중에 형성되기 시작하여 과학과 인생관 논전(1923)에 이르러 규모가 드러난 것으로 여겨진다.

자유주의는 자본주의를 포괄하는 근대 서구문명을 전면적으로 수용하자는 서화파의 전반서화론(全盤西化論)으로 귀결되고, 마르크스주의는 중국공산당의 마오이즘(毛澤東主義)으로 전화되었다. 두 사조의 공통점은 역사에 대한 단선적인 진화론에 입각하여 사고한다는 것이다. 서화파는 정체

되고 낙후된 중국문명을 진보한 서구 근대문명으로 대체해야 한다고 주장한다. 중국공산당은 마르크스주의 역사발전 5단계설에 근거하여 반봉건 반식민지의 중국을 사회주의 중국으로 전화시켜야 한다고 보았다.

반면에, 문화보수주의는 문화(문명)의 보편성을 부정하지는 않지만 그 특수성을 보다 중시하는 입장이다. 문화는 특수성을 기반으로 해서 보편성이 담보될 수 있다는 것이다. 문화보수주의 진영에는 1905년 국학보존회를 기점으로 성립된 국수파(國粹派), 1922년 잡지 『학형(學衡)』을 중심으로 형성된 학형파 등이 포함되지만, 주류는 현대신유가이다. 문화보수주의 진영에는 넓은 의미의 동방문화파(東方文化派)를 포함시키기도 한다. '문화보수주의(cultural conservative)'는 앨리토가 양수명의 전기에서 양수명의 학술적 작업을 자리매김하면서 사용한 용어로, 이후 중국에서 현재에 이르기까지 널리 사용되고 있다.

현대신유학은 전통사회와는 질적으로 확연히 다른 현대사회에서 유학이 어떤 철학적 사상적 문화적 의미를 가질 수 있는지 모색한다. 5.4신문화운동 시기에 현대신유가는 민족의 위기는 본질상 문화위기라는 인식에 이른다. 사상문화의 혁신이 정치 · 경제 · 사회의 개혁보다 우선하고 근본적이라는 것이다(林毓生, 1990). 이러한 문화결정론적 사고는 오사 시기 중국 사상계에 공통된 인식이라고 한다.

현대신유가는 3~4세대로 분류된다. 제1세대는 양수명 · 웅십력 등으로, 전통의 기초 위에서 서학에 대한 이해를 도모하고, 문화와 철학에서 현대 신유학 발전의 기본방향을 개척하였다. 양수명이 베르그송의 생철학과 불교 유식학을 원용하여 유학의 현대적 변용을 추구하였다면, 웅십력은 유식의 내용 · 방법을 흡수하여 유가심성학을 확충하였다고 평가된다. 제

2세대는 풍우란(馮友蘭) · 하린(賀麟) · 전목(錢穆) 등으로, 제1세대에 비해 개방적이고 학술적 색채가 강하며, 제1세대가 동서문화의 이질성을 강조한 데 비해 이들은 동서문화가 상통하는 점에 주목하여 직접 서양철학에서 방법을 찾아 중국철학을 개조하려 하였다. 하린은 신헤겔주의와 육왕심학의 결합을 시도하였고, 풍우란은 서양철학의 논리분석방법을 흡수해서 정주학을 개조하여 전통철학의 현대화를 꾀하고 중국철학의 체계화 · 논리화에서 일정한 성과를 거두었으며, 전목은 역사학 연구와 역사학 방법론을 탐구하여, 현대신유학 발전에서 새로운 차원을 개척하였다고 평가된다. 제3세대는 모종삼(牟宗三) · 당군의(唐君毅) · 서복관(徐復觀) 등으로, 서양철학에 대한 이해의 측면에서 앞 세대를 넘어 동서 문화와 철학을 보다 전면적으로 융합하고자 하였다. 모종삼은 칸트의 지성분석과 중국철학의 생명체험을 결합시켰으며, 당군의는 헤겔철학의 영향을 받고 불교의 교판방식을 원용하여 동서양 주요 철학학파와 종교분파의 이론을 정신활동의 다른 차원으로 귀결시켜 회통을 추구하였으며, 서복관의 사상사 연구는 전통사상에서 민주사상의 싹을 발굴하여 서양의 민주를 흡수하는 매개로 삼으려는 것이었다. 제4세대는 두유명(杜維明) · 유술선(劉述先) · 채인후(蔡仁厚) 등으로, 아직 발전해나가는 과정에 있지만, 국제학술계에 영향이 크다. 이들은 사상이 개방적이고 넓은 시야와 풍부한 현실감을 지니고 있으며, 전통문화에 대한 반성과 현대화 과정의 교훈을 결합시키려 한다. 또한 서양 현대 학술사조와 광범위한 접촉 위에 오사 이래 서화파 · 보수파의 대립을 초월하는 중국문화의 발전방향을 추구한다. 이러한 세대 구분은 현대신유학이 출현한 이후 시대의 흐름과 더불어 어떤 문제의식을 가지고 어떻게 문제를 해결하려고 노력해왔는지를 보여준다. 자신의 것을 지키려는 다분히 방어적인 자세에서 벗어나 좀 더 개방적이고 좀 더 학술적인 방향으로 전개되어 왔음을 알 수 있다. 그러나 한편으로는 서양철학의 수용에 무게 중심이 쏠리면서 초기 현대신유가들에게서 보이는 역동성과 창의성이 약해지고 있다는 점에 대해서는 깊이 성찰할 필요가 있을 것이다.

현대신유학은 전통 유학과 서양 근대문명(특히 과학과 민주주의)에 대한 인식을 기초로 하여 전통과 현대가 길항하는 현대사회에서 전통 유학의 현대적 의의와 역할을 모색하는 학술적 노력의 산물이다. 양수명의 경우, 베르그송의 생철학과 불교 유식학 및 태주학파 양명학을 자신의 사상적 뿌리로 꼽는다.

양수명은 불교 유식학과 베르그송 철학을 원용하여 유가형이상학을 새롭게 정립한다. 그는 유가형이상학을 상호대대의 조화라는 관점에서 이해한다. 조화의 형이상학은 유식을 원용하여 베르그송의 '지속(duration)'을 재해석한 생기론적 우주론(실은 우주론이 아니라 일종의 생철학이지만)으로 연결되고, 베르그송의 생명 개념과 태주학파의 철학이 결합되어 생의 찬미와 즐거움의 철학으로 전개되며, 또한 유가윤리의 쌍무성에 관한 논의와 연계된다. 양수명이 유학을 재해석하면서 베르그송 철학으로부터 이론적으로 가장 큰 계발을 받은 것은 '직각' 개념이다. 그러나 기본적으로 인식론적 맥락에서 제기된 베르그송의 '직관(intuition)'이 양수명에게서는 도덕성의 근거 내지 도덕행위의 원동력이라는 차원으로 전이된다.

양수명은 직각을 정감(혹은 정서 · 감성)이 활발하게 살아있는 상태의 산물이라 여기고, 인식론의 영역을 넘어서서 생활태도 내지 삶의 방식과 연계시켜 논하고 있다. 따라서 양수명의 철학에서 직각은 서양철학 전통의 직관 개념보다 더 포괄적인 함의를 갖고 있다. 직관은 서양철학사에서

'theoria(觀照)'에서 유래하는 대상인식의 성격이 강한 개념이다. 이는 베르그송의 경우도 예외가 아니다. 생의 약동에 기반하여 삶의 의미를 새롭게 제시하고 있는 측면이 있기는 하지만, 자신의 직관 개념을 통해 관념론과 실재론을 넘어서는 인식론을 제시하고 있다는 점에서는 베르그송도 여전히 서양 근대철학의 인식론 중심 전통 속에 있다. 우리는 직관과 구별하여 직각이라는 용어를 사용한다. 혹자는 직각이 '직접적인 깨달음'이라는 의미에서 불어의 'intuition'에 보다 가깝다고 여기는데(김형효, 1991), 직각의 각을 '깨달음'으로 해석하는 것은 그리 적절하지 않다고 생각한다. '깨달음'은 도덕적 시비선악을 즉각적으로 간취해내는 깨어있는 의식(양수명의 표현으로는 '예민한 직각')이라는 함의를 온전히 나타내주지 못하며, 또한 종교적 신비체험과 쉽게 연계되기 때문이다.

양수명의 인식론은 베르그송의 직관 개념을 원용하여 유식의 삼량(三量)을 재해석한 직각주의 인식론이라 할 수 있다. 그러나 양수명의 철학에서 인식론은 인(仁)을 핵심으로 하는 유학의 개념 · 이론을 재해석하기 위한 징검다리에 불과하다.

유학의 현대적 해석에서 인(仁)으로 규정된 '예민한 직각'은 정감과 불가분의 관계에 놓이고, 정감이 도덕성의 근거이자 도덕적 행위의 원천으로 이해됨으로써, 양수명의 철학에서는 정감이 철학적 위상이 복원된다. 그래서 수명의 철학은 '정감의 철학'이라 할 수 있다. 정감의 위상 복원은 천리와 인욕에 대한 새로운 해석과 욕망의 긍정으로 연결되며, 정감의 배양이란 측면에서 효제와 예악, 특히 제례(祭禮)가 중시되고 새로운 의미를 부여받게 된다. 양수명은 이와같은 유학의 재해석 혹은 유학의 현대화 작업을 통하여 공맹의 참된 정신을 계승한 진정한 유학을 건립하였다고 자부한다.

양수명이 인을 직각 및 정감과 연계하여 재해석하는 논의를 좀 더 자세히 살펴보자. 양수명에 따르면, 직각은 사람이 본래 갖고 있는 것이고 습관에 물들었을 때를 제외하고는 원래 매우 예민한데, 이 '예민한 직각'을 공자는 바로 인(仁)이라 보았다. 한편, 그는 '예민한 감각'을 가지고 개체생명을 넘어 원대한 소망을 품을 수 있는 사람이 진정한 인간('人')이라고 하였는데, 여기서 '예민한 감각'은 '예민한 직각'과 같은 의미이다(梁漱溟, 「精神陶煉要旨」, 『梁漱溟全集』 제5권, 493-4쪽. 이하 '『梁漱溟全集』'은 '『全集』'으로 약칭함).

양수명은 인(仁)이 예민한 직각이라는 명제의 의미를 『논어』에 보이는, 3년상을 둘러싼 공자와 재여의 대화를 원용하여 설명한다. 공자는 3년상 기간에도 고기를 먹고 음악을 들으면 마음이 편하다[安]고 하는 재여를 불인(不仁)하다고 평하였다. 양수명은 그렇다면 불안을 느끼는 것이 바로 인이 아니겠느냐고 한다. 불안은 인간의 정감(정서 내지 감정)이므로, 인이 정감과 밀접한 관계에 놓이게 된다.

"왜 똑같은 일에 대해 어떤 사람은 가엽게 여기고 어떤 사람은 가엽게 여기지 않으며 어떤 이는 부끄러워하고 어떤 이는 부끄러워하지 않는가? 한 사람은 범범하여 느끼지 못하고 한 사람은 불안을 느끼는 차이가 있을 따름이다. 安과 不安은 직각이 예민하고 둔함의 차이이다. 이처럼 예민한 직각이 바로 인이다. 그래서 유가는 완전히 직각에 의지하고, 직각의 예민함을 중시한다. 두려워하는 바는 직각의 둔화와 마비다. 모든 악은 직각의 마비에서 비롯되며 다른 원인은 없다(梁漱溟, 『東西文化及其哲學』, 『梁漱溟全集』 제1권, 452쪽. 이하 '『東西文化及其哲學』'은 '『哲學』'으로 약칭함)."

이처럼 직각은 정감과 불가분의 관계에 있다. 정감의 두터움이 직각의 예민함과 맞물려 있기 때문이다. 그래서 편안함(安, 즉 安然不覺)은 "정감이 박하고 직각이 둔한" 것이고, 불안은 "정감이 두텁고 직각이 예민한" 것이다(梁漱溟, 『哲學』, 453쪽). 직각의 둔화, 즉 정감의 박약화가 모든 악의 근원이다. 따라서 유가 덕목의 핵심인 인의 실현을 위해서는 예민한 직각을 견지하고 정감을 풍부하게 배양해야 한다는 결론에 이르게 된다. 여기서 선진 이후 유학사의 전개과정에서 견제당하고 때로 배척되었던 정감이 직각과 연계되어 철학적 위상을 회복하고 있음을 볼 수 있다. 그래서 양수명의 현대신유학을 "정감의 철학"이라고 부르는 것이다.

3. 문화삼로향설 – 양수명의 문화론에서 제시하는 삶의 유형

양수명에 따르면, 유럽인은 중국인과 정신 면에서 다른 점이 있는데, 그것으로부터 직접적으로 데모크라시의 원리가 생겨나고 간접적으로는 경제가 발전되어 근대서구의 강력한 제도가 나왔다. 서양인의 정신은 문화 개념을 통해 설명된다.

"문화란 무엇인가? 한 민족의 생활양식일 뿐이다. 생활은 또 무엇인가? 생활은 바로 다함이 없는 의욕(Will)의 부단한 충족과 불충족일 뿐이다. 어떻게 생활양식에 다른 특색이 있게 되는가? 그것은 단지 생활양식의 최초 근본원인인 의욕이 다른 방향으로 분출되어 다르게 발휘되기 때문이다. 따라서 문화의 근본 혹은 원천을 탐구하려면, 문화의 근원인 의욕에 주목하여 그들의 방향이 다른 이들과 어떻게 다른지 보아야 한다. 그 방향이 어떻게 다른지를 파악하려면, 이미 알고 있는 특색으로부터 원래의 출발점을 추론해보면 한 눈에 알 수 있을 것이다(梁漱溟, 『哲學』, 65쪽).”

왜 여러 민족의 생활양식이 다른가? 양수명은 문화 차이는 순전히 추상적 양식의 문제이지만, 생활에서는 문제 해결방법의 차이라고 한다. 양수명은 인생의 3대 문제를 제시하는데, 물아(物我) 관계, 인아(人我) 관계 및 심신영육생사(心身靈肉生死) 관계가 그것이다(梁漱溟, 『哲學』, 392-3쪽). 양수명은 인류생활을 물질생활 · 정신생활 · 사회생활의 세 측면으로 나누기도 한다(梁漱溟, 『哲學』, 250-254쪽). 또한, 인류생활의 문제를 ‘인대물(人對物)’, ‘인대인(人對人)’, ‘인대자기(人對自己)’의 문제로 구분하고, 각 문제를 해결하려는 문화를 제1기 · 제2기 · 제3기 문화라고 부른다(梁漱溟, 『中國文化要義』). 이러한 구분은 이후 인류문화의 발전단계에 대한 논의와 연결된다.

양수명은 인류가 문제를 해결하는 방향('路向')에는 세 가지가 있다고 보았다.

첫째, 생활 본래의 방향으로서, 의욕하는 것을 힘써 취득하려고 하는 방식이다. 자신의 의욕을 충족시키려 하는 것은 바꿔 말하면 분투의 태도이다. 문제에 부딪치면 모두 전진적으로 처리하고[向前要求], 그 결과 국면을 개조하여 의욕을 충족시킬 수 있다. 이것이 생활의 본래 방향이다.

둘째, 문제에 부딪치면 문제를 해결하려 하지 않고, 그 처지에서 자기만족을 추구하는 방향이다. 가령 집이 작고 비가 새면, 본래의 방향에 따르면 집을 고쳐야 하겠지만, 이 태도를 취하면 결코 집을 고치려 하지 않고 그 상황에서 자신의 생각을 바꾸어 만족을 얻으려 한다. 이 때 착안하는 곳은 앞이 아니다. 눈이 앞을 보지 않고 주변을 본다. 결코 국면의 개조를 위해 분투하려 하지 않고, 생각을 돌이켜 상황에 따라 편안히 여기려 한다.

문제에 대응하는 방법이 자기 의욕의 조화일 뿐이다.

셋째 방향으로 나아가는 사람은, 문제에 부딪치면 문제 혹은 요구를 근본적으로 취소하려고 한다. 그는 첫 번째 방향처럼 국면을 개조하려 하지도 않고, 두 번째 방향처럼 자기의 생각을 바꿔 만족을 구하지도 않으며, 단지 근본적으로 문제를 취소하고자 한다. 이 또한 곤란에 대응하는 하나의 방법이다. 그러나 생활의 본성에는 가장 위배된다. 왜냐하면 의욕의 전진적인 추구가 생활의 본성이기 때문이다. 각종 욕구에 대한 금욕적인 태도는 모두 이 방향에 귀결된다.

이 세 방향이 곧 생활의 '삼로향(三路向)'이다. 생활의 근본은 의욕에 있고, 문화는 생활의 방법일 뿐이다. 그렇다면 문화가 다른 것은 의욕의 추구방향이 다르기 때문이라는 결론이 도출된다.

양수명은 자연정복, 과학방법과 민주라는 서양문화의 특색을 하나의 근본원천으로부터 설명할 수 있다고 한다. 서양문화의 근본원천은 위에서 말한 세 가지 문제해결방법 혹은 생활방식('路向') 가운데 첫 번째 방향이다. 서양문화가 물질문명의 면에서 자연정복의 특색을 드러낸 것은, 자연에 대해 전진적인 분투의 태도에 따른 결과이다. 근대 서양의 찬란한 물질문명은 환경에 대한 개조를 추구한 결과인 것이다. 과학방법은 현상을 변화시켜 보고 분석적으로 고찰하므로, 이 또한 전진적으로 착수하여 눈앞의 대상을 극복하려는 태도이다. 민주는 각종 권위 · 세력에 대한 반항 · 분투 · 투쟁의 결과이니, 이 또한 사람의 사람에 대한 전진적 추구의 태도에서 나왔다고 할 수 있다. 이상으로 보면, 서양문화가 전진적인 의욕 추구의 길을 취한다는 것은 매우 분명하다. 따라서 양수명은 서양문화는 '의욕의 전진적인 추구[意欲向前要求]'를 근본정신으로 한다, 혹은 서양문화의 각종 특색은 '의욕의 전진적인 추구'의 태도에 근본원천이 있다는 결론에 이르게 된다.

양수명은 중국문화의 근본정신이 서양문화와 다르다고 본다. 그것은 '조화와 중용에 의거한 의욕 추구[意欲自爲調和持中]'이다. 그의 견해에 따르면, 중국인의 사상은 분수를 지켜 편안히 머물고 만족할 줄 알고 욕심을 줄이고 본래적인 생명을 기르는 것이고, 결코 물질적 향락의 추구를 주장하지 않으며, 또한 인도의 금욕사상도 없다. 중국인은 어떤 상황에 처하든지 만족하고 편안히 받아들일 수 있으며, 결코 환경을 바꾸려고 하지 않는다. 중국문화는 '조화와 중용에 의거한 의욕 추구'라는 근본정신에 따라 자연과 융합하여 더불어 노닐고자 하므로, 당연히 자연정복의 기백이 없고 증기선 · 기차 · 비행기를 만들어낼 수 없었으며, 엄중한 권위를 가진 자를 기꺼이 인정하고 예로써 양보하므로 분투하여 그로부터 해방될 수 없고 따라서 민주도 생겨날 수 없었다. 자연을 분석적으로 관찰하지 않고 현학적 직관의 길로 나아가고 자연을 제어하려는 생각이 없었으므로, 당연히 과학이 생겨날 수 없었다. 양수명은 이것이 중국문화가 서양과 같은 길을 걷지 않고 제2의 로향으로 나아갔음을 증명해준다고 보았다.

인도문화는 '자신을 돌이켜 의욕을 후퇴적으로 처리함[意欲反身向後要求]'를 근본정신으로 한다. 인도문화는 물질문명에 성취가 없고 사회생활에 진보가 없어서, 서양뿐 아니라 중국에도 미치지 못한다. 종교만이 흥성하여, 철학 · 문학 · 과학 · 예술이 종교에 종속된다. 생활의 세 측면에서 정신생활만 기형적으로 발전하고, 특히 종교가 기형적으로 발달했다.

문화삼로향설에 의하면, 동서문화는 근본방향이 다르기 때문에 일방이 타방에 비해 낙후되었다거나 진보했다고 평가할 수 없다. 단지 문제가 다르므로 해결방법이 다를 뿐이다. 그리고 동서문화가 근대에 이르러 명암이 갈린 이유는 시대적 요구에 부합했느냐에 달려있다. 이는 공시적 측면에서 문화의 민족성을 중시하는 문화다원론의 입장이라고 할 수 있다. 이런 문화다원론은 중국문화와 인도문화의 가치를 인정하는 근거가 되기도 하지만, 동시에 서양문화에 보편적인 가치를 부여하여 그것을 수용할 이론적 근거를 제공하기도 한다. 앞에서 살펴보았듯이 의욕을 전진적으로 충족시키려는 제1로향이 생활의 본래적인 방향이기 때문이다.

양수명은 세계의 미래문화를 예측하고 중국문화의 부흥을 예견하는 논의에서는 통시적 관점을 취하여 생활의 세 방향 혹은 문화의 세 로향이 인류문화 전개과정의 세 단계로 파악한다. 인류문화의 초기에는 생존 문제를 둘러싸고 자연에 대해 분투하며 환경을 개조하여 전진적으로 의욕충족을 추구하는 제1로향을 걷기 마련이다. 그래서 제1로향을 지향한 고대 그리스인의 태도는 인류가 원래 첫 번째 문제 아래 있기 때문에 상당히 옳고, 중국인과 인도인의 태도는 아직 나타나지 않은 문제에 대한 해결을 추구함으로써 문화발전단계에서 볼 때 너무 일찍 출현했다는 혐의가 있다고 한다. 이것이 '동양문화 조숙론'이다. 이처럼 서양과 중국 및 인도문화를 인류문화의 세 단계가 동시에 출현한 것이라고 보는 것은 '세계문화 삼기중현설(三期重現說)'이다. 이 관점에서는 중국문화와 인도문화가 서양문화보다 가치상 우월하다는 평가가 도출된다. 물론 양수명은 인류생활에 세 측면이 다 필요한 것이므로 우열을 논할 수 없고 세 문화는 각자의 공헌이 있다고 주장하지만, 이전 단계에서 제기된 문제를 해결하는 과정에서 형성되는 것이 다음 단계의 문화이므로, 그것이 이전 단계에 비해 우월하다는 평가가 은연중에 함축되어 있는 것이다.

그렇다면 실제로 중국문화가 서세동점으로 인해 부딪친 위기는 무엇 때문인가? 인류문화의 초기에는 모두 첫 번째 길[路向]을 걷기 마련이고 중국인도 마찬가지인데, 그들은 그 길을 끝까지 걷지도 않고 중도에 방향을 틀어 두 번째 길로 나아갔기 때문이다. 중국문화는 이후 걸어야 할 길을 미리 걸어서 인류문화의 조숙이 되었지만(동양문화 조숙론), 분명 첫 번째 문제가 아직 완결되지 않아서 첫 번째 길을 걷지 않을 수 없는 상황에서는, 두 번째 길을 순조롭게 걸어갈 수 없었다. 그래서 단지 애매하고 불명료한 문화를 뒤틀린 채로 출현시켰고, 첫 번째 길을 그르쳐 첫 번째 문제의 세계에서는 매우 큰 실패를 드러낼 수밖에 없었다는 것이다.

그리스인도 첫 번째 길로 들어섰지만 결코 문제를 명확하게 인식하고 적절하게 대처하지 못했고, 그래서 중세에 천여 년 간 세 번째 길로 들어갔다고 한다. 양수명에 따르면, 문예부흥에 이르러 비로소 비판적으로 선택하여 다시 새롭게 첫 번째 길로 나아가 희랍인의 태도를 끌어와서 이번에야 진정으로 그 길을 멈추지 않고 힘차게 걸어서, 자연정복, 과학, 민주주의 등 인류문화에서 마땅히 있어야 할 성과가 모두 출현하였다. 그것이 바로 서양 근대문화이다. 양수명은 서양문화의 승리가 단지 인류의 목전의 문제에 적합하였기 때문이고, 오늘날 중국문화와 인도문화의 실패는 그 자체가 좋거나 나쁘기 때문이 아니라 다만 시의에 부합하지 않기 때문이라고 보았다(梁漱溟, 『哲學』, 315-316쪽).

양수명은 중국문화와 인도문화가 오늘날에는 실패하였지만 미래에는 부흥할 것이라고 예견한다(동양문화 장흥설(將興說)). 그는 인류사회, 특히 서양사회의 실제 변화에서 근거를 찾아낸다. 인류사회가 직각의 정취로써 이지의 엄혹함을 구제하려 하며 곳곳에서 직각과 이지의 성쇠를 목도할 수 있고, 이지의 이해타산으로부터 직각의 진실한 정감으로 전환하는 것은 이지를 중심으로 하는 문화가 지닌 병폐로 인한 필연적인 결과라고 한다.

공시적으로 보면, 문화삼로향설은 상대주의적 문화론 내지 문화다원론에 기초한 문화유형론이다. 양수명은 진독수(陳獨秀)·호적(胡適) 등의 서화파가 서양 근대문화가 중국문화 및 인도문화보다 진보하였다고 보는, 단선적 진화론에 입각한 문화일원론적인 관점을 거부하고, 세 문화가 각기 나름의 존재가치가 있고 그들 사이에 진보와 낙후의 구분이 없다고 보았다. 단지 해결하려는 문제가 다르므로 해결방법이 다르고, 그리하여 생활로향 혹은 근본정신이 다를 뿐이라는 것이다(문화삼로향설). 그러나 통시적으로 보면 문화삼로향설은 문화발전단계론으로 동서문화 사이에 고하의 구별이 있다. 인류문화는 인류의 3대 문제에 따라 순차적 단계적으로 발전하는데, 중국문화와 인도문화는 인류문화의 조숙이다(세계문화 삼기중현설, 동양문화 조숙론). 조숙이란 너무 일찍 발달했다는 것이고, 그래서 조숙론은 동양문화가 서양문화보다 더 높은 단계에 이르렀음을 함축한다.

양수명은 문화삼로향설을 제시하여 서화파의 문화일원론에 반대하고 문화의 민족성을 강조하여 동서문화를 낙후한 전근대문화와 진보한 근대문화로 보는 관점에서 탈피하였으나, 세계문화 삼기중현설과 동양문화 조숙론에서 문화일원론에 따라 발전단계의 고하를 논함으로써 자기모순을 범하게 된다. 서화파가 동양에서 서양으로 나아가는 인류문화의 발전 추세를 주장하였다면, 양수명은 그것을 뒤집어 서양에서 동양으로 나아가는 발전 추세를 주장한 셈이다. 그는 중국문화와 인도문화가 인류문화의 전개에서 서양문화보다 더 높은 단계에 속하며 미래의 세계문화는, 마치 고대 그리스문화가 근대에 부흥한 것처럼, 동양문화의 부흥으로 귀결될 것이라고 예견했다(동양문화 장흥설).

양수명의 문화론에 내재하는 이 같은 문화다원론적 유형론과 문화일원론적 단계론의 혼재라는 자기모순은 결국 동서문화의 조화를 주장하는 그의 결론을 도출하는 과정에서 피할 수 없는 해결과제다. 이 문제는 단계론에서 단절과 계승(지속)이라는 계기를 통해 해명할 수 있다. 문화발전단계에서 세계 삼대문화는 각기 다른 단계에 속하므로 일정한 단절(이질성)을 함축한다. 그러나 발전단계에서 각 문화는 단절의 계기만 지니는 것이 아니라, 이전 단계로부터 필연적으로 계승하는 바(동질성)가 있기 마련이고 그럴 때 발전이라 할 수 있다. 양수명은 발전단계론에서 단절이라는 계기를 통해 동서문화의 이질성을 파악해내고, 계승이라는 계기에 근거하여 조화를 주장할 수 있었던 것이다. 그리고 계승이라는 측면에서 중국문화와 인도문화가 지닌 부족함 내지 불완전함(이것이 조숙론의 다른 측면이다)은 서양문화와의 조화·융합을 주장하는 논거를 강화시켜 준다. 그리하여 양수명은 동서문화의 근본적 이질성을 파악해낸 뒤에 양자가 이질적이기는 하지만 상호배타적인 것은 아니어서 동서 문화 혹은 전통과 현대가 조화로운 융합을 이룰 수 있다고 주장할 수 있는 것이다.

양수명은 근대 서양문명을 근원으로부터 깊이 통찰하면서도 당시 서양문명의 우월성에 매몰되는 서구중심주의에 함몰되지 않고 문화의 특수성(민족성)에 유의하면서 중국문화와 서양문화에 대하여 균형잡힌 시각을 유지하고자 한다. 장점은 취하고 단점은 버린다는 식의 안이한 편의주의적 발상에도 빠지지 않는다. 지구촌이라 일컬어지는 현대 인류사회는 그

야말로 다양한 문화가 함께 어우러져 살아가야 하는 다문화사회이다. 양수명의 문화보수주의는 단순히 자국문화를 보수하고 외래문화를 배척하려 하지 않으며 동서문화가 서로 다름을 인정하면서도 조화를 이룰 수 있는 방안을 제시하고 있다. 이것은 현대 다문화사회의 상생에 시사하는 점이 적지 않다. 또한 문화의 유형은 동시에 삶의 유형이라는 점에서 현대사회를 살아가는 사람들에게 자신의 삶을 성찰하는 계기를 제공한다.

4. 즐거움의 철학 – 인자의 삶에서 나오는 즐거움

양수명의 현대신유학에서는 인(仁)을 '예민한 직각'이자 두터운 정감이라고 해석하는데, 이처럼 정감이 강조됨으로써(정감의 철학적 위상 복원) 이지에 대한 배척과 맞물려 천리(天理)에 대한 새로운 해석으로 연결된다. 천리는 이제 더 이상 봉건적 강상명교가 아니라, 생명의 자연스런 발현을 의미하게 된다.

"천리란 신하가 충성하고 자식이 효도해야 한다는 것과 같은 객관적인 도리가 아니고, 생명이 자연스럽게 변화 · 유행하는 이치다. 사심 · 사욕이란 성색명리(聲色名利)의 욕망과 같은 것이 아니고, 이지의 모든 타산 · 계교 · 안배이며, 직각에 따라 감응하지 않는 것이다(梁漱溟, 『哲學』, 454쪽)."

천리에 대한 이러한 해석은 태주학파의 관점과 일치한다. 왕간(王艮)은 "천리란 자연스럽게 저절로 갖게 되는 이치다. 임의로 안배하려고 하는 것이 바로 인욕이다."라고 구분하였는데, 양수명은 이 관점을 전적으로 수용한다. 여기서 왕간이 사욕으로 간주하는 임의적 안배 혹은 의도적 지향을 양수명은 이지의 안배 · 타산과 같은 것이라고 이해한 것이다.

천리에 대한 새로운 해석은 욕망의 긍정으로 연결된다. 양수명에 따르면, 유가에서는 본래 생을 찬미하며 욕망을 배척하지 않는다. 음식남녀의 본능적인 욕망을 우주의 변화 · 유행에 따른 자연스런 현상, 즉 생명의 자연스런 발현으로 보기 때문이다.

"유가는 본래 생을 찬미하여, 음식남녀의 본능적 정욕이 생명의 자연스런 발현에서 나오는 것으로 보고 배척하지 않는다. 그것이 순리득중하고 생기활발할 수 있으면 좋다. 오직 염려하는 바는 이지가 작용하여 물아를 구분하고 타량 · 계교함으로써 직각이 물러나 불인해지는 것이다(梁漱溟, 『哲學』, 455쪽)."

욕망이 비판의 대상이 되는 것은 오직 이지가 개입하는 경우다. 이지는 항상 이기적 충동에서 발출되어 자사(自私)와 결합하고, 더욱이 이지의 개입은 정감(직각)의 둔화와 마비를 초래하기 때문이다.

"인은 바로 본능 · 정감 · 직각이다. 직각 · 정감의 작용이 성할 때에는 이지가 물러나고, 이지가 작용할 때에는 결국 직각 · 정감이 약화된다. 그래서 양자는 매우 배치되는 경향이 있다. 공자의 '곧세고 어눌한 것이 인에 가깝다'[剛毅木訥近仁]과 '교묘할 말과 잘 꾸민 낯빛에는 인이 드물다'[巧言令色鮮矣仁]에서 인과 불인을 구별할 수 있다. 하나는 온 몸에 진실한 정감이 충만하고 이지가 거의 발휘되지 않는 것이고, 다른 하나는 얼굴과 입에 이지의 교묘한 작용이 드러나 정감이 진실하지 않은 모습이다. 대개 이지는 사람이 계산하는 도구이고, 계산은 실로 위아(爲我)에서 비롯된다. 이지는 … 이처럼 정감을 방해하고 자사(自私)와 결합하는 두 가지 점 때문에 공가에서 매우 배척된다."

이것이 이지(이해타산)를 배척하고 욕망을 부정적으로 파악하는 이유다. 문제는 욕망 자체가 아니라 욕망이 표출할 때 이지의 개입 여부인 것이다.

욕망의 긍정은 유가에서 본래 생을 찬미한다는 인식에 기초한다. 양수명은 『주역』과 『논어』, 『중용』 등의 유가경전에서 생을 핵심개념으로 삼고 중시하는 구절을 인용하면서 생(生)이 유학에서 가장 중요한 관념이라 보았다. "자연의 도리에 따라 가장 활발하고 유창하게 살아나가야 한다. 전 우주로 하여금 생의와 춘기가 충만하게 해야 한다. 만물이 생겨나려하면 각자의 생에 맡기고 조작을 가하지 말아야 한다. 그러면 우주와 계합할 수 있다(梁漱溟, 『哲學』, 448쪽)." 이지의 이해타산에 의해 생기를 저애하지 말고 직각에 맡겨서 생기의 흐름에 순응해야 한다는 주장은 바로 생명과 생활에 대한 절대적 긍정·찬미와 맞물려 있다.

생에 대한 긍정과 찬미는 공자의 '절대적 즐거움'으로 연결된다. 절대적 즐거움은 공자의 이해타산하지 않는 태도, 즉 직각에 일임하는 이른바 '불인정(不認定)'의 태도에서 나온다고 한다.

"공자의 타산하지 않는 태도에서 얻는 생활은 어떤 것일까? 그것은 즐거움, 절대적 즐거움의 생활이라고 할 수 있다. 다른 사람들의 생활은 대부분 즐겁지 않고, 즐겁다고 해도 상대적인 즐거움이다. 상대적인 즐거움이란 무엇인가? 그것은 즐거움이 사물에 매여 있어 관계에 의존하므로 상대적이다. 즐거움이 괴로움과 대대적이므로 상대적이다. 관계를 끊고 대대를 초월하면 절대적인 즐거움이다. 평소 사람들은 계산적인 길을 걸어 결국 수단을 통해 목적을 얻으려 하여, 반드시 얻는 바가 있어야 즐겁게 되고 얻지 못하면 괴롭게 된다. 즐거움이 순전히 그 목표물에 달려있고 외면에 의존하므로 절대적인 것이 아니라 관계적인 것이라고 한다. 또 즐거움이 가면 괴로움이 오고 괴로움이 가면 즐거움이 와서, 분명 상호 대대적이므로 절대적이지 않다고 한다(梁漱溟, 『哲學』, 464쪽).”

공자는 어떤 절대적인 원리를 추구하여 그것에 얽매이지 않으므로, 즉 ‘불인정’의 태도를 취하므로 “외물에 얽매이지 않고, 이른바 득실이 추호도 없다. 생취가 가득하고 천기가 활발하고 자득하지 않음이 없고, 한 순간도 마음이 흥겹지 않은 때가 없다. 공자의 즐거움은 상대적인 즐거움이 아니고, 자득적인 즐거움, 절대적인 즐거움이다.” 사물에 따라 [자연스럽게] 감응하면 옳지 않은 일이 없고, 정이 외물에 얽매이면 하나도 옳은 일이 없게 되며, 생각마다 이해타산이 개입하고 정이 외물에 얽매이면 즐거움이 있어도 참된 즐거움이 아니라는 것이다. 그래서 양수명은 “공자는 마음에 맺어두는 일이 없으며 마음이 툭 트이고 활발하므로 항상 즐겁다(梁漱溟, 『哲學』, 465쪽)”라고 하였다.

공자의 즐거움과 관련하여 양수명은 『논어』에서 “인자는 걱정하지 않고, 지자는 미혹되지 않고, 용자는 두려워하지 않는다(「子罕」).”라는 구절을 인용하면서, 사람들이 지혜(智)가 미혹(惑)의 반대이고 용기(勇)가 두려움(懼)의 반대라는 것은 모두가 알지만, 인(仁)이 걱정(憂)의 반대라는 것은 매우 독특하여 이해하기 어렵다는 점에 주목한다. 인이 걱정하지 않음, 즉 즐거움으로 연결되는 것은 ‘불인정(不認定)’의 태도를 통해서이고, ‘불인정’은 바로 이지의 타산을 배격하고 직각에 일임하는 태도다. “유가에서는 의도적으로 가늠하고 안배하면 유행의 이치를 막고 사물에 얽매이므로, 작위적인 의도를 가지고 행하면 선한 일이라도 옳다고 여기지 않는다(梁漱溟, 『哲學』, 465쪽).” 그렇다고 공자가 행위를 하지 않는 것은 아니고, 적극적이고 용맹하게 행위하지만 단지 타산적으로 그리 하지 않을 따름이다. 양수명은 『논어』에서 증점이 "늦은 봄에 봄옷이 완성되면 어른 오륙 명, 동자 육칠 명과 함께 기수에서 목욕하고 무우에서 바람 쐬고 노래 부르며 돌아오고 싶다"라고 하자 공자가 탄복하여 "나는 점과 함께 하겠다"라고 하였다는(「先進」) 대목을 인용하고, 그것이 공자가 의도적으로 가늠하고 안배하지 않음을 보여준다고 해석하였다. 양수명에 따르면, 공자는 이지의 이해타산에 의존하지 않고 직각에 일임하는 '불인정'의 태도를 취함으로써 절대적 즐거움을 얻고자 한 것이다. 공자의 절대적 즐거움은 물질적 풍요 속에서 정신적 빈곤에 시달리는 현대인에게 시사하는 바가 적지 않다.

5. 대인의 철학 – 전통 유자의 우환의식에서 나오는 사명감

왕간(王艮)은 현성양지설(現成良知說)에서 주체의 개체성을 긍정하고 인격화된 의지를 자아로 설정하여 의지의 적극성·능동성·자주성을 강조함으로써 유의지론적인 경향을 띤다(楊天石, 1980). 자신과 외물을 본말의 관계로 파악하고, 나아가 "우주가 나에게 의존한다[宇宙依于己]", "내가 운명을 만든다[造命由我]"라고 선언한다. 여기서 주체의 실천의지에 의한 현실세계의 변혁을 긍정·권면하게 되고, 인간이 결코 작지 않음, 바꿔 말하면 인간의 위대함을 인식하게 된다. 이것은 일종의 대인의식(大人意識)이다.

왕간의 대인의식은 "회남격물설(淮南格物說)"에 잘 나타난다. "회남격물설"에 따르면, 내 자신이 근본[本]이고 천하·국가는 지말[末]이다. 따라서 천하의 안정과 국가의 통치가 수신을 근본으로 한다. 이 인식에 따르면,

천하만물이 나에게 의존하는 것이지 내가 천하만물에 의존하는 것이 아니다(王艮,「語錄」). 천지만물이 자신에게 의존하는 대인은 바로 맹자가 말하는 대장부이다(王艮,『王心齋全集』).

양수명의 대인의식에 대한 인식은 왕간의 대인의식을 수용한 것으로 보인다. 양수명은 사람이 자신을 작은 세계, 즉 자사자리의 세계 안에 집어넣고 스스로 제한하기 때문에 왜소하고 비참하게 된다. "인간은 왜소하지 않고, 비참하다. 비참함은 스스로에게 제약받는다는 데 있다(제약하는 것과 제약받는 것은 하나의 일이다). 왜소하다고 보는 것이 가장 그릇된 견해다." "항상 자신만을 고려하고 스스로 작다고 여기는 생각을 초탈해야 한다(梁漱溟,「思索靈悟輯錄」,『全集』 제8권, 7-8쪽)." 따라서 작은 세계를 넘어 마음 깊은 곳에 원대한 소망("深心大愿")을 품음으로써 우주가 나에게 의존하고 스스로 운명을 개척해나가는 위대한 존재가 될 수 있다고 한다. 양수명은 불타가 그런 원대한 소망을 품은 사람이며, "온 백성이 나의 동포요 만물이 나의 동료이다[民胞物與]"라고 한 장재(張載)의 사상이 유학이 사람들에게서 불러일으키려는 원대한 소망을 대표한다고 보았다.

대인의식은 양수명 자신이 공자의 진정한 정신을 계승하고 있다는 자부심·사명감과 연계되어 있다. 그것은『인심과 인생』「자서」와 일본군이 홍콩에 침입하여 광서 오주로 도피한 후 두 아들에게 보낸 편지에도 나타나지만,『동서 문화와 철학』「자서」에 더욱 극명하게 드러난다.

"종래 서양인의 생활이 옹졸하고 열등하며 동양인의 생활이 어리석고 그릇된 것이었지만, 모두가 한마디로 말하면 인생의 참 의미를 맛보지 못했다고 할 수 있다. 그러니 내가 파악한 공자의 인생을 마땅히 그들에게 보여주지 않을 수 있겠는가! 그러나 서양인이 공자를 이해할 수 없음은 말할 나위도 없다. 나아가 오늘날 중국에 서학을 제창하는 자가 있고 불교를 제창하는 자는 있지만 공자에 대해서는 입에 올리기를 부끄러워하여, 중국인들이 서양인과 마찬가지로 공자에 대해서 알 수 없다. 공자의 참모습을 내가 나서서 알리지 않으면 누가 나서겠는가?(梁漱溟, 「自序」, 『哲學』, 544쪽)"

이러한 자부심 · 사명감이 있었기 때문에 양수명은 문화대혁명 말기의 비림비공 운동 시기에 공자를 옹호하는 입장에 대한 자아비판을 요구받는 한 소모임 회의에서 공자에 대한 비판을 거부하면서 "삼군의 장수를 탈취할 수는 있어도, 필부의 뜻을 빼앗을 수는 없다(『論語』, 「子罕」)"고 말할 수 있었을 것이다(汪東林, 1993).

6. 유교의 종교성 – 죽음에 대한 유교의 대처방식

근대 중국에서 종교에 대한 탐구는 종교 일반 내지 종교의 본질보다는 그 기능(특히 사회적 기능)에 초점을 맞춰 수행되는 특징을 보여준다. 종교에 대해 기능주의적인 입장에서 접근하는 것이다. 이는 서구에서 기독교가 수행한 역할에 주목해서 중국에서 그에 상응하는 종교를 찾고자 하여 종교에 관심을 가지게 된 시대적 흐름을 반영하고 있다. 가령 강유위는 유럽 각국이 강성한 이유가 정치가 종교와 긴밀하게 결합되어 교황을 숭상하면서 국정을 유지하는 데 있었다고 보았다. 그러나 중국은 주진 이래 정교가 분리되어 요순보다 현명한 공자 시대에도 도가 행해지지 않고 후세에 은택을 미치지 못하였으며 군주와 재상이 존숭되고 유자는 천시되며 위력이 성하고 도교는 쇠퇴하게 되었다고 한다(幹春松, 2005).

일반적으로 종교의 정의는 실체적인(substantive) 것과 기능적인(functional) 것으로 구분된다. 전자는 모든 종교가 공통적으로 가지고 있는 몇 가지 기본적인 요소를 지적함으로써 종교의 경계선을 정하고 종교와 종교 아닌 것을 구분하려는 명제로서, 가령 세속적인 것(the profane)과 구분되는 성스러운 것(the sacred) 혹은 거룩한 것(the holy)을 제시하는 경우가 그에 해당한다. 한편 후자는 종교를 주어진 사실로 받아들이고 종교가 개인과 사회를 위해 공통적으로 수행하는 기능을 탐구하려는 시도로, 무엇 때문에 사람들은 종교를 찾으며 종교는 사회를 위해서 무엇을 하는가 혹은 무엇 때문에 모든 사회에 종교가 존재하는가 하는 물음에 대한 대답의 형식을 취한다(오경환, 1990).

종교에 대한 양수명의 정의는 두 가지로 구성된다.

① 종교는 반드시 사람의 정서와 의지에 위로와 격려를 주는 것을 임무로 한다.

② 종교는 반드시 사람의 지식을 초월하여 그 입론의 근거를 마련한다.

양수명은 이 두 요건이 객관적 사실의 탐구로부터 도출된 결론이며 고하등을 막론하고 모든 종교가 일치하는 공통점이라고 하였다. 두 요건 가운데 전자는 종교의 기능에 관한 것이고, 후자는 종교적 이론의 특징 내지 성격이다. 여기서 우리는 양수명이 당시 중국의 시대상에 따라 기본적으로 기능주의적 입장에서 종교를 정의하지만 또한 동시에 종교를 다른 것들과 구별해주는 특징 내지 성격을 지적함으로써 실체적 정의도 포함하고 있음을 알 수 있다.

양수명에 따르면, 공자에게는 일반적인 종교가 가지고 있는 한두 가지

요소가 없어서, 본래 종교라고 부르기에는 적절하지 않다. 하지만 다른 고등종교와 마찬가지로 인생에 위대한 작용을 하므로, 일부러 그렇게 부르는 것이다. 우리는 그것을 두 가지로 나눌 수 있다. 하나는 효제(孝弟)의 제창이고, 다른 하나는 예악(禮樂)의 실행이다. 양자를 합치면 바로 그의 종교가 된다(梁漱溟, 『哲學』, 232쪽).

유교가 종교인가 혹은 유교가 종교적 성격(종교성)을 지니고 있는가 하는 것은 아직도 논란이 분분한 현재진행형의 문제이다. 젊은 시절부터 불교에 심취하는 등 종교에 대해 깊은 관심을 갖고 있던 양수명은 이 문제에 대해 자신의 관점을 피력하면서 적지 않은 논의를 전개하고 있다. 양수명의 결론은 한 마디로 유교가 종교의 일반적인 기능을 수행한다는 점에서 종교이지만, 동시에 여타의 일반적인 종교와 근본적으로 다른 점이 있어서 종교가 아니라는 것이다.

전통 유교를 재해석하면서 양수명은 인(仁)이 곧 두터운 정감이라고 보았다. 따라서 그가 인을 최고의 덕목으로 삼는 유가에서 정감을 풍부하게 배양하려 한다고 주장하는 것은 당연한 귀결이다. 그는 정감을 배양하려면 그것이 발단하는 곳에서 착수해야 하는데, 유가는 부모와 형제자매에게서 느끼는 가족적 친밀성, 즉 효제(孝弟)에서 그것을 찾았다고 보았다.

양수명은 "효제의 본능을 기르기만 하면 사회 · 세계 · 인류에 규범을 가르칠 필요가 없이 좋지 않은 일이 저절로 사라지게 된다(梁漱溟, 『哲學』, 232쪽)."고 한다. 그래서 "사회에 포악하고 게으르며 교만하고 [도리에] 어긋나는 기운을 없애고 사람마다 따스한 태도가 있게 하려면, 우선 가정에서 시작하지 않으면 안 된다(같은 곳)."고 한다. 그는 "군자가 부모에게 돈독하게 대하면 백성들에게서 인(仁)이 일어나게 된다(『論語』, 「泰伯」).",

"위대한 효가 덕의 근본이며 교화가 발생하는 근원이다(『孝經』)."라는 언급이 도덕적 행위의 정서적 뿌리를 가정에서 찾는 사고방식을 보여주는 것이라고 보았다(梁漱溟, 『哲學』, 232-3쪽). 이는 기본적으로 유가의 〈친친-인민-애물〉의 사유방식을 계승하는 것이고, 『대학』의 〈수신-제가-치국-평천하〉와도 맥락을 같이하는 주장이다.

양수명은 제례(祭禮)에 특별한 의미를 부여한다. 그는 "통치의 원리는 예보다 중요한 것이 없다. 예에는 다섯 가지 원칙이 있는데, 제례가 가장 중요하다.", "군자의 교화는 반드시 근본으로부터 말미암는다. 조화가 지극히 순조롭게 이뤄지도록 하는 것은 바로 제례일진저! 그래서 제례를 교화의 근본이라 하는 것이다(『禮記』, 「祭統」)."라는 구절을 인용하면서, 전통 유교에서 제례를 특별히 중시하였다는 사실을 지적한다(梁漱溟, 『哲學』, 235-6쪽). 양수명에 따르면, 유가에서 제례를 특별히 중시하는 이유는 그것이 정감의 배양에 탁월한 효과를 지니고 있기 때문이다. 그는 정감과 욕망을 대비시키면서 제례가 정감의 배양에 유용하다는 점을 강조한다.

양수명은 정감과 욕망을 시간적으로 대비하여 각각 과거지향성과 미래지향성이라는 특성을 지닌다고 보았다. 욕망은 현재를 바탕으로 미래에 성취해내려는 목표를 지향하며, 정감은 현재의 시점에서 주로 과거에 대한 회억으로부터 발생한다는 것이다. 따라서 정감의 배양은 과거에 대한 추념의 정을 두터이 하는 데서 이뤄지는데, 이 측면에서 제례가 중요하다는 것이다.

양수명에 의하면, 정감의 배양이라는 관점에서 제사의 핵심은 외적 형식의 완비에 있지 않고, 제사를 지내는 주체의 마음상태, 즉 마음에서 우러나오는 정감의 진실성 여부에 달려있다. 『논어』의 표현을 빌어 말하면,

'문질빈빈(文質彬彬)'에서의 '질'을 보다 중시하는 태도인 셈이다. 그리고 양수명은 제사에 앞서 지내는 재계[齋]의 의미가 제사지내는 대상에 관한 생존시의 회억을 생생하게 하는 효과에 있다고 하는 『예기』를 인용하여 제례의 의미를 정감의 과거지향성과 연관지어 설명하는 자신의 관점을 입증하려 하였다. 앞에서 살펴보았듯 양수명은 仁을 사람의 정감·본능과 동일시하고, 따라서 제례를 정감의 배양과 연결시키는 논의는 실제로 정감을 매개로 삼아 인(仁)과 예(禮)를 연계시키는 셈이다. 말하자면 현대적인 의미에서 제사의 효용을 설명한 것이라 할 수 있다.

양수명은 조상에 대한 제사에 인간의 유한성을 넘어서서 인생에 영원한 의미를 부여하는 일종의 종교적인 기능이 함축되어 있다고 보았다. 말하자면 종교가 지니는 궁극적 절대적인 존재에의 귀의를 통한 인간유한성의 초월이라는 기능을 수행한다는 것이다. 사실 인생은 절대자의 관점에서 보면 극히 유한한 것이고, 그러한 유한성은 인간으로 하여금 생의 의미에 대해 근원적인 회의를 불러일으킨다. 불과 수십 년, 길어보았자 백 년 후면 무로 돌아갈 인생이라면 굳이 애쓰고 괴로워하며 분투할 이유가 없다고 생각할 수도 있다. 그러나 양수명에 의하면, 유교에는 생에 대한 공허함 내지 무의미함을 넘어서게 하는 기제가 있다. 바로 조상에 대한 제사가, 인생이 단지 이 세상에서의 삶으로 끝나지 않고 후손을 통해 기억되고 유지가 계승됨으로써 (적어도 이론상으로는) 영원히 지속되리라는 믿음을 갖게 해준다. 왜냐하면 제사는 효의 중요한 구성요소인데, 효의 가장 근원적인 의미는 양육해준 부모에 대한 은혜를 갚을 뿐만 아니라 부모의 뜻을 이어받아 발전시키는 데 있기 때문이다.

유교가 종교는 아니지만 종교의 기능을 수행한다, 곧 '종교성'을 지니고 있다고 보는 관점은 동아시아 전통사회에서 죽음을 대하는 방식을 보여준다. 그것은 가족을 중심으로 하는 사회에서 후손을 통해 선조의 삶이 연속됨으로써 생의 유한성, 곧 죽음의 문제를 해결하려는 방식이다. 이것은 또한 『명심보감』의 "선을 쌓은 집안에는 반드시 남겨지는 경사가 있다(積善之家 必有餘慶)."라는 구절에서 알 수 있듯, 선한 삶이 반드시 복으로 보답받지는 못하는 '생의 부조리'를 해결하는 기제이기도 하다.

〈참고문헌〉

『論語』

『禮記』

『周易』

『明心寶鑑』

梁漱溟, 『梁漱溟全集』 제1-8권, 濟南: 山東人民出版社, 1989-1993.

______, 『東西文化及其哲學』, 『梁漱溟全集』 제1권, 濟南: 山東人民出版社, 1989.

______, 『中國文化要義』, 『梁漱溟全集』 제3권, 濟南: 山東人民出版社, 1990.

王艮, 『王心齋全集』, 臺北: 中文出版社 影印本, 1981.

양수명, 『동서 문화와 철학』, 강중기 옮김, 솔, 2005.

______, 『중국문화요의』, 강중기 옮김, 산지니, 2018.

姜重奇, 「梁漱溟의 現代新儒學」, 서울대 철학박사학위논문, 2000.

毛澤東, 「批判梁漱溟的反動思想」, 『毛澤東選集』, 北京: 人民出版社, 1997.

汪東林, 「梁漱溟先生在"非林非孔"運動中」, 『梁漱溟先生紀念文集』, 北京: 中國工人出版社, 1993.

楊天石, 『泰州學派』, 北京: 中華書局, 1980.

김형효, 『베르그송의 철학』, 민음사, 1991.

오경환, 『종교사회학』, 서광사, 1990.

Guy S. Alitto, *The Last Confucian - Liang Shu-ming and the Chinese Dilemma of Modernity*, University of California press, 1986.

林毓生, 『중국의식의 위기』, 이병주 옮김, 대광문화사, 1990.

幹春松, 「近代中國人的認同危機及其重建 - 以康有爲與孔教會爲例」, 《浙江学刊》 2005年 1期, 浙江省社会科学院.

05 우리 설화에 나타나는 '죽음' 이야기

김혜미

1. 설화로 들어가는 창 : 우리 삶을 담은 옛이야기

누군가 "이야기를 한다"고 할 때에 단순히 '사건'을 전달하는 것만으로 이야기를 한다고 하지는 않는다. 우리가 뉴스를 볼 때나 기사를 접할 때에 이야기라고 하지 않는 것처럼 말이다. 하지만 뉴스나 기사를 시청자나 독자가 다시 타인에게 전달할 때에는 이야기가 된다. 자신이 정한 사건에 생각과 느낌을 덧붙여 재구성한 후, 타인이 들을 때에는 더욱 실감나고 재미있게 만들어 전달하기 때문이다.

시대상황에 맞거나 큰 이슈가 될 때에 전달되는 이야기들은 당시 사회에서 크게 회자되지만 그것은 잠시 뿐일 경우가 많다. 잊혀지는 이야기들은 충격적 사건이거나 화제가 될 만한 이야기이긴 하지만, 지속적으로 전달되어야 할 필요성은 없기 때문이다. 그러나 그 중에서도 인간의 기본적인 삶의 문제와 맞닿아 있고 지속적으로 전달되어야 할 이야기들은 몇 세대가 지나도 계속 사람을 통해 전달되기 마련이다. 이러한 방식으로 전달되어 온 것들이 설화, 즉 옛이야기이다. 옛이야기 또한 언제 시작되었을지 모를 때부터 전해져 내려오다 더 이상 필요 없는 이야기들은 도태되었을 것이고, 우리의 삶에서 필요한 이야기들은 지금까지 남아있는 것이라고 볼 수 있다.

그 중에서도 필자는 '죽음'이라는 소재와 관련하여 지금까지 전해져 오는 옛이야기를 함께 나누고자 한다. 죽음이야말로 인간이 처음 생겼을 때부터 지금까지 궁금해 하는 이슈이다. 인간의 실존 문제를 다루려는 철학 또한 죽음의 문제를 더욱 깊이 탐구하고자 한다. 사람은 태어나면서 죽음으로부터 멀어질 수 없고, 죽지 않을 수 없는 존재이다. 인간은 당연히 죽음에 대해 고민할 수밖에 없고, 그 고민은 이야기를 통해 지금까지 전달되고 있다. 옛이야기 속 '죽음' 이야기는 세대를 지나 계속 덧붙여지고 탈락하면서 죽음을 대해 인식하고, 죽음을 사유할 수 있는 중요한 매개체가 되어 전달된 것이라고 할 수 있다.

2. 오래 살고 싶은 마음

내일 당장 죽는다고 했을 때 지금까지의 삶이 후회 없었노라고 말하는 사람은 얼마나 될까? 지금까지 삶의 내용을 돌아볼 때에도 그렇거니와 미지의 세계인 죽음에 대한 두려움 때문이라도 죽음을 쉽사리 받아들일 수 없을 것이다. 죽음을 받아들이지 못하는 우리들은 죽음을 부인하고, 자신의 삶을 더욱 이어나가고자 한다. 우리의 옛이야기에도 자신이 죽을 운명에 처했다는 것을 갑작스럽게 알고 명(命)을 잇기 위해 노력하는 이야기들이 많이 나타난다. 그 중에는 유명인사가 있는데, 바로 삼천갑자 동방삭이다. 『문학치료 서사사전』에 따르면 '삼천갑자 동방삭'이 저승사자를 대접하여 명을 이었다는 〈저승사자 대접으로 이은 명〉이 『한국구비문학대계』에 20편 가량 전해진다고 밝히고 있다. 줄거리를 제시하면 다음과 같다.

> 옛날에 산골의 위의 논에 동방삭이라는 사람이, 아래 논에는 소경이 농사를 지었다. 소경은 닷새나 열흘에 한 번씩 논에 갔는데 갑자는 항상 논을 가서 그저 물고만 대주고 자신의 논은 안 말리고, 소경 논은 바싹 말렸다. 하루는 소경이 논에 슬슬 올라 가보니 자신의 논은 바싹 마르고 갑자네 논은 물이 철렁하였다. 소경은 자기 논은 물을 철렁하게 대 놓고 우리 논은 바싹 말렸다며 갑자가 고약하고 나쁜 놈이라고 했다. 소경이 동쪽에 대고 눈을 '휘번득'하고 손가락을 꼽작꼽작하더니 동방삭이라는 놈은 내일 모레 죽을 놈이라고 하고는 내려갔다. 자신의 논을 지키려고 물고머리에 서서 망을 보고 있던 동방삭은 내일 모레 죽는다는 말에 소경을 좇아가 살려 달라고 했다. 소경은 그렇게 못하겠다며 집으로 가버렸다. 동방삭은 걱정이 되어 막걸리 한 병과 쓰디 쓴 김치를 한 쪼가리 사가지고 소경을 찾아가 살려 달라고 부탁했다. 소경은 이런 폐백을 가지고는 못 살려준다고 했다. 그러자 이번에는 떡과 닭 한 마리, 그리고 농주를 좋은 것으로 한 병을 떠 가지고 소경 앞에 무릎을 꿇고 앉아 살려 달라고 사정을 했다. 소경은 너의 나이가 올해 삼십(三十)이라 내일 모레 죽지만 자신의 말을 들으면 살 수 있다고 했다. 그리고 집 앞에 있는 다리에다가 떡 한 모집과 돈 백량, 그리고 신발 세 켤레를 갖다 놓고 다리 밑에 앉아 있으라고 했다. 저녁 쯤 되자 사람 세 명이 오더니 시장하다며 떡을 먹고, 먼 길을 왔더니 신이 떨어졌다며 신발을 신고, 노자를 다 썼다며 돈 백 냥을 나눠 갖더니 동방삭이라는 놈의 집이 어디냐며 이야기를 했다. 바위 밑에 앉아 있던 갑자가 자신이 동방삭이라며 일어나자 사자들은 동방삭을 데리

고 저승으로 갔다. 염라대왕 앞에다 먹을 갈아서 붓을 가져다 놨는데 염라 대왕이 졸고 있었다. 사자가 동방삭에게 떡과 신발과 노자 돈을 얻어 고마운 마음에 붓을 들고 열십(十)자에다 점을 찍어 일천 천(千)자로 고쳤다. 염라대왕이 일어나자 사자들이 이 사람은 아직 저승에 올 사람이 아니라며 다시 한번 확인해 보시라고 했다. 염라대왕이 살펴보니 동방삭의 나이가 삼십(三十)이 아니라 삼천(三千)이었다. 그래서 잘못 데려왔다며 동방삭을 다시 이승으로 보냈다.

삼천갑자 동방삭의 본래 수명은 다섯 살이라고 나오는 각편도 있고, 열다섯 살이라는 각편도 있지만 이후 삼천 년을 살았다는 것으로 보았을 때 삼십에 점을 찍어 삼천으로 명이 수정되었다는 각편이 가장 자연스럽다. 하지만 어떤 나이든 간에 동방삭이 저승사자를 대접하여 명을 잇게 된 것은 옛 이야기에서 동일하게 나타난다.

옛이야기를 통해 본 동방삭은 이기적인 캐릭터이다. 논에 물을 댈 때에 바로 아래 논에도 물을 대주지 않고 자신의 논만 철렁하게 물을 대는 사람이다. 아랫집 사람은 앞 못 보는 소경인데도 물을 안 대주는 것을 보면, 동방삭은 배려심이 없는 사람이다. 이야기를 읽는 우리들의 눈으로 보았을 때 이런 사람이 죽는다고 해도 크게 속이 상하거나 거부감이 들지는 않는다.

한편 우리나라의 옛이야기에서 소경은 보통 점을 치는 사람으로 나타난다. 당장 눈앞에 펼쳐질 일은 보지 못하지만 그 대신 미래의 일을 보는 사람인 것이다. 동방삭처럼 이기적인 놈이 갈 길을 미리 점쳐 본 소경은 어차피 자신이 복수하지 않더라도 동방삭은 이미 죽을 운명이라는 것을 알고 "어차피 내일 모레 죽을 놈"이라는 말만 남기고 떠난다. 문제는 여기서 시작된다. 동방삭이 바로 이틀 후에 죽을 운명이라는 것을 알게 된 것이다. 갑작스럽게 죽을 운명을 알게 된 동방삭은 소경에게 빌며 자신이 죽지 않게 해 달라고 한다. 그러나 물을 자기 논에만 댄 동방삭이 괘씸한 소경이 그 방법을 알려줄 리 만무하다.

그런데 재미있는 점은 소경이 죽을 운명의 사람이 살 수 있는 방법을 알고 있다는 점이다. 현대 사회에서 어떤 사람이든 '살 방법'이 있다고 이야기를 하면 사기꾼으로 몰리기 일쑤이다. 헌데 자연스럽게 옛이야기에서는 살 수 있는 방법이 있다고 언급한다. 죽을 운명을 뒤바꿀 수 있다는 말이다. 그리고 동방삭 또한 그 방법을 소경이 알려줄 것이라고 믿는다.

동방삭이 살 수 있는 방법을 소경에게 끊임없이 묻는 부분은 인간이 내일 모레 죽을 운명이라는 것을 알게 되었더라도 "여기서 당장 죽을 수는 없다, 더 오래 살아야한다."는 인간의 욕망을 보여주는 것이라고 할 수 있다. 이야기를 읽는 우리는 여기에서 동방삭이 아무리 나쁜 놈이라고 하더라도 그가 명을 잇기를 원한다. 그가 이기적으로 살았어도 그가 아무리 잘못된 삶을 살았어도 소경에게 명을 잇는 방법을 얻어냈으면 좋겠다고 생각하는 것이다.

앞서 언급하였듯 설화에서 동방삭은 꼭 살려주어야 하는 인물은 아니다. 그런데 다시 생각해 보면 동방삭의 못된 성품의 발현은 우리가 죽기 전까지의 모습을 대변한다. 우리 또한 언젠가는 인생에서 앞이 안 보이는, 눈앞이 캄캄하여 절망에 빠져 있는 사람을 외면하고 나의 인생만을 살았을지 모른다. 바로 바로 옆집에서, 바로 내 앞에서 누군가 절망과 좌절 속에 살고 있지만, 나는 내 인생만 잘 살면 된다고 하며 내 논에만 물을 열심히 대고, 나 스스로만 단속하며 살았을 것이다.

물론 인생을 착하게 살았다, 못되게 살았다고 양분할 수만은 없다. 그런데 자신이 죽을 운명이라는 것을 알기 전에는 자신의 인생에 대해 돌아보지 않고 내 눈 앞의 논만 바라본다. 하지만 보통 자신이 갑자기 죽을 운명이라고, 죽음이 들이닥쳤다고 듣는 순간에는 '내가 뭘 그렇게 잘 못 살았을까'하는 생각이 들게 된다. 동방삭처럼 살고 있는 우리가 갑자기 죽음이 들이닥치면? 우리 또한 우리가 그동안 무시하고 돌아보지 않았던 그 누군가에게 같이 살 수 있는 방법을 백방으로 묻고 애걸하게 될 것이다.

그래도 동방삭의 곁에는 다행히도 죽음에서 벗어날 수 있는 방법을 알고 있는 소경이 있었다. 동방삭은 소경에게 막걸리와 쓰디 쓴 김치를 가지고 가서 살 수 있는 방법을 알려달라고 한다. 죽을 운명에 처한 순간에도 베풀지 않는 동방삭의 면모가 드러난다. 그동안의 습관을 버리지 못한 것이라고 할 수 있다. 자린고비처럼 살던 사람이 죽는다는 이야기를 들었어도 그 습관은 한 번에 바꾸지 못한다. 살 수 있는 방법을 알려줄 소경에게조차 막걸리와 그것도 쓰디 쓴 김치를 주는 것만 보아도 그의 성향을 알 수 있다. 동방삭의 행동을 통해 본다면, 사람이 죽을 때가 되면 바뀐다는 속설은 잘 못 전해진 것이 아닐까. 차라리 사람은 죽을 때까지 변하지 않는다는 말이 더욱 정설로 다가오는 순간이다. 그런 동방삭에게 소경은 한 번의 기회를 더 준다. 그것으로는 안 된다는 말을 해 주는 것이다.

동방삭은 소경에게 떡과 닭 한 마리, 좋은 농주를 대접한다. 사실 이 정도도 목숨을 이어주는 대가로 크게 지불한 것은 아니다. 소경은 결과적으로 삼십 년의 명을 삼천 년으로 이을 수 있게 해준다. 그에 비하면 소경이 동방삭에게 받은 것은 매우 미미한 것이다. 최소한의 정성. 소경은 그 정도의 정성을 보일 수 있는 사람이라면 명을 이을 수 있는 조건이 된다고 판단한 것이 아닐까 생각한다. 최소한의 정성을 보일 줄 아는 사람이라면 살 가치가 있다고 판단한 것이다. 또한 소경은 이미 인생의 절망감을 알고 있는 사람이라고 할 수 있다. 설화에서 소경이 태어나면서부터 앞을 못 보게 되었는지, 중간에 그리 되었는지 알 수는 없다. 하지만 동방삭보다는 먼저 어려운 상황을 겪어 본 사람이라고 할 수는 있다. 소경은 다른 사람과 다른 방식으로 살 수밖에 없는 자신의 곤란한 처지, 암담한 현실 등을 이미 깨닫고 살아가는 사람이라고 할 수 있다. 깨달음을 아는 소경은 절실한 사람의 도움을 외면하지 않을 수 있는 사람인 것이다.

설화에서 흥미로운 점은 소경이 명을 이을 수 있는 방법으로 알려 준 것이 바로 자신이 받은 것과 같은, '정성'이라는 점이다. 소경은 동방삭에게 떡 한 모집과 돈 백 냥 그리고 신발 세 켤레를 준비해 두었다가 저승사자들이 사용할 수 있도록 조치를 취한다. 먼 길을 온 저승사자들에게 필요로 하는 것을 준비하게 해 주는 것이다.

정성이 들어가면 죽을 운명을 바꿀 수 있을까? 설화에서는 바꿀 수 있게 되었다. 동방삭은 저승사자들에게 자신이 동방삭이라고만 했지 명을 이어 달라는 말은 한 적이 없다. 그런데 배고플 때 먹을 것을 얻어먹고, 힘들 때 금전적 도움을 주고, 당장 필요한 물품을 건네 준 동방삭이 고마웠던 저승사자들은 스스로의 의지로 동방삭의 명을 이어준다. 삼십(三十)이라는 숫자에 점을 찍어 삼천(三千)을 만들어 준 것이다. 정성을 쏟는 것을 통해 동방삭은 삼십 년이라는 수명에서 삼천 년의 수명을 얻게 되었다.

〈저승사자 대접으로 이은 명〉을 통해 보면 정성으로 죽을 운명을 바꿀 수 있다는 우리의 믿음이 나타난다. 실상 그 믿음은 인간 욕망의 발현이다. 더 오래 살고 싶은 욕망. 그 욕망을 이루기 위해 인간은 저승사자를 만나고 그들에게 떡 한 모집, 돈 백 냥, 신발 세 켤레로 명을 이을 수 있는 이야기를 만들어 냈다. 인간이 노력해서 얻지 못할 것은 없으며 그것에는 '목숨'도 들어간다고 욕망을 투영하는 것이다.

그런데 우리의 옛이야기에서는 삼천갑자 동방삭이 정성을 들여서 명을 잇게 되는 내용이 나타났지만, 실상 우리는 백 년도 채 못 사는 사람들이다. 그 이유 또한 삼천갑자 동방삭 때문인데, 관련 내용은 〈숯 씻는 저승사자와 동방삭〉이라는 설화로 『문학치료 서사사전』에 따르면 『한국구비문학대계』에 8편 가량 전해진다고 보고된다.

> 동방삭이가 재주를 부려 하도 오래 살자 어떻게든 잡아가려고 했다. 저승사자들이 꾀를 내어 냇가에 가서 숯을 씻었는데, 동방삭이 지나가면서 왜 숯을 씻느냐고 물어보았다. 저승사자가 자꾸 씻어 희게 되라고 씻는다고 하자 동방삭이 내가 삼천갑자를 살아도 숯 씻어 하얗게 된다는 말은 처음 듣는다고 했다. 그래서 저승사자들이 동방삭인 것을 알아보고 잡아갈 수 있게 되었다. 이후 인간들의 수명은 칠십을 넘기기 어렵게 되었다.

동방삭은 삼천 년을 살아도 계속 더 살고 싶어 도망을 다녔다. 사람의 욕망은 끝이 없어서 아무리 삼천 년을 살았어도 더 살고 싶은 것이다. '내 인생이 지겹다, 힘들다'고 하면서도 오래 살고 싶은 욕망은 예전부터 지금까지도 여전한 것으로 보인다. 그래서 계속 저승사자로부터 인간은 도망을 다니려고 한다.

〈숯 씻는 저승사자와 동방삭〉에서 보는 바와 같이 인간이 삶을 끝내게 되는 것은 저승사자와의 게임에서 졌기 때문인지도 모르겠다. 저승사자와의 게임에서 계속 잘 도망다니다가 우연한 기회에 덜컥 걸려버리는 것. 그렇다. 더 살고 싶은 나의 욕망은 계속 이어지지만은 않는다. 결국 저승사자로 인해 어느 날 갑자기 꺾여 버리는 것이다. 그렇기에 우리는 갑자기 저승사자를 만나기 전, 죽음 준비를 잘 해두어야 한다는 것을 잊지 말아야 한다.

3. 새롭게 태어나게 하는 죽음

현실에서 죽음은 영원한 이별이나 단절로 받아들여질 때가 많다. 그런데 얼마 전 1000만 관객을 훌쩍 돌파한 영화 〈신과 함께〉만 보더라도 죽음은 죽음에서 끝나는 것이 아니라는 점을 보여준다. 물론 심판이라는 형태를 거치긴 하지만, 죽음 이후 다시 태어날 수 있는 기회를 갖는다. 또한 영화는 환생할 수 없는 사람들 또한 인생에서 죽음이 끝이 아니라는 점을 보여준다. 각자가 진 죄를 저승에서 영원히 감당해야 하는 상황에 놓이게 되는 것이다.

죽음이 끝이 아니라는 것, 그것은 무엇을 의미하는 것일까 고민해 보게 한다. 우리는 죽음을 경험해 볼 수 없고 그에 따라 죽음에 대한 의미를 찾기가 힘들다. 사람은 경험한 것 안에서 새로운 일이 닥쳤을 때 그에 따른 해결책을 찾아내기 마련이다. 그러나 죽음이라는 것은 경험하기 어렵고, 경험했다고 한들 그것을 다른 일에 적용하기란 불가능해 보인다. 죽으면 끝이라고 생각하는 일반적인 생각은 죽음에 대해 그 이상을 고민하지 못하게 하기 때문이다.

우리의 옛이야기에서도 죽음에 대해 이야기하는 작품은 다양하게 나타난다. 그런데 죽었다고 하여 그것이 끝이라고 하는 이야기보다 그 이후의 과정을 드러낸 설화를 찾아본다면 죽음 이후의 의미에 대해 고민해 볼 수 있을 것이다. 죽음 이후의 과정에 대해 언급하고 있는 다양한 설화 중, 신데렐라 형으로 분류되고 있는 광포설화 〈콩쥐와 팥쥐〉를 살펴보고자 한다. 〈콩쥐와 팥쥐〉는 『문학치료 서사사전』에 따르면 『한국구비문학대계』에 약 10편 가량 전승되어 진다고 한다. 먼저 콩쥐가 죽게 되는 과정까지만 제시하면 다음과 같다.

> 콩쥐의 어머니는 일찍 돌아가시고 아버지는 팥쥐라는 딸이 있는 후처를 들였다. 계모는 콩쥐를 괴롭히기 위해 콩쥐에게는 나무 호미를 주어 돌밭을 메라 하고 팥쥐에게는 쇠 호미를 주어 모래밭을 매게 하였는데, 꼬부랑 소가 나타나 콩쥐 대신 밭을 매주었다. 하루는 마을에 큰 잔치가 열렸는데, 계모는 콩쥐에게 밑 빠진 독에 물 붓기, 곡식 한 섬을 찧어 놓기 등의 어려운 일을 시켜 놓고 다 마치면 잔치 구경을 오라고 하였다. 콩쥐가 앉아 울고 있자 큰 구렁이가 독에 물을 채울 수 있게 도와주었고, 새들이 와서 곡식을 모두 쪼아 주었다. 그리고 황소가 나타나 잔칫집에 입고갈 옷과 신발을 주었다. 콩쥐는 잔칫집에 구경 가는 길에 신발 한 짝을 잃었는데, 잔칫집에 한 선비가 와서 콩쥐의 신발을 보이며 이 신발의 주인과 혼인하겠다고 하였다. 그렇게 콩쥐는 선비와 결혼하게 되어 행복한 삶을 시작하였다. 하루는 선비가 외출하면서 콩쥐에게 오늘은 바깥에 나가지 말고 목욕도 하지 말라고 했는데, 팥쥐가 콩쥐 집에 와서 선비가 언니와 함께 나가 목욕을 하라고 했다며 콩쥐를 설득했다. 콩쥐가 팥쥐와 함께

물가로 갔는데 아무래도 선비의 말이 마음에 걸려 목욕하지 않으려고 했다. 그러나 팥쥐가 콩쥐를 밀어 물에 빠뜨려 죽였다.

콩쥐는 어머니를 일찍 여의고 계모 아래에서 갖은 핍박을 받으며 살았다. 계모의 여러 구박에도 굴하지 않을 수 있었던 것은 시험에 들 때마다 도움을 주는 조력자가 있었기 때문이다. 꼬부랑 소, 구렁이, 새, 황소 등, 기존 연구에 따르면 이 조력자들은 친어머니의 환신이다. 친어머니의 도움으로 콩쥐는 여러 난관을 헤쳐 나갈 수 있는 것이다.

그런데 중요한 점은 친어머니가 동물로 나타나 도움을 주었어도 결국엔 콩쥐가 죽게 된다는 것이다. 콩쥐가 죽게 되는 것은 어머니의 도움을 통해 콩쥐가 어떤 형태로든 당장의 고난은 비켜나갈 수 있지만, 도움을 통한 고난 극복의 궁극적인 해결지점을 찾기에는 어려움이 따른다는 것을 말해준다. 누구든 삶에서 문제가 발생했을 때 타인의 도움, 특히 어머니의 도움만을 통해서만 문제를 해결하기는 어렵다. 문제의 원인을 찾아내거나 뿌리 뽑을 수는 없는 것이다. 결과적으로 문제를 해결하기 위해서는 타인이 아니라 자기 자신이 직접 문제를 해결하는 과정이 필요하다.

지금까지 제공된 〈콩쥐와 팥쥐〉에서 콩쥐는 아직 스스로 문제를 해결하지 못했다. 그래서 주인공인 콩쥐가 죽음을 맞이했어도 독자인 우리는 이야기의 결말을 보지 못했다고 생각할 것이다. 인생사의 마지막은 죽음으로 인지하면서도 이야기에서 죽음이 나타날 때에 우리는 그것이 끝이라고만 생각하진 않는다. 뭔가 미진한 부분이 있다면 그것이 더 설명되어야 하고, 이야기는 계속 진행되어야 한다. 〈콩쥐와 팥쥐〉를 읽어 보았을 때에도 이를 확인할 수 있다. 이제 콩쥐가 죽고 난 뒤 이야기가 어떤 방향으로 진행되고 있는지 계속해서 살펴보고자 한다.

> 팥쥐는 콩쥐의 자리를 빼앗고 콩쥐인 척하며 선비와 부부로 지냈다. 죽은 콩쥐는 꽃이 되어 선비네 집 앞마당에 피었는데 선비가 그 꽃을 좋아하니 팥쥐는 꽃을 뜯어다가 아궁이 속으로 던져 버렸다. 콩쥐는 불씨를 얻으러 온 이웃에게 아궁이 속 빨간 구슬로 발견되었는데, 그 구슬에서 콩쥐가 나와 이웃에게 그동안의 일을 이야기하며 도와달라고 하였다. 콩쥐의 부탁으로 이웃 사람은 선비를 이웃집으로 불러내었다. 대접하는 밥상에 짝짝이 젓가락을 두었는데 선비가 젓가락이 짝짝이라고 말하는 것이었다. 그러자 콩쥐가 나타나 젓가락이 짝짝이인 줄은 알아보면서 자기 아내도 못 알아보느냐고 말하여 지금 선비의 아내가 콩쥐가 아닌 팥쥐임을 알렸다. 이에 선비는 팥쥐를 처형하였고 팥쥐의 시체로 반찬을 만들어 팥쥐의 어머니에게 먹이는 벌을 주었다.

콩쥐는 죽어서 꽃이 되었다. 죽어 없어진 것이 아니라 또 다른 속성을 가진 대상으로 환생한 것이다. 흔히 꽃은 예쁘다고 한다. 예쁜 것은 보는 사람으로 하여금 기분을 좋아지게 만들 수 있다. 그런데 그 이상의 무언가를 기대하기는 어렵다. 콩쥐는 예쁜 꽃으로 환생하여 신랑에게 나타나 자신을 존재감을 드러내고자 하였지만, 신랑은 콩쥐를 알아보지 못한다. 또한 꽃은 스스로 움직이기 어려운 존재이다. 땅에 뿌리 내려 있는 수동적 존재로 적극성을 띄지는 못한다. 그러므로 꽃의 상태에 있는 콩쥐는 적극적으로 자신의 존재감을 신랑에게 드러내 보일 수는 없는 상태이다. 꽃으로 환생한 콩쥐는 새로운 삶을 시작하였음에도 죽기 이전 자신이 가지고 있던 속성을 완전하게 바꾸지는 못한 것으로 볼 수 있다. 예쁜 콩쥐는 아직 누군가가 도와주어야만, 누군가가 알아주어야만 자신의 존재가 빛을 발하는 상태인 것이다. 그런 상태로는 새로 태어났다고 한들 새로운 삶을 살아갈 수 없다. 단지 경쟁자이자 질투심에 가득한 팥쥐에게만 발각되어 또 다른 죽음을 맞이할 뿐이다.

팥쥐가 콩쥐를 아궁이에 집어넣는 것을 통해 콩쥐는 또 다시 죽게 되었지만, 이야기는 또 여기에서 끝나지 않는다. 죽음이 끝이 아니라는 것을 다시 한 번 강조하고 있다. 대신 콩쥐는 아궁이 속 빨간 구슬로 환생하게 되었다. 선행 연구에 따르면 아궁이는 전통적 구조에서 집 안쪽에 배치되어 있는 어두운 공간이다. 또한 음식을 만들고 집안의 보온을 담당하여 가족구성원의 건강과 직결되는 기능을 했다고 한다. 전통사회에서 아궁이를 책임지는 것은 가족구성원 중 아내의 몫이었다.

아궁이에서 다시 태어나는 콩쥐는 이제 예쁘기만 한 상태는 아니다. '신데렐라 형' 설화라고 할 수 있을 만큼 '재투성이'가 된 상태이다. 아궁이에서 재투성이 상태로 구슬이 된 콩쥐는 가족의 안녕을 책임질 수 있을 만한 존재로 성장했음을 알 수 있다. 재투성이가 되어야만, 예쁘기만 했던 자기자신을 버려야만 성장이 가능하고 새로운 삶을 살 수 있는 것이다.

그럼에도 콩쥐는 누군가의 도움을 받아야만 했다. 〈콩쥐와 팥쥐〉에서 구슬인 상태에 있는 콩쥐는 또 이웃에게 도움을 청한다. 그런데 이번의 도움은 콩쥐가 처음 죽기 전의 도움과는 다르다. 자신이 주체적으로 가정의 안녕을 책임질 수 있는 상태에서 받는 도움은 더 이상 죽음을 가지고 오지 않는다. 이웃 사람의 도움을 통해 콩쥐는 신랑을 만나게 되고, 신랑에게 자기 존재감을 스스로 나타낸다. 처음에는 알아보지 못했던 신랑도 콩쥐의 "젓가락이 짝짝이인 것을 알아보는데 자기 아내는 못 알아보느냐"는 말에 자신이 자기 신부를 알아보지 못했던 것을 뒤늦게 깨닫는다. 신랑이 콩쥐를 알아볼 수 있게 되는 것은 콩쥐가 죽음을 통해 자기 자신의 역할과 존재감을 획득했기 때문이라고 할 수 있다. 자기 자신이 스스로에 대해 확신을 해야만 상대 또한 나를 알아봐 줄 수 있는 힘이 생긴다는 것을 보여주는 부분이다.

설화 〈콩쥐와 팥쥐〉를 통해 예쁘기만 했던, 소녀였던 콩쥐가 죽어야만 새로운 존재로 다시 태어날 수 있게 된다는 의미를 설파한다. 새로운 존재로 태어난 콩쥐는 그제야 제대로 된 부부관계를 형성할 수 있게 되었다. 설화에서의 죽음은 그동안 맺었던 부모와의 관계에서 벗어나 새로운 관계로 나아갈 때에 '죽을 만큼'의 노력이 필요하다는 것을 말해준다. 새로운 관계를 맺을 때 죽을 만큼의 노력을 보여주는 설화로 함께 보고자 하는 것이 한 편 더 있다. 바로 〈구렁덩덩 신선비〉이다. 〈구렁덩덩 신선비〉는 『문학치료 서사사전』에 따르면 『한국구비문학대계』에 약 40편 정도 전승되어 있다고 한다.

> 한 늙은 부부가 정성을 드려 뒤늦게 아이를 얻게 되었는데, 낳아 보니 구렁이였다. 뒷집의 세 딸이 와서 구렁이를 들여다봤는데, 첫째와 둘째는 구렁이라며 징그럽다고 도망을 갔지만, 셋째는 구렁덩덩 신선비라며 좋아하였다. 구렁이가 부모에게 그 셋째 딸에게 장가를 들겠다고 고집을 하였다. 부모가 할 수 없이 셋째 딸에게 혼인을 해 달라고 청하였더니, 셋째 딸은 흔쾌히 허락을 하였다. 셋째 딸과 혼인을 한 구렁이는 셋째 딸에게 물 한 동이와 장 한 동이를 준비하라고 한 후에 그 속에 들어가 말끔한

신선비로 변하여 나왔다. 신선비는 아내에게 자신의 허물을 주며 잘 간수하라고 하고 과거를 보러 떠났다. 좋은 신랑을 얻은 동생에게 심술이 난 두 언니는 동생에게 죽을 쒀 가서는 뜨겁다고 호들갑을 떨며 방문을 열게 한 뒤 허물을 빼앗아 태워 버렸다. 남편을 기다리던 셋째 딸은 남편이 돌아오지 않자 중 행색을 하고 찾아 나섰다. 셋째 딸은 길을 가다가 어떤 사람이 새에게 신선비에 대한 이야기를 하는 것을 듣고 신선비가 어디로 갔느냐고 물었다. 그 사람은 농사를 짓고 수확을 해 주면 알려 주겠다고 하였다. 셋째 딸이 그렇게 해 주자 산을 넘어가 보라고 가르쳐 주었다. 그 사람이 알려 준 대로 가던 셋째 딸은 띠 뿌리를 캐 먹고 있는 돼지를 보고 신선비를 보았느냐고 물었다. 돼지는 띠 뿌리를 다 캐서 아랫물에 씻고 윗물에 헹궈 주면 알려 주겠다고 하였다. 셋째 딸이 그렇게 해 주자 돼지가 또 산을 넘어가 보라고 가르쳐 주었다. 셋째 딸이 다시 산을 넘어가 보니 까치가 구더기를 주워 먹고 있었다. 셋째 딸이 까치에게 구렁덩덩 신선비를 보았느냐고 물었다. 까치는 구더기를 다 가려내어 씻어 주면 알려 주겠다고 하였다. 셋째 딸이 그렇게 해 주자 까치가 또 산을 넘어가라고 가르쳐 주었다. 셋째 딸이 까치가 가르쳐 준 산을 넘자 큰 저택이 있었는데, 그 집이 신선비가 새로 장가를 가서 살고 있는 집이었다. 셋째 딸은 그 집으로 들어가 시주를 청하고 시간이 늦었으니 처마 밑에서라도 자게 해 달라고 하여 허락을 받았다. 그날 밤 마침 셋째 딸을 그리워하는 마음에 밝은 달을 보러 나왔던 신선비가 셋째 딸과 만나게 되었다. 신선비는 셋째 딸을 벽장 안에 숨겨 놓고 밥도 나눠 먹고 세수도 함께 하였지만 유난히 검은 세숫물에 깨끗한 밥그릇을 수상하게 여긴 종이 소문을 내었다. 이를 알게 된 신선비는 식구들을 모아 놓고 묵은 장과 새 장 중에 무엇이 좋은지를 물었다. 식구들은 묵은 장이 더 맛있다고 대답하였다.

대답을 들은 신선비는 그제야 자신의 예전 아내에 대한 이야기를 털어놓았다. 이야기를 들은 새 장인과 장모는 셋째 딸이 물 한 동이를 엎지르지 않고 십 리를 걸어오면 인정하겠다고 하였다. 셋째 딸은 그렇게 하여 인정을 받고 구렁덩덩 신선비와 함께 화목하게 잘 살았다.

〈구렁덩덩 신선비〉의 셋째 딸은 징그러운 구렁이를 신선비로 볼 수 있는 안목이 있는 사람이었다. 그래서 구렁이가 혼인을 하자고 했을 때 흔쾌히 허락을 하는 모습을 보여준다. 신랑의 겉모습이 비록 징그러운 구렁이라고 하더라도 그 내면의 모습을 볼 수 있는 능력이 있었던 것이다. 셋째 딸의 기대대로 구렁이는 혼인을 한 후에 미남자로 변신하였다. 신랑에게 거는 기대만큼 신랑이 잘 따라와 주어 함께 잘 살 수 있는 멋진 모습으로 변한 것이다.

안목이 있는 셋째 딸이라도 새로운 시작을 하기란 여간 어렵지 않다. 두 언니들의 계략으로 인해 신선비의 허물을 태우면서 두 사람 사이에는 의심과 불신이 싹트기 시작하는 것이다. 이미 진행된 연구에서는 이와 같이 나타나는 두 언니를 단순히 인간관계의 한 양상으로 보기 보다는 셋째 딸의 '그림자'로 보기도 한다. 즉 셋째 딸의 어두운 부분을 상징하는 것으로 읽어낸다. 상대방에 대한 의심이 한 번 일어나게 되면, 이 사람이 진정 신선비가 맞는지, 내가 원하는 배우자가 맞는지 확인해 보고자 하는 마음이 생긴다.

주변에 결혼한 사람들이 가끔 하는 이야기가 있다. 이제 눈에 콩깍지가 벗겨지니 더 이상 신랑이 멋있어 보이지 않는다는 말이다. 셋째 딸은 구렁이가 신선비로 보일 정도로 콩깍지가 씌워져 있었을 수도 있다. 내 인생의 반려자를 알아보는 안목으로 상대방을 선택한 것일 수도 있다. 그런데 셋째 딸이 어느 정도 부부 생활을 하고 나니 다시 그가 구렁이가 아닌가 의심하게 되는 것이다. 그러한 의심은 두 언니라는 그림자로 나타나 신랑의 허물을 불태워 버린다.

허물은 상대방의 잘못된 점이라고 할 수 있다. 상대의 잘잘못을 따져서 상대가 못난 점을 드러내어 없애려고만 한다면 부부관계의 지속은 성립될 수 없다. 대신 상대방의 허물을 잘 덮어주고, 보듬어 주어야 부부관계의 지속은 가능해 질 수 있다. 그런데 부부싸움을 하다 보면 상대를 할퀴고 상처 주는 일을 종종 한다. 상대방의 허물을 불태워 없애고, 교정시켜야만 한다는 마음으로 상대방을 맹렬하게 공격을 하는 것이다. 그렇게 되면 상대는 떠날 수밖에 없다.

〈구렁덩덩 신선비〉에서 셋째 딸이 신랑을 다시 찾는 과정은 〈콩쥐와 팥쥐〉에서 콩쥐가 죽음을 경험하는 것과 같다. 셋째 딸이 신랑을 다시 찾기 위해서는 험난한 여정을 겪어야 한다. 그 때에 원래의 예쁜 셋째 딸의 모습으로는 불가능하다. 자기 자신을 내려놓는 상태여야 신랑을 다시 찾으러 갈 수 있다. 이제 셋째 딸은 중의 모습으로 신랑을 찾으러 간다. 셋째 딸은 찰랑거리는 머리칼을 자르고, 오색으로 치장된 옷을 벗어 회색의 우중충한 옷을 입어야 했다.

셋째 딸은 이에 그치지 않고 진짜 부부관계로 거듭나기 위해서 타인을 도와주고 신랑이 있는 곳을 알아낸다. 농사를 대신 지어주고, 띠 뿌리를 캐서 씻어주고, 구더기를 가려서 씻어 주었다. 셋째 딸 또한 또 다른 재투성이가 되는 것이다. 손에 흙을 묻히고, 더 이상 예쁘지만은 않은 상태로 땅을 기어 다니며 신랑을 찾기 위한 노력을 한다.

그 중 최고의 노력은 신랑에게 또 다른 여자가 생겼다는 것을 참아내는 일이다. 현대에서는 당연히 있을 수 없는 일이고 신랑에게 또 다른 여성이 있다는 것은 용납할 수 없다. 옛날이 배경이라고 해서 신랑에게 생긴 새로운 여성을 그대로 받아들이라는 것 또한 말도 안 된다. 예전이든 지금이든 내 배우자에게 새로운 이성이 생기는 일은 커다란 충격이다. 이렇게 배우자에게 새로운 이성이 생긴다는 것은 셋째 딸에게 있어 죽을 만큼의 고통이다. 다시 말해 신선비가 새로운 배우자를 만난 일은 〈콩쥐와 팥쥐〉에서 콩쥐가 죽음을 경험하는 것과 같은 고통이라는 말이다. 단지 남편에게 여자가 생긴 것을 감내하라는 것이 아니다. 그 정도의, 죽을 만큼의 고통을 감내하는 것을 통해서야만 새로운 관계로 나아갈 수 있는 '나'로 다시 발전하게 된다는 것을 상징적으로 보여주는 것이다.

〈콩쥐와 팥쥐〉 그리고 〈구렁덩덩 신선비〉는 죽음 혹은 죽을 만큼의 고통을 통해서야만 '나'를 찾을 수 있다고 본다. 나는 여러 번 죽어야 새로운 사람이 될 수 있으며, 새로운 사람이 되어야만 새로운 인간관계에서 문제없이 상대방과 함께 살아갈 수 있다. 그러나 현대의 우리가 그러한지 고민해 볼 필요가 있다. 누구를 대할 때이든 내가 원래 살아가던 방식대로, 내가 기존에 원하던 대로 상대를 맞추려고 한다. 자신의 기준에 맞지 않으면 상대의 허물을 태워버리게 되지만, 그로 인해 고통 받게 되는 것은 결국 자기 자신일 뿐이다. 또한 상대방과 새로운 관계를 정립하기 위해서는 내가 성장하고 나의 존재감을 획득해야 하는데, 이를 위해서는 두 이야기에서 보는 바와 같이 본래의 나를 버려야만 가능하다. 그러나 이러한 죽음을 경험하고 새롭게 태어나는 것이 얼마나 어려운지, 아직도 깨달음의 길은 멀고도 험하다.

4. 죽을 위기의 사람을 살려주는 대가

지금까지는 소중한 존재인 '나'에 관련된 이야기를 해 보았다. 나의 삶이 소중한 만큼 타인의 삶도 소중하다는 점을 알고 있는 것은 중요하다. 그런데 우리는 나의 삶이 소중한 만큼 타인의 삶이 중요하다는 점을 알고'만' 있다. 다시 말해 소중하다는 것을 인지만 하고 있을 뿐, 타인에 대한 어떠한 행동도 하지 않는다는 점이다. 이제는 너무도 흔하게 듣는 말, 자살 1위 국가라는 말이다. 필자도 이러한 사실을 처음 들었을 때에는 충격적이었다. 그런데 이제는 너무도 당연해 져서 우리가 1위가 아니라고 한다면, 그 사실에 놀랄 것이다. 자살 1위라는 사실이 만연해져 익숙해지고 나니, 우리가 타인의 삶이나 목숨에 조금 더 대해 진지하게 생각하고 타인을 보듬는 실천을 했더라면 좋았을 것이라는 후회와 뉘우침이 생긴다.

아무것도 하지 않은 상태로 타인의 목숨을 외면하면 어떻게 되는지 또한 우리의 설화에 잘 나타나있다. 잘 알지도 못하는 타인이 어려움에 처했을 때, 도움을 주는 사람을 우리는 의인이라고 한다. 의인은 타인을 도와주고 그에 대한 대가를 바라지 않은 채 훌훌히 떠나는 모습으로 기억된다. 그런데 도움을 준다는 것은 어느 정도까지일까 궁금해진다. 어느 정도까지 도움을 주어야 하는지, 그것에 대한 힌트는 〈신립장군과 원귀〉를 통해 확인할 수 있다. 〈신립장군과 원귀〉는 『문학치료 서사사전』에 따르면 『한국구비문학대계』에 약 20편 가량 나타난다. 먼저 신립장군이 타인에게 아낌없이 도움을 주는 부분은 주로 전반부에 나타나며, 관련된 내용은 다음과 같다.

권판서의 맏사위는 오성이고 둘째사위는 신립이다. 권판서는 몇 해 동안 두 사위에게 글을 가르친 후 열흘씩 놀다 오라고 했다. 맏사위 오성이 나귀를 타고 가다가 비를 만나 주막집에 들어가 저녁을 먹는데 어떤 미친 여자가 춤을 추면서 방으로 들어와 오성을 덮쳤다. 몇 해 글을 읽느라 단방(斷房)을 했던 오성은 미친 여자와 관계를 했다. 그러자 미친 여자는 이제 죽어도 원이 없다며 춤을 추며 밖으로 나가더니 마당에서 죽어 버렸다. 오성이 걱정을 하자 아랫방에 있던 사람이 여자의 송장은 동네에서 알아서 치울 테니 아무 걱정 말고 가라고 했다. 한편 둘째사위 신립은 총을 둘러메고 강원도로 사냥을 갔는데 날이 저물어 어느 집을 방문했다. 신립이 하룻밤 묵기를 청하자 처녀는 오늘 저녁에 자신이 마지막 죽을 운명이니 다른 곳으로 가라고 했다. 신립은 죽기는 무슨 일로 죽겠느냐며 방으로 들어가 저녁을 먹었다. 잠시 후 갑자기 덩치 큰 장사가 마루로 올라와서 "어느 놈이 여길 들어와 있느냐?"고 했다. 신립은 재빠르게 몸을 피해 장사를 죽여 버렸다. 신립이 처녀에게 사연을 묻자 처녀는 집에서 일하던 종이 자신을 아내로 맞으려다가 부모의 반대에 부딪치자 식구를 죽이고 오늘 저녁에 자신을 죽일 차례였다며 고맙다고 인사를 했다. 그리고는 신립에게 자신을 몸종도 좋고 부엌데기로 삼아도 좋으니 함께 살자고 했다. 그러자 신립은 그렇게 할 수 없다며 그 집을 나왔다.

신립은 어려움에 처한 처녀에게 도움을 주었다. 처녀는 죽을 운명이었다. 모르는 타인이었지만 그 사람이 죽을 위기에 닥쳐 있을 때 신립은 위험하다는 사실을 인지하는 것으로 끝나지 않고 행동으로 옮긴다. 그의 행동력은 자기 자신에 대한 자신감의 발현일 수도 있고, 내가 의로운 사람이라는 것을 자랑하고픈 이유일 수도 있다. 어떤 이유든지 신립은 죽을 위기에 처한 사람을 적극적으로 도와주는 면모를 보인다.

그에 반해 도움을 받는 처녀는 소극적인 성격이다. 자신의 가족들이 모두 죽을 때까지도 집에서 벗어나지 못했다. 집에서 나갈 용기만 있더라도 처녀는 스스로 살 수 있는 기회를 마련하였을 텐데, 죽을 위기에 처해진 상황임에도 집 밖으로 나갈 수 없는 성향을 갖고 있는 것이다. 수동적이며 스스로 무언가를 할 수 없는 처녀는 종이 죽자, 신립을 따라가겠다고 한다. 종도 좋고 부엌데기도 좋으니 함께 살자고. 하지만 신립은 이를 거절한다. 〈신립장군과 원귀〉의 다른 각편을 살펴보면 신립이 거절한 이유가 이미 아내가 있기 때문에 다른 여성을 거부한 것이라고 나타난다. 남자이지만 정절을 지키는 신립에 대하여 독자는 멋있다고 할 수 있다. 정절은 꼭 여자만 지키는 것이 아니며, 남자 또한 굳은 신념을 가지고 지킬 수 있다고. 그런데 이야기의 후반부를 살펴보면 꼭 그렇지만도 않다. 먼저 이야기를 〈신립장군과 원귀〉의 후반부 이야기를 제공하면 다음과 같다.

> 신립이 걸어가는데 처녀가 집 주위에 기름을 두르고 자기를 보라며 소리를 쳤다. 신립이 뒤를 돌아보자 처녀가 지붕에서 타 죽었다. 그렇게 두 사위가 각자 열흘을 보내고 처갓집에 다시 들어오는데 권판서가 맏사위에게 무슨 일을 해서 얼굴에 화가 도냐고 했다. 오성이 미친 여자와 있었던 일을 말하자 권판서는 남에게 잘 했다며 칭찬을 했다. 그런데 둘째 사위에게는 큰 사람이 될 줄 알고 사위로 삼았는데 무슨 일을 해서 얼굴이 흉하게 되었냐고 했다. 신립이 처녀를 구해주고 자신을 따라오려는 것을 뿌리치고 왔다고 하자 권판서는 못난 녀석이라며 혼을 내고는 유리병을 주며 일평생 병을 몸에 지니고 다니다가 어느 정도 할 일을 다 한 뒤 그 마개를

뽑아 보라고 했다. 나중에 신립이 대장이 되어 전쟁을 하게 됐는데 공중에 어떤 여자가 나타나 이곳에 진을 치면 망한다며 탄금대에 진을 치라고 하였다. 신립이 탄금대에 진을 치고 나서 전쟁의 승리를 확신하며 장인이 준 병마개가 뽑았다. 그런데 일본 사람들이 신립장군이 탄금대에 진을 친 것을 알고 덮쳐서 신립장군은 전쟁에서 지고 말았다.

위의 이야기에서 보는 바와 같이 처녀는 신립이 자신을 데리고 가지 않자 자살을 하였다. 그것도 가장 고통스럽게 죽는 방법을 선택하였다. 다른 여타의 죽음보다 가장 고통을 극심하게 느끼는 것이 분신(焚身)이라고 알려져 있다. 처녀는 그 방법을 택한 것이다. 신립이 자신을 홀로 두고 가는 고통을 몸에 그대로 느끼며 분신을 선택한 것이다. 그 이후에 신립이 처녀에 대해 어떤 행동을 취했다는 내용이 없는 것으로 보아 신립은 별 감흥 없이 집으로 향한 것으로 보인다.

우리는 〈신립 장군과 원귀〉 설화를 보았을 때 처녀가 처한 죽을 뻔한 위기는 종으로부터 받은 위협 한 가지로만 생각할 수가 있다. 하지만 조금 더 꼼꼼히 살펴보면 설화에서 처녀가 죽을 뻔한 위기는 두 번이다. 바로 신립이 처녀를 종에게서 자유롭게 해 주었을 때이다. 언뜻 보면 이해가 가지 않을 것이지만, 처녀의 성향을 생각해 본다면 간단한 일일 수 있다. 처녀는 원래부터 혼자 살아갈 수 없는 인물이었다. 종이 가족을 모두 죽일 때까지도 집을 나설 수 없는 인물이었는데, 그런 처녀를 그냥 혼자 집에 두고 가는 것 또한 죽을 수밖에 없는 위험에 놓인 것이라고 할 수 있다. 혼자 살 수 없는 처녀가 신립에게 의지하고자 했지만, 신립은 처녀를 거절하였고, 처녀는 혼자라면 더 이상 살아남을 수 없다고 생각한 것이다.

자살하고자 하는 사람들은 언제나 사람들의 도움을 기다리고 있다고 한다. 그리고 그것을 은연중에 혹은 대놓고 표출하지만, 일반적인 사람들은 그 의중을 가려내지 못하고 자살 생각을 하는 사람들이 죽고 나서야 의중을 깨닫게 된다. 신립 또한 처녀가 죽을 것인지 알지 못했을 것이다. 그리고 죽더라도 자신은 책임지지 못할 것이니 처음부터 데리고 가지 않았을 것이다.

그런데 그러한 도움을 뿌리치는 것은 나 자신에게도 위험한 일임을 〈신립장군과 원귀〉에서는 보여준다. 나 자신에게 위험이 되는 것은 이야기에서 두 가지로 나타나고 있는데 하나는 장인인 권판서가 신립에게 '얼굴이 흉하게 되었다'고 이야기한 곳에서 확인할 수 있다. 신립은 자신이 아내와의 의리를 저버리지 않는다는 의미에서 처녀를 거절한 것은 장인에게 당연히 칭찬받을 일이라고 생각했을 것이다. 그런데 장인은 못난 놈이라고 하며 신립에게 이후 무슨 일이든 잘 못될 수 있음을 언급한다. 죽을 위험에 처한 사람을 저버리는 것은 나에게도 독이 될 수 있음을 장인은 간파하고 있었던 것이다.

또 한 가지는 신립과 관련된 역사적 사실과 결부된다. 임진왜란에서 탄금대 전투는 명장인 신립의 잘못된 판단으로 모두를 죽음으로 몰아넣은 사건이라고 역사에 기록되어 있다. 명장이라고 칭해진 사람에게 치욕적인 일일 수 없다. 명장이기에 신립이 탄금대에 진을 치겠다고 한 것은 눈에 무언가가 씌워서 진행된 일이라고 밖에 할 수 없다. 사람들은 이해가 가지 않는 사건을 두고, 이전에 있었던 설화적 사건과 연결 짓는다. 바로 신립이 타인의 목숨을 저버린 사건이다. 타인의 삶이 중요하지 않다고 판단되면, 자신의 삶 또한 바로서지 못한다는 것을 보여준다. 이와 비슷하게 타인을 구완하는 것을 기피했다가 자기 자신을 파괴시킨 설화가 하나 더 있다. 〈따라온 여자 남 주고 후회한 남자〉인데 이 작품은 『문학치료 서사사전』에 따르면 『한국구비문학대계』에 약 8편 가량 전해진다고 언급되어 있다.

> 한 남자가 장사를 나갔다가 집으로 돌아오는데 웬 소복을 입은 여자가 큰 보따리를 이고 따라왔다. 남자는 여자가 무엇인가 자기에게 해코지를 하기 위해 따라온다고 생각하고 따돌리려고 중간에 다른 집에 들렀다. 그리고 자는 척을 하고 있다가 조용히 빠져나왔는데 여자도 자지 않고 있다가 따라 나오는 것이었다. 결국 남자는 친구 중에 난봉꾼으로 돌아다니는 친구의 집으로 찾아가 여자를 좀 떼어 달라고 부탁하였다. 친구는 못 할 것도 없다며 그렇게 하겠다고 하였다. 여자는 처음 따라온 남자를 따라 가려고 하다가 그 친구를 보니 가난하기는 하지만 인물도 좋고 더 나은 것 같아 남아 있었다. 남자는 그날 밤 아내에게 그 여자를 얻어야겠으니 서로 소개를 좀 시켜 달라고 하였고, 결국 여자를 첩으로 들였다. 어느 날 근처의 큰 마을에 사는 한 부자가 망하여 땅을 팔려고 내놓았다. 그 소문을 들은 여자는 남자에게 돈을 주며 그 땅을 전부 사들이라고 하였다. 그리고 근처에 집을 한 채 지어 살자고 하였다. 남자가 가만히 생각해 보니 여자를 두고 간 친구가 은인이었다. 그래서 덕분에 잘 살게 되었다며 친구에게 논을 떼어 주었다. 처음에 여자를 만났던 남자는 여자와 함께 살았으면 자기가 부자가 되었을 것이라는 생각에 화병이 나서 죽어 버렸다.

남자를 따라온 여자는 소복을 입고 있었다. 누군가가 죽었을 것으로 예상할 수 있고, 아마도 그는 남편이었던 것으로도 추측해 볼 수 있다.

설화에서 남편이 죽었든 부모가 죽었든 여자는 혼자의 몸으로 살기 힘들었기 때문에 누군가에게 의탁해 살기 위하여 길을 가던 남자를 따라 가게 되었다. 하지만 남자는 어려움에 처한 여자를 돌봐주고자 하지 않았다. 도리어 여자가 해코지를 할 것이라고 예상하고는 몰래 떼어 내려 하기 일쑤였다.

반면 여자는 필사적이다. 남자가 그렇게 싫다고 하는데도 죽어라고 따라간다. 남자가 자는 척을 하다가 도망을 치는데도 여자는 자지도 않고 있다가 따라 갔다. 여자는 그만큼 절실했던 것이다. 여자는 누구라도 상관없었다. 이후 남자가 자신의 친구에게 여자를 맡길 때 여자는 친구에게 남았다. 자신이 의지할 수 있는 사람이라면, 옆에 있을 수 있는 사람이라면 누구라도 좋았을 것이라고 생각한다. 또한 여자가 첩이 된 것으로 보아 어떤 위치라도 상관없었을 것으로도 볼 수 있다.

그런데 중요한 것은 여자가 부자였다는 사실이다. 여자는 자신이 결혼한 남자가 가난한 것을 알고도 함께 하고자 하였다. 여자가 상대방에게 원한 것은 재산이 아니었다는 점이 다시 한 번 드러난다. 여자가 의지하고자 한 이유는 심리적인 부분이지 금전적 부분이 아니었다는 사실이다. 여자는 남편에게 망한 부자의 땅을 모두 사들일 만큼의 돈을 주었다. 그만큼 많은 돈을 가지고 있었지만 여자의 재산은 여자의 마음을 채워주지 못하였다. 여자는 마음으로 함께 할 그 누군가를 찾고자 하였고, 함께 할 사람이 결정되자 자신의 모든 재산을 주어버린다.

그 소식을 들은 남자는 여자를 도와주지 않은 것을 뼈저리게 후회하였다. 그 후회는 자기 자신을 갉아먹었고 결국 남자는 화병으로 죽게 되었다. 누군가가 도움을 요청할 때 그것을 저버리는 것은 당장의 문제 상황에서 면피를 할 수 있게 하거나, 당장의 이익에는 반하지 않을 수 있다. 하지만 장기적으로 보았을 때 사실 위기에 처한 사람을 도와주는 일은 나에게 큰 이익으로 다가올 수 있음을 이야기는 알려준다. 그런데 장기적으로만 생각해야 할까? 그렇지 않다는 것을 우리의 옛이야기는 또 말해준다. 이를 확인할 수 있는 설화는 〈집 나온 여인 만난 금시발복〉이라는 이야기이며, 이는 『문학치료 서사사전』에 따르면 『한국구비문학대계』에 18편 가량 전해진다고 보고 있다.

> 가난한 총각이 나무장사를 하면서 어머니를 모시고 살았다. 어머니가 돌아가시자 총각은 어머니 모실 자리가 없어 어머니 시신을 윗목에 모셔 놓고 있었다. 한 중이 총각의 그런 사정을 알고 사시(巳時)에 쓰면 오시(午時)에 발복되는 명당을 알려주었다. 총각이 중이 알려준 자리에 사시에 막 하관을 했는데, 어떤 여자가 보따리 하나를 들고 사람 살리라며 난리를 치며 왔다. 총각이 할 수 없이 어머니 모신 그 곳에 여자를 숨겼다. 잠시 후 어떤 놈이 몽둥이를 하나 들더니 어떤 젊은 여자가 보따리 들고 가는 거 못 봤느냐고 물었다. 총각이 못 봤다고 하자 남자가 다른 곳으로 뛰어갔다. 나중에 여자가 자신은 남편과 살 수 없어 도망쳤다고 하였다. 총각이 여자를 집에 데려와 함께 사는데 여자가 보따리에 챙겨온 것이 전부 금덩어리인지라 큰 부자가 되었다. 그래서 사시하관(巳時下官)에 오시발복(午時發福)이 된 것이었다.

어떤 여자가 사람 살리라며 쫓아왔다. 무슨 사연인지는 모르겠으나 총각은 어머니의 묏자리에 여자를 숨겨 주었다. 알고 보니 쫓아온 남자는 여자의 전남편이었다. 몽둥이를 들고 오는 것으로 보아 폭력적인 남편임에 분명하다. 여자는 폭력적인 남편과 계속해서 살다가는 자신이 죽을 수 밖에 없다는 것을 알고 도망을 나온 것이다.

총각이 여자를 도와주지 않았다면 여자는 남편에게 끌려가 필시 큰일을 당했을 것으로 예상할 수 있다. 여기에서의 총각은 〈신립장군과 원귀〉의 오성, 〈따라온 여자 남 주고 후회한 남자〉의 친구와 비슷하다. 총각, 오성, 친구는 모두 죽을 위기에 놓인 여자를 살려주었다. 여자들은 모두 누군가에게 의지해야 살 수 있는 수동적인 인물들이고, 혼자서는 죽을 수밖에 없는 성향을 가졌다. 이 때 모르는 사람이었지만, 죽을 수밖에 없는 상황이라고 판단되었을 때 그래도 그 이유를 묻지 않고 도와주는 것은 중요한 일이라는 것을 알 수 있다. 왜냐하면 모르는 사람일수록 그 사람의 성향을 판단하기 어렵고, 힘든 상황에 거절을 했을 때 어떤 행동을 할지 모르기 때문이다.

총각이 여자를 도와주는 것을 통해 총각은 금시발복을 하게 되었다. 가난하게 살다가 여자의 재산으로 인해 순식간에 부자가 된 것이다. 〈집 나온 여자 만난 금시발복〉에서 총각이 부자가 되는 이유가 명당의 효력 때문이라고 문면에 제시되어 있지만 실상은 그렇지 않다. 위의 이야기들은 죽을 위기에 처한 타인을 도와주는 일, 그것이 바로 명당과도 같은 효력을 발휘한다고 말하고자 하는 이야기들인 것이다.

결과적으로 옛이야기를 통해 보면 타인을 도와주지 않았을 때에 자기 자신의 인생도 좋지 못한 결과를 맞이하게 된 것을 확인할 수 있다. 죽을 위기에 처한 사람을 외면하고 도와주지 않게 되면 결국 그 행동의 결과는 추후에 자신에게 돌아온다고 이야기는 말한다. 옛이야기에서는 단순하게 한 사건을 두고 이야기하였지만, 그것이 인생에서 발현될 때에 그 사람은 지속적으로 주위를 돌아보지 않고 사는 사람일 것이다. 타인을 외면하는 행동 패턴은 인생 전반에서 실현된 것이며 그렇게 되면 언젠가 자신이 절실하게 도움이 필요할 때 도움을 받지 못하고 죽게 되는 결과를 초래하게 된다. 죽음의 위기는 타인에게만 드리워져 있는 것이 아니며 나에게도 항상 드리워져 있기 때문이다.

5. 현실로 나가는 문 : 인생, 그것은 삶과 죽음의 통합

옛이야기는 단지 옛이야기로 끝나지만은 않는다. 그 속에 무수한 상징과 의미망을 담아 지금까지 내려오고 있다. 죽음에 대한 이야기들도 앞서 언급한 것 이외에도 다양한 의미를 담아 전해져 온다. 이와 같이 죽음에 대한 이야기가 지속적으로 전달되는 이유에 대해 우리는 고민해 볼 필요가 있다. 옛이야기는 지금의 우리에게 현재의 인생에서 죽음을 준비하고 있어야 한다고 언급하고 있는 것이다. 젊다고 하여 죽음이 멀리 있다거나 천천히 생각해야 하는 일이라고 보는 것이 아니다. 죽음은 당장 내 옆에 있고, 죽음은 언제 나를 데리고 갈지 모르며, 죽는다는 것이 어떠한 의미를 지니는지 고민해 보라고 말한다. 또한 죽음은 끝이 아니라 새로운 시작이기도 하며, 타인의 생명을 구하는 일 또한 나의 일이기도 하다는 것을 언급하고 있다.

죽음은 현실 안에 있는 우리의 삶이다. 죽음과 삶을 통합하여 생각하지 않는 이상 우리는 현실에서 죽음을 기피하고 두려워하게 될 뿐이다. 옛이야기에서 보는 것과 같이 죽음은 미지의 세계가 아니라 죽음을 통해 나를 재정립할 수 있는 기회를 얻는다고 보아야 한다. 그렇게 되면 현재의 삶을 더욱 가치 있게 살 수 있는 인식의 장이 마련될 것이다.

〈참고문헌〉

김혜미, 「설화 〈신립장군과 원귀〉와 〈지네각시〉에 나타난 '도움'의 속성과 청소년 생명지킴이의 봉사활동 교육 방향 모색」, 『문학치료연구』 제44집, 한국문학치료학회, 2017.

로버트 A. 존슨, 고혜경 역, 『신화로 읽는 여성성 She(Understanding Feminine Psychology)』, 동연, 2006.

박재인, 『한중일 조왕서사를 통해 본 가정 내 책임과 욕망의 조정원리와 그 문학치료학적 의미』, 건국대학교 박사학위청구논문, 2015.

_____, 「설화 〈콩쥐팥쥐〉에서 나타난 경쟁 문제와 승리의 서사로의 가치」, 『인문과학』 제61집, 성균관대학교 인문과학연구소, 2016.

신동흔, 『서사문학과 현실 그리고 꿈』, 소명, 2010.

_____, 『스토리텔링 원론』, 아카넷, 2017.

이강옥, 『구운몽과 꿈 활용 우울증 수행치료』, 소명, 2018.

정운채 외, 『문학치료 서사사전』 1~3, 문학과치료, 2009.

퀴블러 로스(Eilzabeth kubler), 이진 역, 『죽음과 죽어감』, 이레, 2008.

[1부] 동양고전의 생사관 해석

1. 『시경』·『서경』·『주역』을 통해 본 편안한 삶과 죽음 / 엄연석

1) 『詩經』, 「鄭風」「有女同車」 毛詩序, "太子忽, 嘗有功于齊, 齊侯請妻之, 齊女賢而不取. 卒以無大國之助, 至於見逐, 故國人刺之."

2) 『詩經』, 「鄭風」「有女同車」, "有女同車, 顔如舜英, 將翺將翔, 佩玉將將, 彼美孟姜, 德音不忘."

3) 『詩經』, 「鄭風」「有女同車」, '集傳', "此疑亦淫奔之詩. 言所與同車之女, 其美如此, 而又歎之曰, 彼美色之孟姜, 信美矣而又都也."

2. 사서의 생사관 / 이봉규

1) 『論語』「先進」; 季路問事鬼神. 子曰: "未能事人, 焉能事鬼?" 敢問死. 曰: "未知生, 焉知死?"

2) 『論語』「述而」: 子不語怪力亂神.

3) 『論語』「爲政」: 子曰: "由! 誨女知之乎! 知之爲知之, 不知爲不知, 是知也."

4) 『論語』「爲政」: 子張學干祿. 子曰: "多聞闕疑, 愼言其餘, 則寡尤, 多見闕殆, 愼行其餘, 則寡悔. 言寡尤, 行寡悔, 祿在其中矣."

5) 『論語』「爲政」: 子曰: "非其鬼而祭之, 諂也. 見義不爲, 無勇也."

6) 『論語』「八佾」: 季氏旅於泰山. 子謂冉有曰: "女弗能救與?" 對曰: "不能." 子曰: "嗚呼! 曾謂泰山不如林放乎?"

7) 『論語』「雍也」: 樊遲問知. 子曰: "務民之義, 敬鬼神而遠之, 可謂知矣." 問仁. 曰: "仁者先難而後獲, 可謂仁矣."

8) 『孟子』「離婁下」: 孟子曰: "養生者不足以當大事, 惟送死可以當大事."

9) 『論語』「八佾」: 林放問禮之本. 子曰: "大哉問! 禮, 與其奢也, 寧儉; 喪, 與其易也, 寧戚." / 子曰: "人而不仁, 如禮何? 人而不仁, 如樂何?"

10) 『孟子』「滕文公上」: 然友反命. 世子曰: "然, 是誠在我." 五月居廬, 未有命戒. 百官族人可, 謂曰知. 及至葬, 四方來觀之, 顔色之戚, 哭泣之哀, 弔者大悅.

11) 『論語』「陽貨」: 女安則爲之! 夫君子之居喪, 食旨不甘, 聞樂不樂, 居處不安, 故不爲也. 今女安, 則爲之!"

12) 『論語』「陽貨」: 子曰: "予之不仁也! 子生三年, 然後免於父母之懷. 夫三年之喪, 天下之通喪也. 予也有三年之愛於其父母乎?

13) 『孟子』「盡心上」: 齊宣王欲短喪. 公孫丑曰: "爲朞之喪, 猶愈於已乎?" 孟子曰: "是猶或紾其兄之臂, 子謂之姑徐徐云爾, 亦敎之孝弟而已矣." 王子有其母死者, 其傅爲之請數月之喪. 公孫丑曰: "若此者何如也?" 曰: "是欲終之而不可得也. 雖加一日愈於已, 謂夫莫之禁而弗爲者也."

14) 『論語』「泰伯」: 曾子有疾, 召門弟子曰: "啓予足! 啓予手! 詩云 '戰戰兢兢, 如臨深淵, 如履薄冰.' 而今而後, 吾知免夫! 小子!"

15) 『論語』「爲政」: 孟武伯問孝. 子曰, "父母唯其疾之憂."

16) 『論語』「述而」: 曾子曰: "士不可以不弘毅, 任重而道遠. 仁以爲己任, 不亦重乎? 死而後已, 不亦遠乎?"

17) 『論語』「衛靈公」: 子曰: "志士仁人, 無求生以害仁, 有殺身以成仁."

18) 『論語』「衛靈公」: 子曰: "當仁, 不讓於師."

19) 『論語』「子張」: 子張曰: "士見危致命, 見得思義, 祭思敬, 喪思哀, 其可已矣."

20) 『孟子』「告子上」: 孟子曰: "魚我所欲也, 熊掌亦我所欲也, 二者不可得兼, 舍魚而取熊掌者也. 生亦我所欲也, 義亦我所欲也, 二者不可得兼, 舍生而取義者也. 生亦我所欲, 所欲有甚於生者, 故不爲苟得也, 死亦我所惡, 所惡有甚於死者, 故患有所不辟也. 如使人之所欲莫甚於生, 則凡可以得生者, 何不用也? 使人之所惡莫甚於死者, 則凡可以辟患者, 何不爲也? 由是則生而有不用也, 由是則可以辟患而有不爲也. 是故所欲有甚於生者, 所惡有甚於死者. 非獨賢者有是心也, 人皆有之, 賢者能勿喪耳. 一簞食, 一豆羹, 得之則生, 弗得則死, 嘑爾而與之, 行道之人弗受; 蹴爾而與之, 乞人不屑也, 萬鍾則不辯禮義而受之. 萬鍾於我何加焉? 爲宮室之美 妻妾之奉 所識窮乏者得我與? 鄕爲身死而不受, 今爲宮室之美爲之; 鄕爲身死而不受, 今爲妻妾之奉爲之; 鄕爲身死而不受, 今爲所識窮乏者得我而爲之, 是亦不可以已乎? 此之謂失其本心."

21) 『論語』「泰伯」: 子曰: "篤信好學, 守死善道. 危邦不入, 亂邦不居. 天下有道則見, 無道則隱. 邦有道, 貧且賤焉, 恥也; 邦無道, 富且貴焉, 恥也."

22) 『論語』「衛靈公」: 君子哉蘧伯玉! 邦有道, 則仕; 邦無道, 則可卷而懷之.

23) 『論語』「微子」: 微子去之, 箕子爲之奴, 比干諫而死. 孔子曰: "殷有三仁焉."

24) 『論語』「憲問」: "管仲相桓公, 霸諸侯, 一匡天下, 民到于今受其賜. 微管仲, 吾其被髮左衽矣. 豈若匹夫匹婦之爲諒也, 自經於溝瀆而莫之知也."

25) 『論語』「憲問」: "桓公九合諸侯, 不以兵車, 管仲之力也. 如其仁! 如其仁!"

26) 『論語』「顔淵」: 季康子問政於孔子曰: "如殺無道, 以就有道, 何如?" 孔子對曰: "子爲政, 焉用殺? 子欲善, 而民善矣. 君子之德風, 小人之德草. 草上之風, 必偃."

27) 『孟子』「盡心上」: 孟子曰: "以佚道使民, 雖勞不怨. 以生道殺民, 雖死不怨殺者."

28) 『孟子』「離婁上」: 孟子曰: "求也爲季氏宰, 無能改於其德, 而賦粟倍他日. 孔子曰: '求非我徒也, 小子鳴鼓而攻之可也.' 由此觀之, 君不行仁政而富之, 皆棄於孔子者也, 況於爲之强戰? 爭地以戰, 殺人盈野, 爭城以戰, 殺人盈城, 此所謂率土地而食人肉, 罪不容於死. 故善戰者服上刑, 連諸侯者次之, 辟草萊任土地者次之."

저자소개

엄연석 한림대학교 태동고전연구소 교수

이봉규 인하대학교 철학과 교수

장동우 연세대 국학연구원 연구교수

이 권 한국항공대학교 인문자연학부 강사

양정연 한림대학교 생사학연구소 HK교수

김영봉 한국고전번역원, 번역위원

이진용 연세대학교 원주캠퍼스 철학과 부교수

한정길 한림대학교 태동고전연구소 연구교수

강중기 서울대학교 철학과 강사

김혜미 한림대학교 생사학연구소 HK연구교수

생명교육총서 1

동양고전 속의 삶과 죽음

초판인쇄 2018년 05월 23일
초판발행 2018년 05월 30일
엮 은 이 한림대학교 생사학연구소
지 은 이 엄연석 · 이봉규 · 장동우 · 이권 · 양정연
김영봉 · 이진용 · 한정길 · 강중기 · 김혜미
발 행 인 윤석현
책임편집 안지윤
발 행 처 도서출판 박문사
주 소 서울시 도봉구 우이천로 353 성주빌딩 3F
전 화 (02) 992-3253(대)
전 송 (02) 991-1285
전자우편 bakmunsa@hanmail.net
홈페이지 http://jnc.jncbms.co.kr
등록번호 제2009-11호

ISBN 979-11-89292-00-3 04100 정가 19,000원
979-11-87425-84-7 (set)